国家高技能人才培训教材

筑路材料试验
Zhulu Cailiao Shiyan

孙亚骞　主　编
崔宇峰　副主编

人民交通出版社股份有限公司
China Communications Press Co., Ltd.

内 容 提 要

本书主要介绍了公路建筑材料的基本概念、性质、试验方法、技术要求以及数据分析方法。全书共分为 9 个学习任务，分别是土工试验、集料试验、水泥试验、沥青试验、钢筋试验、水泥混凝土试验、砂浆试验、沥青混合料试验、无机结合料稳定材料试验。

本书为交通行业高技能人才培训用教材，也可作为全国交通技师学院、交通高级技工学校相关专业的教学用书，或供从事建筑材料试验的人员学习参考。

图书在版编目(CIP)数据

筑路材料试验 / 孙亚骞主编. —北京：人民交通出版社股份有限公司，2016.6
国家高技能人才培训教材
ISBN 978-7-114-13088-5

Ⅰ.①筑… Ⅱ.①孙… Ⅲ.①筑路材料—材料试验—技术培训—教材 Ⅳ.①U414

中国版本图书馆 CIP 数据核字(2016)第 128945 号

国家高技能人才培训教材

书　　名：	筑路材料试验
著 作 者：	孙亚骞
责任编辑：	刘　倩　李学会
出版发行：	人民交通出版社股份有限公司
地　　址：	(100011)北京市朝阳区安定门外外馆斜街 3 号
网　　址：	http://www.ccpress.com.cn
销售电话：	(010)59757973
总 经 销：	人民交通出版社股份有限公司发行部
经　　销：	各地新华书店
印　　刷：	北京虎彩文化传播有限公司
开　　本：	787×1092　1/16
印　　张：	16.5
字　　数：	404 千
版　　次：	2016 年 6 月　第 1 版
印　　次：	2023 年 12 月　第 5 次印刷
书　　号：	ISBN 978-7-114-13088-5
定　　价：	42.00 元

(有印刷、装订质量问题的图书由本公司负责调换)

山西交通技师学院
国家高技能人才培训教材编审委员会

主　任：徐利民　刘兴华
副主任：卫申蔚　温时德
委　员：崔宇峰　耿旭东　吕利强　乔　捷　卫云贵
　　　　温利斌　武小兵　翟望荣　张庆龙　赵启文

汽车维修类专业编审组

(按姓名音序排列)

陈学冰　傅文超　高世峰　宫亚文　郭燕青
籍银香　姜　鑫　汤　娜　王勇勇　卫云贵
武卫民　翟望荣　张庆龙

公路施工与养护类专业编审组

(按姓名音序排列)

常爱国　车红卫　崔宇峰　贾学强　刘红莉
刘金凤　吕进军　马小刚　孟庆芳　乔　捷
任丽青　史录琴　宿　静　孙亚骞　王艳凤
温津平　武小兵　徐海滨　要艳君　张荣华
张伟斌　周　鑫

数控加工类专业编审组

(按姓名音序排列)

褚艳光　耿旭东　李立树　吕利强　孟娇娇
要振华

前　言

　　山西交通技师学院多年来致力于开展交通行业高技能人才培训工作，积累了丰富的经验，但在培训过程中，深感交通行业相关培训教材匮乏且针对性不强，无法满足新常态下对交通行业高技能人才培训的要求。2013年，山西交通技师学院被国家财政部和人社部批准为国家级高技能人才培训基地建设项目立项单位。在建设过程中，为进一步规范交通行业高技能人才培训工作，学院组织编写了本系列培训教材。

　　本书是为了适应筑路材料试验高技能人才的培训需求，同时紧跟不断进步的试验检测技术而编写的，力求在知识结构、学习规律、技能提高等方面有所创新。本书图文并茂、内容精炼、突出技能、通俗实用，能更好地培养试验高技能人才分析问题、解决问题的能力，既可作为筑路材料试验高技能人才培训的专业教材，也可作为职业院校路桥专业的教学用书。

　　本教材具有以下特点：

　　(1)教材全部采用最新的标准和规范，具有先进性、科学性和实用性的特点。

　　(2)以工作任务为导向，注重实际操作，简化理论叙述，体现以职业能力为核心的培养模式。

　　(3)以大量的图片展示操作过程，配上精练的文字详解，图文并茂，通俗易懂。

　　(4)格式上，每一学习活动均分为"学习目标—情境导入—基础知识—技能实训—巩固提升"五部分编写。

　　参加本书编写工作的有：山西交通技师学院刘红莉(编写学习任务1)、孙亚骞(编写学习任务2)、史录琴(编写学习任务3)、崔宇峰(编写学习任务4)、王艳凤(编写学习任务5、6)、孟庆芳(编写学习任务7)、张荣华(编写学习任务8)、任丽青(编写学习任务9)。全书由孙亚骞担任主编并统稿，山西交通技师学院崔宇峰担任副主编。

　　在本书编写过程中，山西省交通建设工程质量检测中心、山西省交通设计院公路工程试验研究中心、山西省交通建设工程监理总公司试验检测中心等企业一线专家参加了教材大纲的编写、学习任务及学习活动的划分、教材的后期审定工作，并提供了宝贵的参考资料。此外，山西交通技师学院领导和公路工程系全体教师为本书的出版提供了大力支持和帮助，很多从事材料试验的专家对本书内容编排提出了宝贵意见和建议，在此一并表示感谢。

　　由于编者的业务水平和教学经验有限，加之时间仓促，书中错误和疏漏之处在所难免，恳请广大读者批评指正。

编　者
2016年4月

目 录

学习任务1　土工试验 …………………………………………………………………………… 1
　学习活动1　土的密度试验 …………………………………………………………………… 1
　学习活动2　土的含水率试验 ………………………………………………………………… 9
　学习活动3　土的比重试验 …………………………………………………………………… 13
　学习活动4　土的颗粒分析试验 ……………………………………………………………… 17
　学习活动5　土的界限含水率试验 …………………………………………………………… 25
　学习活动6　土的击实试验 …………………………………………………………………… 31
学习任务2　集料试验 …………………………………………………………………………… 38
　学习活动1　细集料密度试验 ………………………………………………………………… 38
　学习活动2　细集料筛分试验 ………………………………………………………………… 47
　学习活动3　细集料含泥量试验 ……………………………………………………………… 54
　学习活动4　细集料砂当量试验 ……………………………………………………………… 57
　学习活动5　粗集料密度试验 ………………………………………………………………… 62
　学习活动6　粗集料筛分试验 ………………………………………………………………… 73
　学习活动7　粗集料针片状颗粒含量试验 …………………………………………………… 82
　学习活动8　粗集料磨耗试验 ………………………………………………………………… 88
　学习活动9　粗集料压碎值试验 ……………………………………………………………… 92
学习任务3　水泥试验 …………………………………………………………………………… 97
　学习活动1　水泥细度试验 …………………………………………………………………… 97
　学习活动2　水泥标准稠度用水量试验 ……………………………………………………… 104
　学习活动3　水泥凝结时间试验 ……………………………………………………………… 108
　学习活动4　水泥体积安定性试验 …………………………………………………………… 110
　学习活动5　水泥胶砂强度试验 ……………………………………………………………… 114
学习任务4　沥青试验 …………………………………………………………………………… 120
　学习活动1　沥青针入度试验 ………………………………………………………………… 120
　学习活动2　沥青延度试验 …………………………………………………………………… 128
　学习活动3　沥青软化点试验 ………………………………………………………………… 131
学习任务5　钢筋试验 …………………………………………………………………………… 136
　学习活动1　钢筋拉伸试验 …………………………………………………………………… 136
　学习活动2　钢筋弯曲试验 …………………………………………………………………… 141
学习任务6　水泥混凝土试验 …………………………………………………………………… 146
　学习活动1　水泥混凝土配合比设计 ………………………………………………………… 146
　学习活动2　水泥混凝土拌和物工作性试验 ………………………………………………… 156
　学习活动3　水泥混凝土表观密度试验 ……………………………………………………… 161

学习活动 4　水泥混凝土试件制作 ··· 164
学习活动 5　水泥混凝土抗压强度试验 ·· 167
学习活动 6　水泥混凝土抗弯拉强度试验 ·· 171

学习任务 7　砂浆试验 ··· 175
学习活动 1　砂浆配合比设计 ·· 175
学习活动 2　砂浆稠度试验 ·· 183
学习活动 3　砂浆的保水性试验 ··· 187
学习活动 4　砂浆的立方体抗压强度试验 ·· 189

学习任务 8　沥青混合料试验 ·· 195
学习活动 1　沥青与粗集料黏附性试验 ·· 195
学习活动 2　沥青混合料配合比设计 ··· 202
学习活动 3　沥青混合料试件的制作 ··· 208
学习活动 4　沥青混合料密度试验 ·· 212
学习活动 5　沥青混合料马歇尔稳定度试验 ······································· 215

学习任务 9　无机结合料稳定材料试验 ··· 220
学习活动 1　石灰有效氧化钙和氧化镁含量试验 ································· 220
学习活动 2　水泥或石灰稳定材料中水泥或石灰剂量的测定 ··················· 226
学习活动 3　无机结合料稳定类材料组成设计 ···································· 232
学习活动 4　无机结合料稳定材料的击实试验 ···································· 242
学习活动 5　无机结合料稳定材料无侧限抗压强度试验 ························ 249

参考文献 ··· 255

学习任务1 土工试验

任务目标

1. 能描述土工实训室的安全操作制度；
2. 能描述土工试验在公路工程施工中的作用；
3. 能根据任务要求，列出所需仪器和材料清单；
4. 能严格按照土工试验规程进行试验操作。

任务描述

土质作为公路施工的基本材料，要求级配良好、有一定的强度等。如土质填筑路堤时，需使含水率接近最佳含水率再进行分层填筑压实；在土质的选择中，要按照填筑路基的质量好坏选择理想的填筑材料。本学习任务通过做土的密度、含水率、比重试验，土的颗粒分析，土的界限含水率试验，土的击实试验，了解土的基本工程性质，为适应公路类工程的需要提供依据。

学习活动1 土的密度试验

学习目标

1. 能描述土的形成、土的三相组成、土的作用；
2. 能描述土密度的概念、工程意义，测定土密度的常用方法；
3. 能选择并使用灌砂筒、环刀、烘箱等仪器设备；
4. 能按照土工试验规程进行土的密度试验；
5. 能整理试验数据并评定结果。

情境导入

某高速公路路基填方施工中，为使填方路基具有足够的强度与稳定性，应分层填土、分层碾压以保证压实后的密实程度。土的密度是土的基本实测物理指标，用它可换算土的干密度，干密度越大，土越密实，它是作为填土压实的控制指标。

基础知识

一、概念

1. 土的形成

土包括土壤、黏土、砂、岩屑、岩块和砾石等，其形成如图1-1-1所示。

2. 土的作用

在工程建设中，土往往是作为不同的研究对象。如在土层上修建房屋、桥梁、道路、堤坝时,土是用来支承建筑物传来的荷载,这时土被用作地基;对路堤、土坝等土工构筑物,土被用作建筑材料;对于隧道、涵洞及地下建筑,土成为建筑物周围的介质或环境。

图 1-1-1　土的形成

二、土的三相体——固相、液相、气相

土中固体矿物构成骨架,骨架之间贯穿着孔隙,孔隙中充填着水和空气。

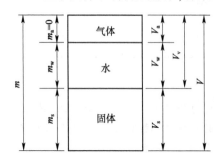

土体三相比例不同,土的状态和工程性质也不同,如图 1-1-2 所示。

$$\begin{cases} 固体 + 气体 \longrightarrow 为干土,干黏土坚硬,干砂松散 \\ 固体 + 气体 + 液体 \longrightarrow 为湿土,湿黏土多为可塑状态 \\ 固体 + 液体(气体=0) \longrightarrow 为饱和土 \end{cases}$$

图 1-1-2　土的三相图

三、土的实测物理指标——土的密度(湿密度)

(1)定义:单位体积土的质量(一般变化在 1.60~2.20g/cm³ 之间)。

$$\rho = \frac{m}{V} = \frac{m_s + m_w}{V_s + V_w + V_a} \tag{1-1-1}$$

式中:ρ——土的密度(湿密度),g/cm³;

　　V_s——土的固体颗粒体积,cm³;

　　V_w——土中水的体积,cm³;

　　V_a——土中气体体积,cm³;

　　V——土的总体积,cm³;

　　m——土的总质量,g;

　　m_s——土中固体颗粒的质量,g;

　　m_w——土中水的质量,g。

(2)测土密度的常用方法有环刀法、电动取土器法、蜡封法、灌水法、灌砂法。本次学习活动主要介绍环刀法和灌砂法。

四、知识延伸

(1)根据土孔隙中水分情况,土的密度分为天然密度 ρ(湿密度)、干密度 ρ_d 等,表征土的含水情况的指标主要有天然含水率、饱和含水率和饱和度。

(2)干密度。

$$\rho_d = \frac{\rho}{1+w} \tag{1-1-2}$$

式中:ρ——土的湿密度,g/cm³;

　　w——土的含水率,%。

(3)压实度。

$$k = \frac{\rho_d}{\rho_{dmax}} \times 100\% \qquad (1\text{-}1\text{-}3)$$

式中：ρ_d——土的干密度，g/cm³；

ρ_{dmax}——土的最大干密度，g/cm³。

 技能实训

试验一 土的密度试验——环刀法（T 0107—1993）

一、试验依据

《公路土工试验规程》（JTG E40—2007）。

二、试验目的和适用范围

测定土的湿密度，以了解土的疏密和干湿状态，供换算土的其他物理性质指标和工程设计以及控制施工质量之用。

本试验方法适用于细粒土。

三、仪器设备

(1)环刀：内径6~8cm，高2~5.4cm，如图1-1-3所示。

(2)天平：感量0.1g。

(3)其他：凿子、锤子、修土刀、毛刷、凡士林等。

图1-1-3 环刀

四、试验步骤

(1)称环刀质量、取样，如图1-1-4所示。

环刀内壁涂凡士林并称质量　　　　环刀口向下放在土样上　　　　环刀垂直打入土样中
(准确至0.1g)

图1-1-4 环刀法试验步骤一

(2)测湿土质量（准确至0.1g），如图1-1-5所示。

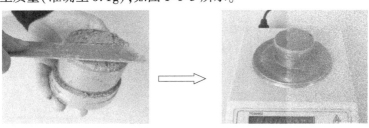

取出将两边修平　　　　　　　　称环刀与湿土质量

图1-1-5 环刀法试验步骤二

五、成果整理

1.计算公式（计算至0.01g/cm³）

湿密度：

$$\rho = \frac{(湿土+环刀)质量-环刀质量}{环刀容积} \tag{1-1-4}$$

2. 精密度和允许差

本试验须进行两次平行测定,取其算术平均值,其平行差值不得大于 0.03 g/cm³。

3. 试验记录表格(表 1-1-1)

土的密度试验记录表(环刀法)　　　　　表 1-1-1

土样编号	1		2		3	
环刀号	1	2	3	4	5	6
环刀容积(cm³)	100	100	100	100	100	100
环刀质量(g)	96.2	103.5	100.2	100.2	101.8	99.3
土+环刀质量(g)	274.8	284.9	293.8	295.0	307.6	306.5
土样质量(g)	178.6	181.4	193.6	194.8	205.8	207.2
湿密度(g/cm³)	1.79	1.81	1.94	1.95	2.06	2.07
误差(g/cm³)	0.02		0.01		0.01	
平均湿密度(g/cm³)	1.80		1.94		2.06	
结论	土的密度介于 1.60~2.20g/cm³ 之间,符合技术标准要求					

六、注意事项

(1)环刀法只能用于测定不含砾石颗粒的细粒土的密度。

(2)施工现场检查填土压实密度时,由于每层土压实度上下不均匀,为提高试验结果的精度,可增大环刀容积,一般采用的环刀容积为 200~500cm³。

试验二　土的密度试验——灌砂法(T 0111—1993)

一、试验依据

《公路土工试验规程》(JTG E40—2007)。

二、试验目的和适用范围

本试验法适用于在现场测定细粒土、砂类土和砾类土的密度。试样的最大粒径一般不超过 15mm,测定密度层的厚度为 150~200mm。在测定细粒土的密度时,可以采用 φ100mm 的小型灌砂筒。如最大粒径超过 15mm,则应相应地增大灌砂筒和标定罐的尺寸。例如,粒径达 40~60mm 的粗粒土,灌砂筒和现场试洞的直径应为 150~200mm。

三、仪器设备

(1)灌砂筒(内径 150mm,高 360mm)、标定罐(内径 150mm,高 150mm)、基板(一个边长 350mm、40mm 的金属方盘,盘中心有一直径 100mm 的圆孔),如图 1-1-6~图 1-1-8 所示。

(2)台秤(称量 10~15kg,感量 5g)、天平。

图 1-1-6　灌砂筒　　　　图 1-1-7　标定罐　　　　图 1-1-8　基板

(3)量砂:粒径 0.25～0.5mm。
(4)其他:玻璃板(边长约 500mm)、铝盒凿子、毛刷、铁锤、修土刀、烘箱等。

四、试验准备

(1)确定灌砂筒下部圆锥内砂的质量,步骤如图 1-1-9 所示。重复测量至少 3 次,取平均值 m_2 即为锥体内砂的质量,准确至 1g。

图 1-1-9 确定灌砂筒下部圆锥内砂的质量的步骤

(2)确定量砂的密度 ρ_s(g/cm^3)。

①确定标定罐内砂的质量,步骤如图 1-1-10 所示。重复测量至少 3 次,取其平均值 m_3,准确至 1g。

图 1-1-10 确定标定罐内砂的质量步骤

按式(1-1-5)计算填满标定罐所需砂的质量 m_a,计算至 1g。

$$m_a = m_1 - m_2 - m_3 \tag{1-1-5}$$

式中：m_1——灌砂入试洞前，筒内砂的质量，g；
m_2——灌砂筒下部圆锥体内砂的平均质量，g；
m_3——灌砂入标定罐后，筒内剩余砂的质量，g。

②用水确定标定罐的容积$V(\text{cm}^3)$，步骤如图 1-1-11 所示。重复测量至少 3 次，取平均值。

图 1-1-11　确定标定罐容积的步骤

重复测量时，仅需要用吸管从罐中取出少量水，并用滴管重新将水加满到接触直尺。标定罐的容积按式(1-1-6)计算，计算至 0.01cm^3。

$$V = \frac{m_8 - m_7}{\rho_w} \tag{1-1-6}$$

式中：m_7——标定罐质量，g；
m_8——标定罐和水的总质量，g；
ρ_w——水的密度，cm^3。

③确定量砂的密度 ρ_s，计算至 $0.01\text{g}/\text{cm}^3$。

$$\rho_s = \frac{m_a}{V} \tag{1-1-7}$$

五、试验步骤

（1）选点、做标记，测锥体及粗糙表面砂的质量，如图 1-1-12 所示。

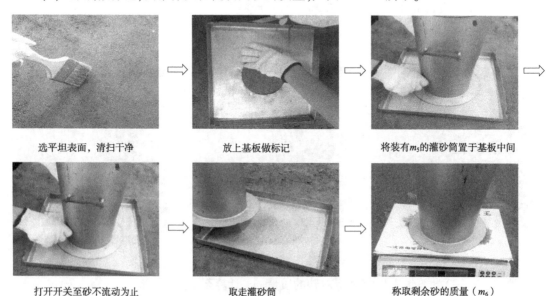

图 1-1-12　测锥体及粗糙表面砂的质量的步骤

(2)基板位置不变,凿洞,称取取出的湿料质量,如图 1-1-13 所示。

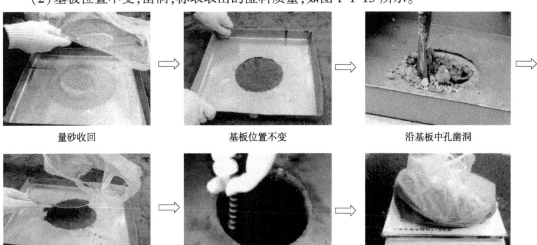

图 1-1-13 凿洞、称取湿土质量的步骤

(3)灌砂筒内装砂,试洞内灌砂,如图 1-1-14 所示。

图 1-1-14 试洞内装砂、灌砂的步骤

六、成果整理

1. 计算公式

(1)填满试洞所需的砂的质量 $m_b(g)$。

灌砂时试洞上放有基板的情况:
$$m_b = m_1 - m_4 - (m_5 - m_6) \tag{1-1-8}$$

灌砂时试洞上不放基板的情况:
$$m_b = m_1 - m'_4 - m_2 \tag{1-1-9}$$

上两式中:m_1——灌砂入试洞前,筒内砂的质量,g;

　　　　　m_2——灌砂筒下部圆锥体内砂的质量,g;

　　　　　m_4——灌砂入试洞后,筒内剩余砂的质量,g;

　　　　　$m_5 - m_6$——灌砂筒下部圆锥体内及基板和粗糙表面间砂的合计总质量,g。

(2)试洞内土的湿密度 $\rho(g/cm^3)$,准确至 $0.01g/cm^3$。
$$\rho = \frac{m_t}{m_b} \cdot \rho_s \tag{1-1-10}$$

式中:m_t——试洞中取出的全部土样的质量,g;

　　　其余符号意义同前。

2. 精密度和允许差

本试验须进行两次平行测定,取其算术平均值,其平行差值不得大于 0.03 g/cm³。

3. 试验记录表格(表 1-1-2、表 1-1-3)

仪器标定试验记录　　　　　　　　　　　　　　　　表 1-1-2

标定罐容积	标定罐质量 m_7(g)	2100	2100	2100
	标定罐加水总质量 m_8(g)	4200	4195	4205
	水的密度 ρ_w(g/cm³)	1.00	1.00	1.00
	水的质量(g)	2100	2095	2105
	标定罐容积(cm³)	2100	2095	2105
	标定罐平均容积 V(cm³)	2100		
锥体内砂的质量	灌砂前筒内砂的质量 m_1(g)	6500	6500	6500
	砂入标定罐后,筒内剩余砂的质量 m_5(g)	2930	2922	2925
	玻璃板上砂的质量(g)	715	714	716
	锥体内砂的质量(g)	715	714	716
	锥体内砂的平均质量 m_2(g)	715		
量砂密度	灌砂前筒内砂的质量 m_1(g)	6500	6500	6500
	流满标定罐(不动为止)后,筒内剩余砂的质量 m_3(g)	2866	2888	2844
	标定罐内砂的质量 m_a(g)	2919	2898	2940
	砂的密度 ρ_s(g/cm³)	1.39	1.38	1.40
	砂的平均密度(g/cm³)	1.39		

土的密度试验记录(灌砂法)　　　　　　　　　　　　表 1-1-3

结构层次	基　层			
取样桩号、位置	0K+100(中)	0K+150(中)	0K+200(左)	0K+250(右)
试洞深度(cm)	20	20	20	20
试洞中湿土样质量 m_t(g)	4031	4052	4080	4050
灌砂前筒内砂的质量 m_1(g)	6500	6500	6500	6500
灌满试洞后筒内剩余砂质量 m_4(g)	2800	2778	2650	2700
锥体内砂的平均质量 m_2(g)	715	715	715	715
试洞内砂的质量 m_6(g)	2985	3007	3135	3085
量砂密度 ρ_s(g/cm³)	1.39	1.39	1.39	1.39
试洞体积(cm³)	2147	2163	2255	2219
湿密度(g/cm³)	1.88	1.87	1.81	1.83
结论	本段基层中间密实程度高于路两边			

七、注意事项

(1)量砂如果重复使用,则应重新烘干、过筛,并放置一段时间,使其与空气的湿度达到平衡后再用。

(2)每换一次量砂,都必须测定松方密度,不能使用以前的数据。

(3)地表面处理要平整。只要表面凸出一点(即使为 1mm),使整个表面高出一薄层,其体积就算到试坑中,会影响试验结果。因此,本方法一般宜先放在基板测定一次粗糙表面消耗的量砂,按公式计算填满试洞的砂量,只有在非常光滑的情况下方可省去此操作步骤。

(4)在挖洞时,试坑周壁应竖直、光滑(呈圆柱体),避免出现上大下小或上小下大的情形,且不得使凿出的试样丢失,以免检测密度偏大或偏小。

(5)灌砂时检测厚度应为整个碾压层厚,不能只取上部或者取到下一个碾压层中。

(6)每次灌砂时灌砂筒中砂的高度、质量应尽量不变,将灌砂筒放到试洞上时尽量避免灌砂筒受到振动,否则将影响砂的下流速度,使试验结果产生误差。

(7)在进行标定罐容积标定时,罐外的水一定要擦干。

(8)如试洞中有较大的孔隙,量砂可能进入孔隙时,则应按试洞外形松弛地放入一层柔软的纱布,然后再进行灌砂工作。

巩固提升

1. 土的密度测定方法主要有哪些?我们学习的是哪两种?
2. 土的密度结果小数点后保留到几位?
3. 简述测定灌砂筒下部圆锥体内砂质量的步骤。
4. 灌砂法测密度时,现场凿好的试洞体积如何计算?
5. 地面有凸凹时,为什么要先测出锥体及粗糙面砂的质量?

学习活动2 土的含水率试验

学习目标

1. 能描述土的含水率的概念及工程意义和测定的常用方法;
2. 能选择并使用烘箱、铝盒、酒精等仪器设备;
3. 能按照土工试验规程进行土的含水率试验;
4. 能整理试验数据并评定结果。

情境导入

某高速公路路基填方施工中,为使土方路基具有足够的强度与稳定性,填土压实时须随时检测含水率,保证压实后的密实程度。含水率是影响填土压实的重要因素,也是土的基本实测物理指标,用它可换算土的干密度、孔隙比、孔隙率、液性指数等指标。

基础知识

一、土的实测物理指标——土的含水率

土的含水率是指土中水的质量与土颗粒质量的比值,以百分率表示,按式(1-2-1)计算。

$$w = \frac{m_w}{m_s} \times 100\% \qquad (1-2-1)$$

式中:m_s——土中固体颗粒的质量,g;
m_w——土中水的质量,g。

二、土的含水率测定方法

土的含水率测定方法有烘干法、酒精燃烧法、比重法,其中烘干法为标准方法。

三、土的含水率特性

土的含水率反映土的状态,含水率的变化将导致土的一系列物理力学性质指标发生变化。这种影响表现在各个方面,如反映在土的稠度方面,使土成为坚硬的、可塑的或流动的;反映在土内水分的饱和程度方面,使土成为稍湿、很湿或饱和的;反映在土的力学性质方面,能使土的结构强度增加或减小,紧密或疏松,构成压缩性及稳定性的变化。

表征土的含水情况的指标有天然含水率、饱和含水率和饱和度。

四、知识延伸

土中有机质判别:土中有机质包括未完全分解的动植物残骸和完全分解的无形物质。后者多呈黑色、青黑色或暗色,有臭味,有弹性和海绵感。可通过目测、手摸及嗅感判别。

当不能判定时,可将试样在105~110℃的烘箱中烘烤。若烘烤24h后试样的液限小于烘烤前的3/4,则该试样为有机土。当需要测有机物含量时,按有机质含量试验(T 0151—1993)进行。

 技能实训

试验一　土的含水率试验——烘干法(T 0103—1993)

一、试验依据

《公路土工试验规程》(JTG E40—2007)。

二、试验目的和适用范围

测定土的含水率,以了解土的含水情况,供换算土的其他物理性质指标和工程设计以及控制施工质量之用。

本方法适用于测定黏质土、粉质土、砂类土、砂砾土、有机质土和冻土土类的含水率。

三、仪器设备

(1)烘箱:能保持在105~110℃。

(2)天平:称量1000g,感量0.1g;称量200g,感量0.01g。

(3)干燥器:修土刀、铝盒、毛刷等。

四、试验步骤

(1)称量铝盒质量,装湿土后再次称量质量,如图1-2-1所示。

称铝盒质量(准确至0.01g)

取代表性湿土样装入铝盒(细粒土15~30g,砂类土、有机质土50g,砂砾石1~2kg)

称量(铝盒+湿土)质量(准确至0.01g)

图1-2-1　铝盒内装土样步骤

(2)烘干、冷却,称量干土质量,(准确至0.01g),如图1-2-2所示。

105~110℃恒温下烘干(通常16~24h)　　冷却(0.5~1h)　　(铝盒+干土)质量(准确至0.01g)

图 1-2-2　烘干、冷却

五、成果整理

1. 计算公式(计算至0.1%)

$$w = \frac{(铝盒+湿土)质量 - (铝盒+干土)质量}{(铝盒+干土)质量 - 铝盒质量} \times 100\% \qquad (1\text{-}2\text{-}2)$$

2. 精密度和允许差

含水率测定的允许平行差值见表 1-2-1。

含水率测定的允许平行差值　　　　　　表 1-2-1

含水率(%)	允许平行差值(%)	含水率(%)	允许平行差值(%)
5 以下	≤0.3	40 以上	≤2
40 以下	≤1	层状和网状构造的冻土	<3

3. 试验记录表格(表 1-2-2)

土的含水率试验记录(烘干法)　　　　　　表 1-2-2

土样编号	1		2	
铝盒号	1	2	3	4
盒质量(g)	20.00	20.00	20.00	20.00
铝盒+湿土质量(g)	38.87	40.54	40.65	40.45
铝盒+干土质量(g)	35.45	36.76	36.16	35.94
水分质量(g)	3.42	3.78	4.49	4.51
干土质量(g)	15.45	16.76	16.16	15.94
含水率(%)	22.1	22.6	27.8	28.3
误差(%)	0.5		0.5	
平均含水率(%)	22.4		28.0	
结论	1 号细粒土含水率为 22.4%,2 号为 28.0%			

六、注意事项

(1)土工试验标准多数以 105~110℃为标准,故规定烘干温度为 105~110℃。

(2)烘干时间对细粒土不得少于 8h,对砂类土不得少于 6h。

(3)有机质含量超过 5% 或含石膏的土,应将温度控制在 60~70℃ 的恒温下,干燥 12~15h。

(4)某些土数量过多或试样很潮湿,可能要烘更长的时间。

试验二　土的含水率试验——酒精燃烧法(T 0104—1993)

一、试验依据

《公路土工试验规程》(JTG E40—2007)。

二、试验目的和适用范围

测定土的含水率,以了解土的含水情况,供换算土的其他物理性质指标和工程设计以及控制施工质量之用。本试验方法适用于快速简易测定细粒土(含有机质的土除外)的含水率。

三、仪器设备

(1)天平:感量0.01g。
(2)酒精:纯度95%。
(3)其他:修土刀、铝盒、毛刷、滴管等。

四、试验步骤

(1)称量铝盒质量、装湿土后称量质量,如图1-2-3所示。

铝盒质量(准确至0.01g)　　取具有代表性试样(黏质土5~10g,砂类土20~30g)　　称量(铝盒+湿土)质量(准确至0.01g)

图1-2-3　铝盒内装土样步骤

(2)加酒精燃烧,称量干土质量。滴管加酒精出现自由液面,点燃酒精,重复燃烧3次,第三次火焰熄灭后,加盖立即称量(铝盒+干土)质量(准确至0.01g),如图1-2-4所示。

滴管加酒精出现自由液面　　　　　　　点燃酒精

图1-2-4　加酒精、燃烧

五、成果整理

(1)计算公式(计算至0.1%)见式(1-2-2)。
(2)精密度和允许差见表1-2-1。
(3)试验记录表格见表1-2-3。

土的含水率试验记录(酒精燃烧法)　　　　表1-2-3

土样编号	1		2	
铝盒号	1	2	3	4
盒质量(g)	20.00	20.00	20.00	20.00
铝盒+湿土质量(g)	26.65	26.56	27.55	27.45
铝盒+干土质量(g)	25.45	25.35	26.00	25.92
水分质量(g)	1.20	1.21	1.55	1.53

续上表

土样编号	1		2	
铝盒号	1	2	3	4
干土质量(g)	5.45	5.35	6.00	5.92
含水率(%)	22.0	22.6	25.8	25.8
误差(%)	0.6		0.0	
平均含水率(%)	22.3		25.8	
结论	1号黏土含水率为22.3%,2号黏土含水率为25.8%			

六、注意事项

(1)酒精加入量应出现自由液面。
(2)酒精纯度应大于95%。
(3)天平量程、精度应满足试验要求,使用前应标定、固定、调平、调零。
(4)有机质含量超过5%不应用酒精燃烧。

巩固提升

1.土的含水率测定方法主要有哪几种?
2.含水率平行误差要求是怎么规定的?
3.酒精纯度要求是多少?
4.含水率过大或过小,会对路基压实产生什么影响?
5.烘干法测定含水率时,对烘箱温度的要求是多少?烘干的时间要求是多少?

学习活动3　土的比重试验

学习目标

1.能描述土的比重的定义、工程意义和测定的常用方法;
2.能选择并使用比重瓶、天平等仪器设备;
3.能按照土工试验规程进行土的比重试验;
4.能整理试验数据并评定结果。

情境导入

某高速公路路基填方准备施工,现质检试验员取回土场样品进行物理性质检测,以保证填筑材料具有足够的强度与稳定性。土的比重是土的基本实测物理指标,用它可换算土的干密度、孔隙比、孔隙率、饱和度等指标,以及为土的其他物理力学试验提供必需的数据和工程设计之用。

基础知识

一、土的实测物理指标——土的比重

土的比重是指土粒在温度为105～110℃下烘干至恒量时的质量与同体积4℃时纯水质量的比值,按式(1-3-1)计算。

$$G_s = \frac{m_s}{V_s \rho_w}　　(1-3-1)$$

式中:m_s——土中固体颗粒的质量,g;
  ρ_w——4℃时纯水的密度,g/cm³;
  V_s——土的固体颗粒体积,g/cm³。

黏土的比重一般为 2.70~2.75;砂土一般为 2.65 左右;土中有机质含量增加,土粒相对密度减小,约为 2.60。

二、测定方法

土的比重测定方法有比重瓶法、浮力法、浮沉法、虹吸筒法。

三、适用范围

(1)比重瓶法适用于粒径 $d<5mm$。
(2)浮力法适用于粒径 $d \geqslant 5mm$ 且其中 $d \geqslant 20mm$ 的土质量应小于总土质量的 10%。
(3)浮称法适用于粒径 $d \geqslant 5mm$ 且其中 $d \geqslant 20mm$ 的土质量应小于总土质量的 10%。
(4)虹吸筒法适用于粒径 $d \geqslant 5mm$ 且其中 $d \geqslant 20mm$ 土的含量大于等于总土质量的 10%。

其中粒径是指土颗粒大小(粒度)的表示方法,用 d 表示,单位为毫米(mm)。

 技能实训

土的比重试验——比重瓶法(T 0112—1993)

一、试验依据

《公路土工试验规程》(JTG E40—2007)。

二、试验目的和适用范围

测定土的比重,为计算土的孔隙比、饱和度和土的其他物理力学试验(如颗粒分析的密度计法试验、固结试验等)以及控制施工质量之用。

本试验方法适用于粒径小于 5mm 的土。

三、仪器设备

图 1-3-1　加热炉

(1)比重瓶:含量 100mL 或 50mL。
(2)温度计:刻度为 0~50℃,分度值为 0.5℃。
(3)烘箱:能控温在 105~110℃,加热炉,如图 1-3-1 所示。
(4)天平:称量 200g,感量 0.001g。
(5)其他:滴瓶、滴管、孔径 5mm 筛、恒温水槽等。

四、试验准备

(1)将比重瓶洗净、烘干,称出质量,准确至 0.001g。
(2)煮沸后冷却的纯水注入比重瓶(长颈比重瓶至刻度线,短颈比重瓶注满,塞紧,多余水分自瓶塞毛细管中溢出)。
(3)调节恒温水槽至 5℃ 或 10℃(灵敏度 ±1℃),比重瓶放入恒温水槽直至瓶内水温稳定。
(4)取出比重瓶,擦干外壁,称瓶、水总质量,准确至 0.001g。
(5)以 5℃级差,调节恒温水槽的水温,逐级测定不同温度下的比重瓶、水的总质量,至达到本地区最高自然气温为止。
(6)每级温度均应进行两次平行测定,两次测定的差值不得大于 0.002g,取两次测值的平均值。

(7)绘制温度与瓶、水总质量的关系曲线。

五、试验步骤

1. 试样、比重瓶准备(称量准确至0.001g)

将比重瓶烘干,将15g烘干干土装入100mL比重瓶内(若用50mL比重瓶,装烘干土约12g),如图1-3-2所示。

烘干土样过5mm筛　　　　　称土样　　　　　称烘干的比重瓶质量

图1-3-2　试样、比重瓶准备

2. 装土的比重瓶加蒸馏水

装土的比重瓶加蒸馏水如图1-3-3所示。

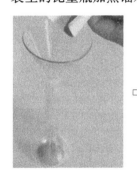
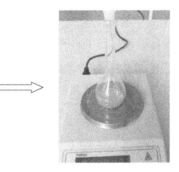
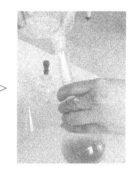

比重瓶内装土　　　称量瓶与干土的质量(准确至0.001g)　　　注入蒸馏水浸泡20h以上

图1-3-3　装土的比重瓶加蒸馏水

3. 煮沸排气

将比重瓶在加热炉上煮沸,煮沸时间自悬液沸腾时算起,砂及低液限黏土不少于30min;高液限黏土不少于1h,使土粒分散。煮沸结束,比重瓶待冷却后用滴管加蒸馏水至刻度线(弯液面下缘为准),称瓶、水、土总质量(准确至0.001g),如图1-3-4所示。

煮沸排气　　　　冷却后用滴管加至刻度线　　　　称瓶、水、土总质量

图1-3-4　煮沸排气

4. 测水温、称量(瓶、液)质量

根据测得的温度,从已绘制的温度与瓶、水总质量关系曲线中查得瓶、水总质量。如比重瓶体积事先未经温度校正,则立即倾去悬液,洗净瓶,注入事先煮沸过且与试验时同温度的蒸馏水至刻度处,称瓶、水总质量(准确至0.001g),如图1-3-5所示。

测瓶内水的温度(准确至0.5℃)　　　注入同温度的蒸馏水　　　称量(瓶、液)质量

图1-3-5　测水温、称量(瓶、液)质量

六、成果整理

1. 计算公式(计算至0.001)

$$G_s = \frac{(比重瓶+干土)质量-比重瓶质量}{(瓶、水质量)+干土质量-(瓶、水、土质量)} \times t℃时蒸馏水的比重 \quad (1-3-2)$$

不同温度时水的比重(近似值)见表1-3-1。

不同温度时水的比重(近似值)　　　　　　　　　　　表1-3-1

水温(℃)	4.0~12.5	12.5~19.0	19.0~23.5	23.5~27.5	27.5~30.5	30.5~33.0
水的比重	1.000	0.999	0.998	0.997	0.996	0.995

2. 精密度和允许差

本试验必须进行两次平行测定,取其算术平均值,以两位小数表示,其平行差值不得大于0.02。

3. 试验记录表格(表1-3-2)

比重试验记录(比重瓶法)　　　　　　　　　　　表1-3-2

试样编号	比重瓶号	温度(℃)	蒸馏水比重	比重瓶质量(g)	瓶、干土总质量(g)	干土质量(g)	瓶、液质量(g)	瓶、液、土质量(g)	与干土同体积的液体质量(g)	土的比重	误差	平均土的(g)比重
1	1	18	0.999	34.886	49.831	14.945	134.714	144.225	5.434	2.746	0.005	2.744
	2	18	0.999	34.287	49.227	14.940	134.696	144.191	5.445	2.741		
结论				土粒比重为2.744,符合黏土一般要求								

七、注意事项

(1)试验前应将比重瓶烘干。

(2)如系砂土,煮沸时砂粒易跳出,允许用真空抽气法排除土中空气。

(3)试验一般用烘干试样,也可用风干试样。

(4)有机质含量小于5%时,用纯水测定。

巩固提升

1. 土的比重试验称量所需的天平精确度要求是多少?
2. 比重试验的土样应通过几毫米的筛孔?
3. 对煮沸排气的时间是怎样规定的?
4. 装土的比重瓶加蒸馏水后应浸泡多长时间?
5. 土的比重结果应精确到小数点后几位?

学习活动 4　土的颗粒分析试验

 学习目标

1. 能描述土的粒径、级配概念;
2. 能描述土的颗粒分析的工程意义和测定的常用方法;
3. 能选择并使用摇筛机、标准筛、天平等仪器设备;
4. 能按照土工试验规程进行土的颗粒分析试验;
5. 能整理试验数据并评定结果。

情境导入

在某高速公路工程施工中,为使土路基具有足够的强度与稳定性,作为基本填筑材料所需的土要求有良好的级配,以提高其密实程度。工程上常把组成土的各种大小颗粒的相互比例关系,称为土的粒度成分。土的粒度成分对土的一系列工程性质起着决定性的影响。因此,它是工程性质研究的重要内容之一,也是保证施工质量的主要前提之一。

基础知识

一、相关概念

(1) 土的粒度:土颗粒大小,以粒径表示,通常以毫米(mm)为单位。
(2) 粒组:土粒由粗到细,将粒径相似、工程性质相近的颗粒合并为若干组,如图 1-4-1 所示。

图 1-4-1　粒组划分图

(3) 级配:土中各粒组的相对含量。它是以不均匀系数 C_u 和曲率系数 C_c 来评价构成土的颗粒粒径分布曲线形态的一种概念。

二、粒度成分分析方法

(1) 筛分法适用于分析粒径大于 0.075mm 土颗粒的组成。

(2) 密度计法适用于分析粒径小于 0.075mm 细粒土的组成。

(3) 移液管法适用于分析粒径小于 0.075mm 细粒土的组成。

粒度成分经分析后,常用的表示方法有表格法、累积曲线法、三角坐标法。在这里我们介绍筛分法用累积曲线法表示。

三、级配累积曲线的应用

累积曲线图的横坐标为土粒粒径,采用对数表示;纵坐标为小于某粒径的土质量百分数的含量,采用常数表示,如图 1-4-2 所示。

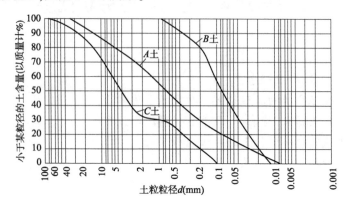

图 1-4-2　累积曲线图

由累积曲线可确定不均匀系数 C_u、曲率系数 C_c 两个土粒的级配指标:

$$C_u = \frac{d_{60}}{d_{10}} \tag{1-4-1}$$

$$C_c = \frac{d_{30}^2}{d_{60} \cdot d_{10}} \tag{1-4-2}$$

上两式中: d_{10}——有效粒径,即土中小于该粒径的颗粒质量为 10% 的粒径,mm;

d_{30}——平均粒径,即土中小于该粒径的颗粒质量为 30% 的粒径,mm;

d_{60}——限制粒径,即土中小于该粒径的颗粒质量为 60% 的粒径,mm。

不均匀系数 C_u 反映大小不同粒组的分布情况,计算至 0.1 且含两位以上有效数字。C_u 越大表示土粒大小的分布范围越大,颗粒大小越不均匀,其级配越良好,作为填方工程的土料时,则比较容易获得较大的密实度。

曲率系数 C_c 描述的是累积曲线的分布范围,反映曲线的整体形状,或累积曲线的斜率是否连续。一般认为 $C_u < 5$ 时,称为匀粒土,其级配不好;$C_u > 10$ 时,称为级配良好的土。

但实际上仅用单独一个指标 C_u 来确定土的级配情况是不够的,还必须同时考虑曲率系数 C_c 这个值。同时满足 $C_u \geq 5$ 且 $C_c = 1 \sim 3$ 的土,称为级配良好的土;若不能同时满足,则土为级配不良的土。

四、知识延伸

1. 土分类总体系

土分类总体系如图 1-4-3 所示。土类的名称和代号见表 1-4-1。

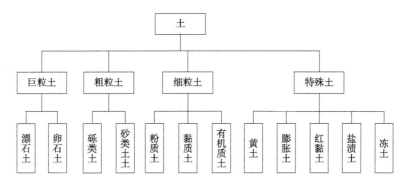

图1-4-3 土分类总体系

土类的名称和代号　　　　　　　　　　　　　　　表1-4-1

名称	代号	名称	代号	名称	代号
漂石	B	级配良好砂	SW	含砾低液限黏土	CLG
块石	B_a	级配不良砂	SP	含砂高液限黏土	CHS
卵石	C_b	粉土质砂	SM	含砂低液限黏土	CLS
小块石	Cb_a	黏土质砂	SC	有机质高液限黏土	CHO
漂石夹土	BSl	高液限粉土	MH	有机质低液限黏土	CLO
卵石夹土	CbSl	低液限粉土	ML	有机质高液限粉土	MHO
漂石质土	SlB	含砾高液限粉土	MHG	有机质低液限粉土	MLO
卵石质土	SlCb	含砾低液限粉土	MLG	黄土(低液限黏土)	CLY
级配良好砾	GW	含砂高液限粉土	MHS	膨胀土(高液限黏土)	CHE
级配不良砾	GP	含砂低液限粉土	MLS	红土(高液限粉土)	MHR
细粒质砾	GF	高液限黏土	CH	红黏土	R
粉土质砾	GM	低液限黏土	CL	盐渍土	St
黏土质砾	GC	含砾高液限黏土	CHG	冻土	Ft

2.巨粒土分类

巨粒土分类体系如图1-4-4所示。

巨粒土分类体系中的漂石换成块石，B换成Ba，即构成相应的块石分类体系。巨粒土分类体系中的卵石换成小块石，Cb换成Cba，即构成相应的小块石分类体系。

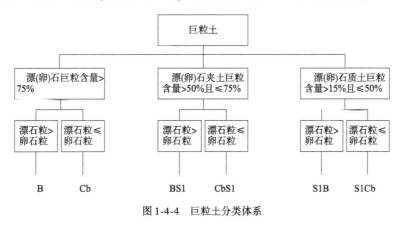

图1-4-4 巨粒土分类体系

3. 粗粒土分类

粗粒土:试样中巨粒组土粒质量少于或等于总质量的15%,且巨粒组土粒与粗粒组土粒质量之和多于总土质量50%的土。

砾类土:粗粒土中砾粒组质量多于砂粒组质量的土,如图1-4-5所示。

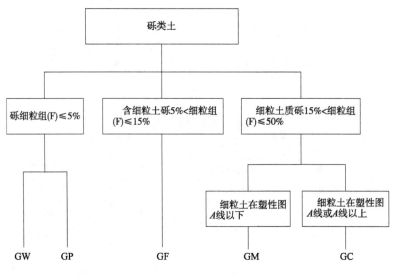

图1-4-5 砾类土分类体系

砂类土:粗粒土中砾粒组质量少于或等于砂粒组质量的土,如图1-4-6所示。

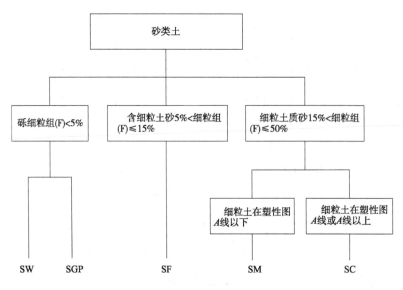

图1-4-6 砂类土分类体系

4. 细粒土分类

细粒土分类体系如图1-4-7所示。

细粒土:试样中细粒组土粒质量多于或等于总质量50%的土。

有机质土:试样中有机质含量多于或等于总质量的5%,且少于总质量的10%的土。

有机土:试样中有机质含量多于或等于总质量的10%的土。

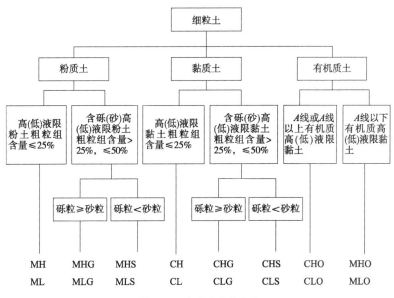

图 1-4-7 细粒土分类体系

土颗粒分析试验——筛分法(T 0115—1993)

一、试验依据

《公路土工试验规程》(JTG E40—2007)。

二、试验目的和适用范围

测定干土各粒组占该土总质量的百分数,以便了解土粒的组成情况。供土的分类、判断土的工程性质及建材选料之用。

本试验方法适用于分析粒径大于 0.075mm 的土颗粒组成。对于粒径大于 60mm 的土样,本试验方法不适用。

三、仪器设备

(1)标准筛:粗筛(圆孔孔径:60mm、40mm、20mm、10mm、5mm、2mm)、细筛(孔径:2.0mm、1.0mm、0.5mm、0.25mm、0.075mm)。

(2)摇筛机。

(3)天平:称量 5000g,感量 5g;称量 1000g,感量称量 200g 感量 0.2g。

(4)其他:烘箱、台称(感量 1g)、毛刷、研钵及杵等。

四、试验准备

风干、松散的土样四分法取样,如图 1-4-8 所示。

粒径小于2mm颗粒的土取100~300g;
最大粒径小于10mm的土取300~1000g;
最大粒径小于20mm的土取1000~2000g;
最大粒径小于40mm的土取2000~4000g;
最大粒径大于40mm的土取4000g以上

图 1-4-8 四分法取样

五、试验步骤

1. 方法一:对于无凝聚性的土

(1)试样过2mm筛,确定粗筛、细筛分析,如图1-4-9所示。

 → 2mm筛下的土不超过试样总质量的10%,可省略细筛分析;
2mm筛上的土不超过试样总质量的10%,可省略粗筛分析

图1-4-9 试样过2mm筛

(2)粗筛分析:大于2mm的试样从大到小的次序,通过大于2mm的各级粗筛。将留在筛上的土分别称量。

(3)细筛分析:2mm筛下的土——四分法缩分至100~800g。

①筛分,如图1-4-10所示。

土样倒入套筛　　　　摇筛10~15min　　　　逐个取下手筛

图1-4-10 筛分

②土块研碎,如图1-4-11所示。

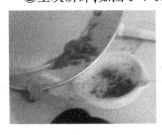  

土块倒出　　　　研碎　　　　过筛至每分钟筛下数量不大于该级筛余质量的1%为止

图1-4-11 土块研碎

③研碎的土块继续过筛,逐个进行,直至各层筛全部筛分完成,如图1-4-12所示。

漏下的土粒放入下一级筛　　　重复各级筛分　　　留在各筛上的土样分别称量(准确至0.1g)

图1-4-12 逐个手筛、称量步骤

2. 方法二:对于含有黏土粒的砂砾土

(1)取样,如图 1-4-13 所示。

土样碾散　　　　　　　四分法取样

图 1-4-13　取样

(2)试样清洗、过筛进行粗筛分析,如图 1-4-14 所示。

试样浸泡并搅拌使粗细颗粒分散　　混合液过2mm筛直至筛上仅留大于2mm的土粒

图 1-4-14　试样清洗、过筛

(3)2mm 筛下的试样烘干进行细筛分析,如图 1-4-15 所示。通过 2mm 筛下的混合液存放在盆中,待稍沉淀,将上部悬液过 0.075mm 洗筛,用带橡皮头的玻璃棒研磨盆内浆液,再加清水、搅拌、研磨、静置、过筛,反复进行,直至盆内悬液澄清。最后,将全部土粒倒在 0.075mm 筛上,用水冲洗,直到筛上仅留大于 0.075mm 的净砂为止。将大于 0.075mm 的净砂烘干、称量并进行细筛分析(同方法一)。

  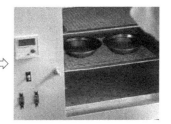

上部悬液过0.075mm洗筛　　　反复清洗　　　大于0.075mm的净砂烘干

图 1-4-15　2mm 筛下的试样烘干进行细筛分析步骤

(4)将大于 2mm 及 2~0.075mm 的颗粒质量从原总量中减去,即小于 0.075mm 的颗粒质量。

(5)如果小于 0.075mm 颗粒质量超过总土质量的 10%,必要时,烘干、取样,另做密度计或移液管分析。

六、成果整理

1.计算公式

(1)小于某粒径颗粒质量百分数,计算公式如下(精确至 0.1%):

$$X = \frac{\text{小于某粒径的颗粒质量}}{\text{试样总质量}} \times 100\% \qquad (1-4-3)$$

（2）小于2mm的颗粒如用四分法缩分取样时，小于某粒径颗粒质量百分数，计算公式如下（精确至0.1%）：

$$X = \frac{\text{通过2mm筛的试样中小于某粒径的颗粒质量}}{\text{通过2mm的土样中所取试样质量}} \times \text{小于2mm的颗粒质量百分数} \times 100\%$$

(1-4-4)

2. 精密度和允许差

筛后各级筛上和筛底土总质量与筛前试样质量之差，不得大于筛前试样质量的1%。

3. 试验记录表格（表1-4-2）

土颗粒分析试验记录　　　　　　　　　　　　　表1-4-2

筛前总土质量 = 3000g　　小于2mm取试样质量 = 810g
小于2mm土质量 = 810g　　小于2mm土占总土质量 = 27%

粗筛分析					细筛分析					
孔径(mm)	留筛土质量(g)	累积留筛土质量(g)	小于该孔径的土质量(g)	小于该孔径土质量百分比(%)	孔径(mm)	留筛土质量(g)	累积留筛土质量(g)	小于该孔径的土质量(g)	小于该孔径土质量百分比(%)	占总土质量百分比(%)
1	2	3	4	5	6	7	8	9	10	11
					2.0	590	2190	810	100	27.0
					1.0	220	2410	590	72.8	19.7
60					0.5	330	2740	260	32.1	8.7
40	0	0	3000	100	0.25	180	2920	80	9.9	2.7
20	350	350	2650	88.3	0.075	60	2980	20	2.5	0.7
10	570	920	2080	69.3						
5	680	1600	1400	46.7						
2	590	2190	810	27.0						
结论	该无凝聚粗粒土同时满足 $C_u \geq 5$ 且 $C_c = 1 \sim 3$，级配良好									

4. 绘制累积曲线图（半对数坐标）（图1-4-16）

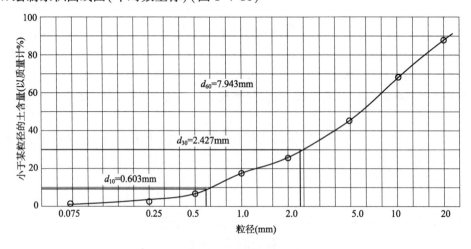

图1-4-16　累积曲线图

由图 1-4-16 知,不均匀系数 $C_u = d_{60}/d_{10} = 13.2$,曲率系数 $C_c = d_{30}^2/(d_{60} \times d_{10}) = 1.2$。

七、注意事项

(1)当大于 0.075mm 的颗粒超过总量的 15% 时,应先进行筛分试验,然后经过洗筛,再用密度计法或移液管法进行。

(2)在选用分析筛的孔径时,可根据试样颗粒的粗、细情况灵活选用。

(3)筛分试样数量应根据粒径大小确定。

(4)对于无凝聚性的土样,采用干筛法;对于含有黏土粒的砂砾土,必须采用水筛法。

(5)天平量程、精度应满足试验要求,使用前应标定、固定、调平、调零。

(6)筛分法适用于分析粒径为 0.075~60mm 的土样颗粒。

巩固提升

1. 确定细筛、粗筛分析是怎样规定的?
2. 土的颗粒分析有几种方法?适用范围是什么?
3. 工程上,级配良好的土满足的条件是什么?
4. 累积曲线的横、纵坐标各表示什么?
5. 反映级配的两个系数是什么?

学习活动5　土的界限含水率试验

学习目标

1. 能描述土的液限、塑限、塑性指数的概念;
2. 能描述土的界限含水率测定的工程意义和测定的常用方法;
3. 能选择并使用液塑限联合测定仪、烘箱、天平等仪器设备;
4. 能按照土工试验规程进行土的界限含水率试验;
5. 能整理试验数据并评定结果。

情境导入

在某高速公路工程施工中,为使土路基具有足够的强度与稳定性,作为基本填筑材料所需的土不但要求有良好的级配,以提高其密实程度,且土的含水率应对黏性土的工程性质(如强度、压缩性等)有极大的影响。当土从很湿逐渐变干时,会表现出不同的物理状态,土也就有不同的工程性质。因而,土的液塑限是土的工程性质研究的重要内容之一。

基础知识

一、黏性土的稠度

(1)稠度:黏性土随含水率多少而表现出的稀稠稠度。

(2)稠度状态,如图 1-5-1 所示。

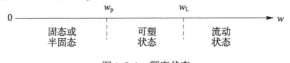

图 1-5-1　稠度状态

二、黏性土的塑性

界限含水率:黏性土从一种稠度状态过渡到另一种稠度状态时的分界含水率。
塑限 w_P:土由塑性体状态向脆性固体、半固体状态过渡的界限含水率。
液限 w_L:土从液体状态向塑性体状态过渡的界限含水率。

三、两个重要指标及其工程应用

1. 塑性指数

$$I_p = w_L - w_p \quad (去掉\%) \tag{1-5-1}$$

物理意义:塑性指数的大小取决于土颗粒吸附结合水的能力,即与土中黏粒含量有关。黏粒含量越多,塑性指数就越高。因此 I_p 可反映黏性土的工程性质,用作黏性土定名的标准。

2. 液性指数

$$I_L = \frac{w - w_p}{I_p} = \frac{w - w_p}{w_L - w_p} \tag{1-5-2}$$

上两式中:w——土的天然含水率,%;
$\quad\quad\quad w_p$——土的塑限,%;
$\quad\quad\quad w_L$——土的液限,%。

液性指数是表征土的天然含水率与界限含水率间的相对关系,根据液性指数大小可以判定土的软硬状态,见表 1-5-1。

土的软硬状态判定　　　　　　　表 1-5-1

$I_L \leq 0$	$0 < I_L \leq 0.25$	$0.25 < I_L \leq 0.75$	$0.75 < I_L \leq 1.0$	$I_L > 1$
坚硬	硬塑	可塑	软塑	流塑

四、土的界限含水率测定方法

土的界限含水率测定方法有液限和塑限联合测定法、液限碟式仪法、塑限滚搓法和缩限试验。本学习活动介绍液限和塑限联合测定法。

五、知识延伸

1. 细粒土按塑性图确定土名称

(1)当细粒土位于塑性图 A 线或 A 线以上时:在 B 线或 B 线以右,称为高液限黏土(CH);在 B 线以左,$I_p = 7$ 线以上,称为低液限黏土(CL)。

(2)当细粒土位于 A 线以下时:在 B 线或 B 线以右,称为高液限粉土(MH);在 B 线以左,$I_p = 4$ 线以下,称为低液限粉土(ML)。

(3)黏土~粉土过渡区(CL~ML)的土可以按相邻土层的类别考虑细分。

2. 有机质土按塑性图确定土名称

(1)位于塑性图 A 线或 A 线以上时:在 B 线或 B 线以右,称为有机质高液限黏土(CHO);在 B 线以左,$I_p = 7$ 线以上,称为有机质低液限黏土(CLO)。

(2)位于 A 线以下时:在 B 线或 B 线以右,称为有机质高液限粉土(MHO);在 B 线以左,$I_p = 4$ 线以下,称为有机质低液限粉土(MLO)。

(3)黏土~粉土过渡区(CL~ML)的土可以按相邻土层的类别考虑细分。

塑性图(图1-5-2)中低液限为$w_L<50\%$,高液限为$w_L \geqslant 50\%$。

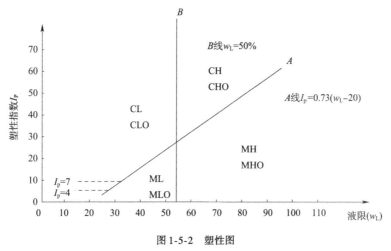

图1-5-2 塑性图

技能实训

液限和塑限联合测定法(T 0118—2007)

一、试验依据

《公路土工试验规程》(JTG E40—2007)。

二、试验目的和适用范围

测定土的液限和塑限,用于划分土类、计算天然稠度和塑性指数,供公路工程设计和施工使用。

本试验适用于粒径不大于0.5mm、有机质含量不大于试样总质量5%的土。

三、仪器设备

(1)液塑限联合测定仪:锥质量100g或76g,锥角30°,如图1-5-3所示。

(2)盛土杯:直径50mm,深度40~50mm。

(3)天平:称量200g,感量0.01g。

(4)其他:烘箱、调土刀、调土皿、凡士林、铝盒、0.5mm筛、滴管等。

图1-5-3 液塑限联合测定仪

四、试验步骤

(1)准备土样,如图1-5-4所示。

风干土样土块研碎　　通过0.5mm筛　　称量代表性土样约200g三份

图1-5-4 准备土样

(2)加水、调制(适用于100g锥),如图1-5-5所示。

分别放入三个盛土皿中

加入不同数量的水

制备不同稠度的试样

图1-5-5 加水、调制

(3)闷料、装杯、置于仪器,如图1-5-6所示。

闷土18h

取一份装土入杯(分层压实)

试锥尖涂凡士林、试杯置于仪器

图1-5-6 闷料、装土

(4)调节试锥接触、测入土深度,如图1-5-7所示。

接触

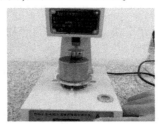
测5s的锥入深度

记录读数

图1-5-7 试锥接触、测入土深度

锥入深度要求如下:

①c点的锥入深度应控制在5mm以下;对于砂类土,c点的锥入深度可大于5mm。

②b点的锥入深度应介于a点和c点的中间状态。

③b点、c点两份土样锥入深度允许平行误差为0.5mm,否则应重做。

④a点锥入深度必须达到20mm±0.2mm。

(5)取代表性试样测含水率,如图1-5-8所示。

 → 试样测两点(点与试杯边缘、点与点间距不小于10mm)并取代表性土样(去掉锥尖处土样,取10g以上2个)测含水率。重复上述步骤进行其余两份土样测定

图1-5-8 测含水率

五、成果整理

1. 计算公式

塑限入土深度：

$$h_p = \frac{w_L}{0.524 w_L - 7.606} \tag{1-5-3}$$

塑性指数，见式(1-5-1)。

2. 精密度和允许差

(1)三点应呈一条线。如不在，要通过 a 点与 b、c 点连成两条直线，根据液限(a 点含水率)在图 1-5-9 h_p—w_L 关系曲线上查的 h_p，再在含水率与入土深度关系图求出相应的两个含水率。当含水率差值小于 2%时，取平均值与 a 点连成一线；当差值不小于 2%时，应重做。

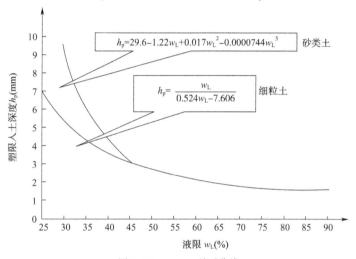

图 1-5-9 h_p—w_L 关系曲线

(2)本试验须进行两次平行测定，取其算术平均值，以整数(%)表示。其允许差值为：高液限土小于或等于 2%，低液限土小于或等于 1%。

3. 试验记录表格(表 1-5-2)

液限和塑限联合试验记录　　　　　　　　　　表 1-5-2

试验项目		试验次数	c		b		a	
入土深度 (mm)	h_1		5.0		11.9		19.8	
	h_2		4.8		12.3		20.0	
	$1/2(h_1+h_2)$		4.9		12.1		19.9	
含水率 (%)		盒号	1	2	3	4	5	6
		盒质量(g)	11.60	9.50	14.03	9.23	11.60	12.20
		盒+湿土质量(g)	22.00	19.50	24.30	19.50	22.40	23.60
		盒+干土质量(g)	20.10	17.70	22.20	17.40	20.10	21.10
含水率 (%)		水分质量(g)	1.90	1.80	2.10	2.10	2.30	2.50
		干土质量(g)	8.50	8.20	8.17	8.17	8.50	8.90
		含水率(%)	22.4	22.0	25.7	25.7	27.1	28.1
		平均含水率(%)	22.3		25.7		27.6	
结论			塑性指数 $I_p=6.3$ 介于黏土~粉土过渡区，可以按相邻土层的类别考虑细分					

4. 绘制关系图（双对数坐标）（图 1-5-10）

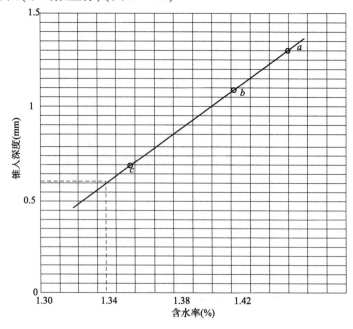

图 1-5-10　锥入深度与含水率（h—w）关系图

液限的确定方法：在图 1-5-10 上查得纵坐标入土深度 $h=20$mm 所对应的横坐标的含水率即为液限 $w_L=27.6(\%)$。

塑限的确定方法：根据求出的液限 $w_L=27.6(\%)$ 和土的类别，通过计算塑限入土深度 $h_p=\dfrac{w_L}{0.524w_L-7.606}=\dfrac{27.6}{0.524\times27.6-7.606}=4.03(\text{mm})$（或查图 1-5-19 h_p—w_L 关系曲线求出），再由图 1-5-10（h—w）求出入土深度为 4.03mm 所对应的横坐标的含水率，即为塑限 $w_p=21.3(\%)$。

塑性指数计算：$I_p=w_L-w_p=27.6-21.3=6.3$。

六、注意事项

（1）液塑限测定仪调平、试锥杆应无摩擦自由垂直落下。

（2）试样装入试杯应分层并且压密，保证密实。

（3）本试验适用于粒径不大于 0.5mm、有机质含量不大于试样总质量 5% 的土。

（4）c 点的锥入深度应根据土类控制入土深度。

（5）测含水率应去掉锥尖处的凡士林。

（6）严禁空落试锥，以免锥尖撞弯、试杆变形。

（7）天平量程、精度应满足试验要求，使用前应标定、固定、调平、调零。

巩固提升

1. 什么是土的塑限？
2. 液性指数是判断土的什么状态？
3. 界限含水率测定的目的是什么？
4. 试样装入试杯时怎样保证密实？
5. 测定的 a、b、c 三点如不在一条直线，试验是否失败？为什么？

学习活动6 土的击实试验

学习目标

1. 能描述土的击实试验的工程意义和测定的常用方法;
2. 能选择并使用电动击实仪、脱模器、烘箱等仪器设备;
3. 能按照土工试验规程进行土的击实试验;
4. 能整理试验数据并评定结果。

情境导入

在某高速公路工程施工中,为使路基具有足够的强度与稳定性,必须予以压实,以提高其密实程度。土的干密度是衡量路基土密实程度的重要指标,为了保证路堤土具有足够密实度以确保行车平顺和安全,必须在最佳含水率下压实使其达到最大干密度。

基础知识

一、土的击实性在工程中的意义

在工程建设中,经常遇到填土压实、软弱地基的强夯和换土碾压等问题。如路堤、土坝,以及桥台、挡土墙、埋设管道基础的垫层或回填土等,都是以土作为建筑材料按一定要求和范围进行堆填而成。填土不同于天然土层,因为经过挖掘、搬运之后,原状结构已经被破坏,含水率也已变化,堆填时必然在土团之间留下许多孔隙。未经压实的填土强度低,压缩性大而且不均匀,遇水也易发生塌陷、崩解等现象。为使其满足工程要求,必须按一定标准压实。特别是像路堤这样的土工构筑物,在车辆频繁运行和反复动荷载作用下,可能出现不均匀或过大沉陷或塌落,甚至失稳滑动,从而恶化运营条件以及增加维修工作量。所以路堤填土必须具有足够的密实度以确保行车平顺和安全。

二、击实原理

击实是指采用人工或机械对土施加夯压能量(如打夯、碾压、振动碾压等方式),使土颗粒重新排列紧密,对于粗粒土因颗粒的紧密排列,增强了颗粒表面摩擦力和颗粒之间嵌挤形成的咬合力,对于细粒土则因为颗粒间的靠紧而增强颗粒间的分子引力,从而使土在短时间内得到新的结合强度。

三、常用方法

有现场填筑试验和室内击实试验。我们这里介绍室内击实试验,见表1-6-1。

四、影响压实的因素

影响压实的因素主要有含水率、击实功能、土的种类和级配等。

(1)当含水率较低时,击实后的干密度随含水率的增加而增大。而当干密度增大到某一值后,含水率的继续增加则会使干密度减小。干密度的这一最大值称为该击数下的最大干密度,与它对应的含水率称为最佳含水率。

击实试验方法种类　　　　　　　　　表1-6-1

试验方法	类别	锤底直径（cm）	锤质量（kg）	落高（cm）	试筒尺寸 内径（cm）	试筒尺寸 高（cm）	试样尺寸 高度（cm）	试样尺寸 体积（cm³）	层数	每层击数	击实功（kJ/m³）	最大粒径（mm）
轻型	Ⅰ-1	5	2.5	30	10	12.7	12.7	997	3	27	598.2	20
轻型	Ⅰ-2	5	2.5	30	15.2	17	12	2177	3	59	598.2	40
重型	Ⅱ-1	5	4.5	45	10	12.7	12.7	997	5	27	2687.0	20
重型	Ⅱ-2	5	4.5	45	15.2	17	12	2177	3	98	2677.2	40

说明：当击数一定时，只有在某一含水率下才获得最佳的击实效果。

(2)击实功能的影响。

①最大干密度随击数的增加而逐渐增大，最佳含水率则随之逐渐减小。然而，这种变化速率是递减的。同时，光凭增加击实功能来提高土的最大干密度是有限的。

②当含水率较低时击数的影响较显著。当含水率较高时，含水率与干密度关系曲线趋近于饱和线，这时提高击实功能是无效的。

(3)土类和级配的影响。在相同击实功能下，黏性土黏粒含量越高或塑性指数越大，压实越困难，最大干密度越小，最佳含水率越大。

五、知识延伸

击实试验是研究土的压实性能的，所以要知道干密度和压实度的计算方法。

干密度：

$$\rho_d = \frac{湿密度}{1+含水率} \tag{1-6-1}$$

压实度：

$$K = \frac{实测干密度}{最大干密度} \times 100\% \tag{1-6-2}$$

技能实训

土的击实试验（T 0131—2007）

一、试验依据

《公路土工试验规程》（JTG E40—2007）。

二、试验目的和适用范围

本试验用于测定土的最大干密度和最佳含水率。本试验方法适用于细粒土。

当土中最大颗粒粒径大于或等于40mm，并且大于或等于40mm颗粒粒径的质量含量大于5%时，则应使用大尺寸试筒进行击实试验。

当细粒土中的粗粒土总含量大于40%或粒径大于0.005mm颗粒的含量大于土总质量的70%（即$d_{30} \leq 0.005$mm）时，还应做粗粒土最大干密度试验，其结果与重型击实试验结果比较，最大干密度取两种试验结果的最大值。

三、仪器设备

(1)击实仪、击实锤、电动击实仪，如图1-6-1～图1-6-3所示。

(2)脱模器，如图1-6-4所示。

(3)台秤(称量10kg 感量5g)、天平(感量0.01g)。

(4)其他：铝盒、修土刀、三棱刮刀、喷水设备、碾土器、盛土器、标准筛(孔径40mm、20mm或5mm)、干燥器、平直尺等。

图1-6-1 击实仪　　图1-6-2 击实锤　　图1-6-3 电动击实仪　　图1-6-4 脱模器

四、试验准备

(1)准备土样，如图1-6-5所示。试料用量见表1-6-2。

土块碾碎　　　　　　过筛　　　　　　四分法取样(表1-6-2)

图1-6-5 准备土样

试 料 用 量　　　　　　表1-6-2

使用方法	类别	试筒内径(cm)	最大粒径(mm)	试料用量(kg)
干土法，试样不重复使用	b	10	20	至少5个试样，每个3kg
		15.2	40	至少5个试样，每个6kg
湿土法，试样不重复使用	c	10	20	至少5个试样，每个3kg
		15.2	40	至少5个试样，每个6kg

(2)对于干土法(土不重复使用)和湿土法(土不重复使用)，5个土样每次增加2%~3%的含水率，其中有两个大于和两个小于最佳含水率，所需加水量按式(1-6-3)计算：

$$m_w = \frac{风干含水率时土样的质量}{1+土样风干含水率} \times (预定达到的含水率 - 风干含水率) \quad (1-6-3)$$

(3)洒水、闷料，如图1-6-6所示。

洒水　　　　　　搓散　　　　　　装袋闷料一夜

图1-6-6 洒水、闷料

五、试验步骤

(1) 土样分层装入击实筒,如图1-6-7所示。击实筒放在坚硬的地面上,在筒壁上涂一薄层凡士林,并在筒底上放置蜡纸或塑料薄膜土样分3~5层(每层装入的量应使击实后试样等于或略高于筒高的1/3或1/5)。

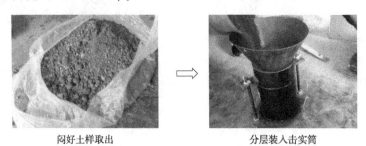

闷好土样取出　　　　　　分层装入击实筒

图1-6-7　土样分层装入击实筒

(2) 土样按要求的层数、击数分层击实,如图1-6-8所示。整平试样表面,按要求的击数击实,击锤应自由垂直落下,锤迹必须均匀分布于土样面。第一层击实完后,将试样层面"拉毛",然后再装入套筒,重复上述方法进行其余各层土的击实。土样击实完毕,用修土刀沿套筒内壁削刮,使土样与套筒脱离后,扭动并取下套筒,检查击实后试样高出筒顶面的高度(小击实筒击实后不应高出筒顶面5mm,大击实筒击实后不应高出筒顶面6mm)。

整平表面　　　　　　按要求的击数击实　　　　　　量测每层击实高度

每层间"拉毛"　　　　　　继续其他层击实　　　　　　检查高度

图1-6-8　土样按要求的层数、击数击实的过程

(3) 修平、称量、脱模,如图1-6-9所示。

(4) 取代表性土样测含水率,如图1-6-10所示,测含水率用试样的数量见表1-6-3。

(5) 按上述步骤进行其他含水率的击实试验。

修平

擦净筒外壁后称量（准确至1g）

脱模

图1-6-9 试样修平、称量、脱模

图1-6-10 取代表性土样测含水率

测定含水率用试样的数量 表1-6-3

最大粒径(mm)	试样质量(g)	个数
<5	15~20	2
约5	约50	1
约20	约250	1
约40	约500	1

六、成果整理

1. 计算公式（计算至 0.01g/cm³）

$$湿密度 = \frac{（击实筒+湿土）质量-击实筒质量}{击实筒容积} \quad (1\text{-}6\text{-}4)$$

$$干密度 = \frac{湿密度}{1+含水率} \quad (1\text{-}6\text{-}5)$$

2. 精密度和允许差

本试验含水率须进行两次平行测定,取其算术平均值,允许平行差值应符合表1-6-4的规定。

含水率测定的允许平行差值 表1-6-4

含水率(%)	允许平行差值(%)	含水率(%)	允许平行差值(%)	含水率(%)	允许平行差值(%)
5以下	0.3	40以下	≤1	40以上	≤2

3. 试验记录表格（表1-6-5）

绘图确定最佳含水率及最大干密度,如图1-6-11所示。

土的击实试验记录 表1-6-5

	筒容积(cm³)		997		落距(cm)		45		每层击数		27
	击锤质量 kg			4.5			大于5mm颗粒含量			9%	
	试验次数		1		2		3		4		5
干密度	筒+湿土质量(g)		2982		3057		3131		3216		3191
	筒质量(g)		1103		1103		1103		1103		1103
	湿土质量(g)		1879		1954		2028		2113		2088
	筒容积(cm³)		997		997		997		997		997
	湿密度(g/cm³)		1.88		1.96		2.03		2.12		2.09
	干密度(g/cm³)		1.71		1.75		1.80		1.83		1.76
含水率	盒 号	1	2	3	4	5	6	7	8	9	10
	盒质量(g)	20	20	20	20	20	20	20	20	20	20
	盒+湿土质量(g)	35.60	35.44	33.93	33.69	32.88	33.16	33.13	34.09	36.96	38.31
	盒+干土质量(g)	34.16	34.02	32.45	32.26	31.40	31.64	31.36	32.15	24.28	35.36
	水质量(g)	1.44	1.42	1.48	1.43	1.48	1.52	1.77	1.94	2.68	2.95
	干土质量(g)	14.16	14.02	12.45	12.26	11.40	11.64	11.36	12.15	14.28	15.36
	含水率(%)	10.3	10.1	11.9	11.7	13.0	13.0	15.6	16.0	18.8	19.2
	平均含水率(%)		10.2		11.8		13.0		15.8		19.0
结论				最佳含水率=15.2%；最大干密度=1.83g/cm³								

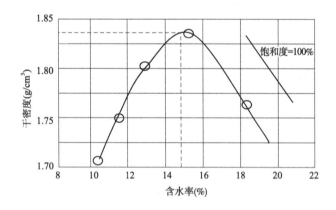

图1-6-11　含水率与干密度关系曲线

注：曲线上的峰值点的纵、横坐标分别为最大干密度和最佳含水率。如曲线不能绘出明显的峰值点，应进行补点或重做。

七、注意事项

(1)击实试验前，试筒底座要放置一蜡纸或塑料薄膜。

(2)击实每一层后，用刮土刀把土样表面"拉毛"，使层与层之间压密。

(3)如果使用电动击实仪，则必须注意安全。打开电源后，手不能接触击实锤。

(4)击实结束，取套筒时注意不要裂断试件，否则击实重做。

(5)施工中，铺筑材料发生变化，应重进行击实确定最大干密度和最佳含水率。

(6)工程中，依建设学位招标择定选用重型击实或轻型击实。

巩固提升

1. 击实试验前,试筒底座为什么要放置一蜡纸或塑料薄膜?
2. 击实试验完成后,对试样高出筒顶面的规定要求是多少?
3. 每层击实完成,为什么要进行"拉毛"?
4. 采用小击实筒进行重型击实,对材料粒径、层数、击数有什么要求?
5. 试验结束,表格计算完成后,能确定最大干密度和最佳含水率吗?

学习任务 2　集 料 试 验

> **任务目标**
> 1. 能描述集料实训室的安全操作制度；
> 2. 能描述集料试验在公路施工中的作用；
> 3. 能根据任务要求，列出所需仪器和材料清单；
> 4. 能严格按照集料试验规程进行试验操作。

任务描述

集料是公路与桥梁建筑中用量最大的一种建筑材料，它可直接用作公路与桥梁的圬工结构，也是水泥混凝土或沥青混合料中起骨架和填充作用的主要材料。用作筑路的集料应该具备一定的技术性质，以适应不同工程建筑的技术要求。本学习任务通过对粗细集料的密度、级配、砂当量、含泥量、针片状颗粒含量、压碎值、磨耗等指标进行检测，了解集料的技术性质，为水泥混凝土或沥青混合料的配合比设计提供依据。

学习活动 1　细集料密度试验

学习目标

1. 能描述集料的分类、粒径及内部结构；
2. 能描述细集料表观密度、堆积密度、紧装密度的概念、工程意义及常用方法；
3. 能选择并使用容量瓶、烧杯、容积筒、温度计、天平等仪器设备；
4. 能按照集料试验规程测定细集料密度；
5. 能整理试验数据并评定结果。

情境导入

某高速公路沥青路面施工，需要用到大量的细集料，工地试验室需对新进细集料的密度进行检测，鉴定其品质的好坏。因为风化严重的细集料强度低、稳定性差，会影响路面的质量，所以对该批细集料的密度进行检测，评定其等级。

基础知识

一、集料的基本概念

集料是公路与桥梁建筑中用量最大的一种建筑材料，它是指在沥青混合料或水泥混凝土中起骨架和填充作用的粒料，包括碎石、砾石、机制砂、石屑、砂等。

1. 集料的分类

（1）根据粒径大小分为粗集料、细集料。

(2)根据化学成分分为酸性集料、碱性集料。

2. 集料的粒径

(1)集料最大粒径:指集料100%都要求通过的最小标准筛筛孔尺寸。

(2)集料公称最大粒径:指集料可能全部通过或允许有少量筛余(筛余量不超过10%)的最小标准筛筛孔尺寸。

二者区别:通常集料公称最大粒径比最大粒径小一个粒级,在工程中我们所指的最大粒径往往是指公称最大粒径。

3. 集料的内部结构

集料主要是由矿质实体、闭口孔隙(不与外界相通的)、开口孔隙(与外界相通的)和空隙(颗粒之间的)四部分组成,如图2-1-1所示。

4. 细集料的定义

在沥青混合料中,细集料是指粒径小于2.36mm的天然砂、人工砂(包括机制砂)及石屑。

在水泥混凝土中,细集料是指粒径小于4.75mm的天然砂、人工砂。

5. 砂的分类

(1)砂按来源可以分为两类:一类为天然砂,它是岩石自然风化、水流冲刷、堆积形成的粒径小于4.75mm的岩石颗粒,按产源不同可分为河砂、山砂、海砂;另一类为人工砂,它是经人为加工处理得到的

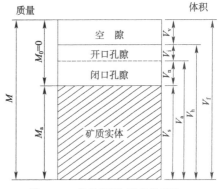

图2-1-1 集料体积与质量关系图

符合规格要求的颗粒,表面多棱角,较洁净。机制砂、矿渣砂、煅烧砂都属于人工砂。

(2)按所配制水泥混凝土强度等级,砂可分为Ⅰ类砂、Ⅱ类砂和Ⅲ类砂。Ⅰ类砂宜用于混凝土强度等级大于C60的混凝土;Ⅱ类砂宜用于混凝土强度等级为C30~C60及有抗冻、抗渗或其他要求的混凝土;Ⅲ类砂宜用于混凝土强度等级小于C30的混凝土和建筑砂浆。

二、细集料的密度

1. 表观密度

表观密度 ρ_a 是指单位体积(含材料的矿质实体体积和闭口孔隙体积)物质颗粒的干质量,单位为 g/cm^3,计算公式见式(2-1-1)。

$$\rho_a = \frac{m}{V_s + V_c} \tag{2-1-1}$$

式中:V_s——细集料实体体积,cm^3;

V_c——细集料闭口孔隙体积,cm^3;

m ——干燥细集料的质量,g。

细集料表观密度的大小,主要取决于细集料的种类和风化程度。风化严重的细集料表观密度小,强度低,稳定性差,所以表观密度是衡量细集料品质的主要技术指标之一。细集料的表观密度应大于 $2500kg/m^3$。

2. 堆积密度

堆积密度 ρ 是指单位体积(含材料的矿质实体体积及其闭口孔隙、开口孔隙体积及颗粒间空隙体积)物质颗粒的质量,单位为 g/cm^3。堆积密度一般为 $1350\sim1650kg/m^3$,计算公式

见式(2-1-2)。

$$\rho = \frac{m}{V} \tag{2-1-2}$$

式中：m——细集料的质量，g；
V——细集料的堆积体积，cm³。

3. 紧装密度

紧装密度与堆积密度的物理概念一样，只是试验方法不同。紧装密度一般为1600~1700kg/m³。

4. 空隙率

空隙率是指集料颗粒之间的空隙体积占集料总体积的百分率。细集料的空隙率一般为35%~45%，特细集料可达到50%左右。空隙率 n 的计算公式见式(2-1-3)。

$$n = \left(1 - \frac{\rho}{\rho_a}\right) \times 100\% \tag{2-1-3}$$

三、技术要求

我国公路行业标准《公路沥青路面施工技术规范》(JTG F40—2004)、《公路水泥混凝土路面施工技术细则》(JTG/T F30—2014)、《公路路面基层施工技术细则》(JTG/T F20—2015)及《公路桥涵施工技术规范》(JTG/T F50—2011)中对细集料的质量要求，见表2-1-1~表2-1-4。

沥青混合料用细集料质量要求　　　　表2-1-1

项 目	单位	高速公路、一级公路	其他等级公路
表观相对密度，≥	t/m³①	2.50	2.45
棱角性(流动时间)，≥	s	30	—
坚固性(>0.3mm部分)，≥	%	12	—
含泥量(小于0.075mm的含量)，≤	%	3	5
砂当量，≥	%	60	50
亚甲蓝值，≤	g/kg	25	—

注：① 1t/m³ = 1kg/L = 1g/cm³。

水泥混凝土用天然砂质量要求　　　　表2-1-2

项 目	技术要求		
	Ⅰ级	Ⅱ级	Ⅲ级
坚固性(按质量损失计)(%)，≤	6.0	8.0	10.0
含泥量(按质量计)(%)，≤	1.0	2.0	3.0
泥块含量(按质量计)(%)，≤	0	0.5	1.0
氯离子含量(按质量计)(%)，≤	0.02	0.03	0.06
云母含量(按质量计)(%)，≤	1.0	1.0	2.0
表观密度(kg/m³)，≥	2500.0		
松散堆积密度(kg/m³)，≥	1400.0		
空隙率(%)，≤	45.0		
吸水率(%)，≤	2.0		

续上表

项　目	技术要求		
	Ⅰ级	Ⅱ级	Ⅲ级
碱活性反应	不得有碱活性反应或疑似碱活性反应		
硫化物及硫酸盐含量(按SO_3质量计)(%),≤	0.5		
轻物质含量(按质量计)(%),≤	1.0		
有机物含量(比色法)	合格		
结晶态二氧化硅含量(%),≥	25.0		

公路路面基层用细集料质量要求　　　　　　　　　　　　表 2-1-3

项　目	水泥稳定	石灰稳定	石灰粉煤灰综合稳定	水泥粉煤灰综合稳定
颗粒分析	满足级配要求			
塑性指数	≤17	适宜范围 15~20	适宜范围 12~20	—
有机质含量(%)	<2	≤10	≤10	<2
硫酸盐含量(%)	≤0.25	≤0.8	—	≤0.25

桥涵用细集料质量要求　　　　　　　　　　　　　　　　表 2-1-4

项　目		技术要求		
		Ⅰ级	Ⅱ级	Ⅲ级
有害物质含限值	天然砂含泥量(按质量计)(%)	<1.0	<3.0	<5.0
	云母含量(按质量计)(%)	<1.0	<2.0	<2.0
	轻物质含量(按质量计)(%)	<1.0	<1.0	<1.0
	硫化物及硫酸盐含量(按SO_3质量计)(%)	<0.5	<0.5	<0.5
	氯化物含量(以氯离子质量计)(%)	<0.01	<0.02	<0.06
	有机物含量(比色法)	合格	合格	合格
亚甲基蓝试验	人工砂(MB 值<1.4 或合格)石粉含量(按质量计%)	<3.0	<5.0	<7.0
	人工砂(MB 值>1.4 或不合格)石粉含量(按质量计%)	<1.0	<3.0	<5.0
	天然砂、人工砂含泥块含量(按质量计%)	<0	<1.0	<2.0
坚固性(硫酸钠溶液法经5次循环后)质量损失小于值%		<8	<8	<10
人工砂粒单级最大压碎值(%)		<20	<25	<30
表观密度(kg/m^3)		>2500		
松散堆积密度(kg/m^3)		>1350		
空隙率(%)		<47		
碱集料反应		经碱集料反应试验后由砂制备的试件无裂缝、酥裂、胶体外溢等现象,在规定的试验龄期膨胀率小于0.10%		

技能实训

试验一　细集料表观密度试验——容量瓶法(T 0328—2005)

一、试验依据

《公路工程集料试验规程》(JTG E42—2005)。

二、试验目的和适用范围

用容量瓶法测定细集料(如天然砂、石屑、机制砂等)在23℃时对水的表观相对密度和表观密度,以鉴定细集料的品质,同时亦为水泥混凝土和沥青混合料的组成设计提供原始数据。本方法适用于含有少量大于2.36mm部分的细集料。

三、仪器设备

(1)天平:称量1kg,感量不大于1g。
(2)容量瓶:500mL。
(3)其他:烘箱(能控温在105℃±5℃)、烧杯、干燥器、铲子、温度计、滴瓶、滴管等。

四、试验准备

准备试样,如图2-1-2所示。

四分法取样650g左右　　105℃±5℃下烘干至恒重①　　干燥器内冷却至室温,分两份备用

图2-1-2　准备试样

注:① 恒重系指相邻两次称取间隔时间大于3h(通常不少于6h)的情况下,前后两次称量之差小于该项试验所要求的称量精密度,下同。

五、试验步骤

(1)称量试样,装入容量瓶,如图2-1-3所示。

称量烘干试样300g(m_0)　　装入盛有半瓶洁净水的容量瓶

图2-1-3　称量试样、装入容量瓶

(2)排除气泡,如图2-1-4所示。摇转容量瓶,使试样在已保温23℃±1.7℃的水中充分搅动以排除气泡,塞紧瓶塞,恒温下静置24h左右。

摇转容量瓶　　静置24h左右

图2-1-4　排除气泡

(3)称量试样、瓶、水的总质量 m_2，如图 2-1-5 所示。

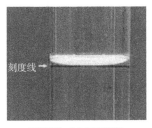  

用滴管加水至刻度线　　　塞紧瓶塞，擦干瓶外水分　　　称量试样、瓶、水的总质量 m_2

图 2-1-5　称量试样、瓶、水的总质量

(4)称量瓶、水的总质量 m_1，如图 2-1-6 所示。

倒出水和试样，洗净瓶　　　加入同样温度的洁净水至刻度线(温差不超过2℃)　　　塞紧瓶塞

擦干瓶外水分　　　称量瓶、水的总质量 m_1

注意：试验过程中应测量并控制水的温度，试验期间的温差不得超过1℃

图 2-1-6　称量瓶、水的总质量

六、成果整理

1. 计算公式

(1)细集料的表观相对密度按式(2-1-4)计算,精确至小数点后 3 位。

$$\gamma_\alpha = \frac{m_0}{m_0 + m_1 - m_2} \tag{2-1-4}$$

式中：m_0——试样的烘干质量,g；

m_1——水及容量瓶总质量,g；

m_2——试样、水及容量瓶总质量,g。

(2)细集料的表观密度按式(2-1-5)计算,精确至小数点后 3 位。

$$\rho_a = \gamma_a \cdot \rho_T \text{ 或 } \rho_a = (\gamma_a - \alpha_t) \cdot \rho_w \tag{2-1-5}$$

式中：α_t——试验时水温对水密度影响修正系数,查表2-1-5；

ρ_w——水在4℃时的密度,1.000g/cm³；

ρ_T——试验温度 T 时水的密度,g/cm³,查表2-1-5。

不同水温时水的密度及水温修正系数　　　　　　　　　表2-1-5

水温(℃)	15	16	17	18	19	20
水的密度 ρ(g/cm³)	0.99913	0.99897	0.99880	0.99862	0.99843	0.99822
修正系数 α_t	0.002	0.003	0.003	0.004	0.004	0.005
水温(℃)	21	22	23	24	25	
水的密度 ρ(g/cm³)	0.99802	0.99779	0.99756	0.99733	0.99702	
修正系数 α_t	0.005	0.006	0.006	0.007	0.007	

2. 精密度和允许差

以两次平行试验结果的算术平均值作为测定值,如两次结果之差大于 0.01g/cm^3 时,应重新取样进行试验。

3. 试验记录表格(表2-1-6)

细集料表观密度记录　　　　　　　　　　　　　　　　　　表2-1-6

试验次数	试样烘干质量 m_0 (g)	试样、水、容量瓶质量 m_2 (g)	容量瓶和水质量 m_1 (g)	表观相对密度 γ_a	水温 (℃)	表观密度 ρ_a (g/cm³)	表观密度 ρ_a 平均值 (g/cm³)
1	300	1744	1557	2.655	22.8	2.649	2.649
2	300	1743	1556	2.655	22.8	2.649	
结论	该细集料的表观相对密度为2.655 g/cm³,符合表2-1-1中技术要求						

七、注意事项

(1)在砂的表观密度试验过程中,应测量并控制水的温度,试验期间的温差不得超过1℃。
(2)取样必须采用四分法。
(3)所称试样为烘干试样。
(4)烘箱温度:105℃±5℃。
(5)被称量的玻璃仪器外壁应保持干燥清洁。

试验二　细集料堆积密度及紧装密度试验(T 0331—1994)

一、试验依据

《公路工程集料试验规程》(JTG E42—2005)。

二、试验目的和适用范围

测定砂自然状态下堆积密度、紧装密度、空隙率,为混合料配合比设计提供依据。

三、仪器设备

(1)容量筒:容积约为1L。
(2)台秤:称量5kg,感量5g。
(3)标准漏斗。
(4)其他:钢筋棒(直径10mm)、烘箱(能控温在105℃±5℃)、直尺、浅盘、小勺等。

四、试验准备

(1)准备试样,如图2-1-7所示。
(2)容量筒容积的校正方法,如图2-1-8所示。以温度为20℃±5℃的洁净水装满容量筒,用玻璃板沿筒口滑移,使其紧贴水面,玻璃板与水面之间不得有空隙。擦干筒外壁水分,然后称量。用式(2-1-6)计算容量筒容积 V,单位为 mL。

四分法取样5000g　　　　105℃±5℃下烘干至恒重

图 2-1-7　准备试样

容量筒内加满洁净水　　　称量容量筒、玻璃板和水总质量 m'_2

图 2-1-8　容量筒容积的校正步骤

$$V = \frac{m'_2 - m'_1}{\rho_w} \tag{2-1-6}$$

式中：m'_2——容量筒、玻璃板和水总质量，g；

m'_1——容量筒和玻璃板总质量，g。

五、试验步骤

1. 堆积密度

(1) 装砂，如图 2-1-9 所示。

称量容量筒质量 m_0　　　将砂装入标准漏斗　　　将砂装满并超出筒口①

图 2-1-9　装砂步骤

注：①也可用小勺直接向容量筒中装砂，但漏斗出料口或料勺距离容量筒筒口高度约 50mm。

(2) 称量容量筒和砂的质量 m_1，如图 2-1-10 所示。

刮平(沿筒口中心线向两个相反方向刮平)　　　　　　　　称量容量筒和砂的质量 m_1

图 2-1-10　称量容量筒和砂的质量

2. 紧装密度

(1)取砂一份,分两层装入容量筒。第一层装砂颠击,如图 2-1-11 所示。第二层装砂颠击,如图 2-1-12 所示。

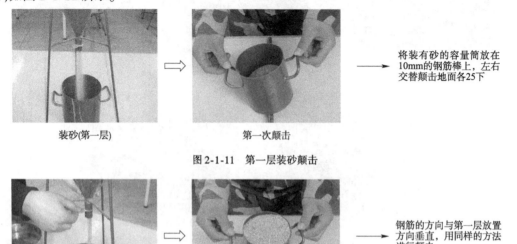

图 2-1-11　第一层装砂颠击

图 2-1-12　第二层装砂颠击

(2)称量容量筒和砂的质量 m_2,如图 2-1-13 所示。

图 2-1-13　称量容量筒和砂的质量

六、成果整理

1. 计算公式

(1)堆积密度及紧装密度分别按式(2-1-7)和式(2-1-8)计算,精确至小数点后 3 位。

堆积密度:

$$\rho = \frac{m_1 - m_0}{V} \tag{2-1-7}$$

紧装密度:

$$\rho' = \frac{m_2 - m_0}{V} \tag{2-1-8}$$

式中:m_0——容量筒质量,g;

m_1——容量筒和砂质量(堆积),g;

m_2——容量筒和砂质量(紧装),g。

(2)砂的空隙率按式(2-1-3)计算,精确至0.1%。

2. 精密度和允许差

以两次平行试验结果的平均值作为测定值。

3. 试验记录表格(表2-1-7)

细集料堆积密度、紧装密度试验记录　　　　表2-1-7

砂的表观密度 ρ_a(g/cm³)	容量筒质量 m_0(g)	玻璃板质量 $m_{玻璃板}$(g)	容量筒、玻璃板、水总质量 $m_{总}$(g)	容量筒容积 V(mL)
2.649	366	1089	2497	1042

	堆积密度		紧装密度		
容量筒和堆积砂的质量 m_1(g)	1952	1920	容量筒和紧装砂的质量 m_2(g)	2045	2059
砂的质量(g)	1586	1554	砂的质量(g)	1679	1693
堆积密度 ρ(g/cm³)	1.522	1.491	紧装密度 ρ'(g/cm³)	1.611	1.624
平均堆积密度(g/cm³)	1.506		平均紧装密度(g/cm³)	1.617	
堆积空隙率 n(%)	43.1		紧装空隙率 n(%)	39.0	
结论	该细集料堆积密度大于1.35g/cm³,空隙率小于45%,符合技术规范要求				

七、注意事项

(1)容量筒的校正水温为20℃±5℃。
(2)试样烘干后如有结块,应在试验前预先捏碎。
(3)堆积密度试验,装砂时料斗出口距筒口高度约为50mm。
(4)试验过程注意安全,试验完毕清理试验室。

巩固提升

1. 某工地新进一批细集料,测定其堆积密度为1.531g/cm³,表观密度为2.603g/cm³,该批细集料的空隙率是多少?是否满足《公路水泥混凝土路面施工技术细则》(JTG/T F30—2014)中对细集料空隙率的要求?
2. 测定细集料紧装密度时,砂分几层装?每层颠击多少次?钢筋棒放置的位置有何变化?
3. 细集料堆积密度试验过程中容量筒的容积如何测定?
4. 集料的内部结构主要由哪些部分组成?
5. 细集料表观密度的大小主要取决于哪些因素?
6. 细集料表观密度试验的目的是什么?

学习活动2　细集料筛分试验

学习目标

1. 能描述细集料级配、粗度、级配三个参数的概念;

2. 能描述细集料筛分试验的工程意义;
3. 能选择并使用标准筛、天平、摇筛机等仪器;
4. 能按照集料试验规程进行细集料筛分试验;
5. 能整理试验数据并评定结果。

情境导入

某高速公路水泥混凝土路面出现大面积裂缝、错台、沉陷等病害,研究人员分析其主要原因是对原材料质量把关不严,尤其是砂石的级配较差,导致集料的空隙率增大,从而引起以上病害。现该路段准备重修,需准确评定料场新进砂的级配情况,确保工程质量。

基础知识

一、细集料的级配

1. 级配

细集料的级配是指细集料中大小颗粒互相搭配情况,通过筛分试验确定分布情况。如果细集料的大小颗粒搭配得当,就会使细集料的空隙不断地被填充,空隙率达到最小,可得到密实的混凝土骨架,同时节省水泥浆。

2. 级配三参数

级配三参数为分计筛余百分率(a_i)、累计筛余百分率(A_i)、通过百分率(P_i)。

3. 级配曲线

以筛孔尺寸为横坐标,各筛的累计筛余百分率或通过百分率为纵坐标,绘制级配曲线,表示细集料的颗粒级配情况。

二、粗度

粗度是指不同粒径的砂搭配后总体的粗细程度,通常用细度模数指标来表示。细度模数越大,表示砂的颗粒越粗。

$$M_x = \frac{(A_{0.15} + A_{0.3} + A_{0.6} + A_{1.18} + A_{2.36}) - 5A_{4.75}}{100 - A_{4.75}} \quad (2\text{-}2\text{-}1)$$

式中:$A_{0.15}$、$A_{0.3}$、$A_{1.18}$、$A_{2.36}$、$A_{4.75}$——分别为 0.15mm、0.3mm、1.18mm、2.36mm、4.75mm 各筛上的累计筛余百分率,%。

根据《公路桥涵施工技术规范》(JTG/T F50—2011)的规定,砂按其细度模数分为三大类,如表 2-2-1 所示。

砂 的 分 类　　　　表 2-2-1

分类	粗砂	中砂	细砂
细度模数 M_x	3.7~3.1	3.0~2.3	2.2~1.6

细度模数越大,表示砂越粗。细集料的细度模数虽能表示细集料的粗细程度,但不能反映出细集料的颗粒级配情况,因为相同细度模数的细集料可有不同的颗粒级配。因此,要全面表征细集料的颗粒性质,必须同时使用细度模数和级配两个指标。

三、技术要求

我国《公路沥青路面施工技术规范》(JTG F40—2004)、《公路水泥混凝土路面施工技术细则》(JTG/T F30—2014)、公路路面基层施工技术细则(JTG/T F20—2015)及《公路桥涵施工技术规范》(JTG/T F50—2011)中对细集料的规格要求,见表2-2-2~表2-2-5。

沥青混合料用天然砂规格　　　　　　　　　　　　　　表2-2-2

筛孔尺寸 (mm)	通过各孔筛的质量百分率(%)		
	粗砂	中砂	细砂
9.5	100	100	100
4.75	90~100	90~100	90~100
2.36	65~95	75~90	85~100
1.18	35~65	50~90	75~100
0.6	15~30	30~60	60~84
0.3	5~20	8~30	15~45
0.15	0~10	0~10	0~10
0.075	0~5	0~5	0~5

水泥混凝土路面用天然砂的推荐级配范围　　　　　　　　　　表2-2-3

砂分级	细度模数	方孔筛尺寸(mm)							
		9.5	4.75	2.36	1.18	0.60	0.30	0.15	0.075
		通过各筛孔的质量百分率(%)							
粗砂	3.1~3.7	100	90~100	65~95	35~65	15~30	5~20	0~10	0~5
中砂	2.3~3.0	100	90~100	75~100	50~90	30~60	8~30	0~10	0~5
细砂	1.6~2.2	100	90~100	85~100	75~100	60~84	15~45	0~10	0~5

路面基层用细集料的规格　　　　　　　　　　　　　　表2-2-4

规格名称	工程粒径(mm)	通过各筛孔的质量百分率(%)								公称粒径(mm)
		9.5	4.75	2.36	1.18	0.6	0.3	0.15	0.075	
XG1	3~5	100	90~100	0~15	0~5	—	—	—	—	2.36~4.75
XG2	0~3	—	100	90~100	—	—	—	0~15	—	0~2.36
XG3	0~5	100	90~100	—	—	—	—	—	0~20	0~4.75

桥涵用砂的分区及级配范围　　　　　　　　　　　　　　表2-2-5

筛孔尺寸 (mm)	级配区		
	1	2	3
	累计筛余百分率(%)		
9.5	0	0	0
4.75	10~0	10~0	10~0
2.36	35~5	25~5	15~0
1.18	65~35	50~10	25~0
0.60	85~71	70~41	40~16
0.30	95~80	92~70	85~55
0.15	100~90	100~90	100~90

技能实训

细集料筛分试验（T 0327—2005）

一、试验依据

《公路工程集料试验规程》（JTG E42—2005）。

二、试验目的和适用范围

测定细集料（如天然砂、人工砂、石屑等）的颗粒级配及粗度。对水泥混凝土用细集料采用干筛法，如果需要也可以采用水筛法筛分；对沥青混合料及基层用细集料必须用水筛法。

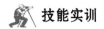

图 2-2-1 摇筛机

三、仪器设备

（1）标准筛：方孔筛，孔径有 9.5mm、4.75mm、2.36mm、1.18mm、0.6mm、0.3mm、0.15mm、0.075mm。

（2）天平：称量 1000g，感量不大于 0.5g。

（3）摇筛机，如图 2-2-1 所示。

（4）其他：烘箱（能控温在 105℃ ±5℃）、毛刷、铲子等。

四、试验准备

（1）筛除超粒径颗粒，如图 2-2-2 所示。

选用合适的筛，筛除超粒径颗粒，通常水泥混凝土用天然砂选用9.5mm筛；沥青路面及基层用天然砂、石屑、机制砂等选用4.75mm筛

图 2-2-2 筛除超粒径颗粒

（2）四分法取样，如图 2-2-3 所示。

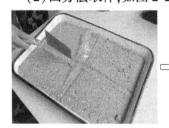  

四分法缩分不少于550g左右两份　　　　　　　　烘干至恒重，冷却备用

图 2-2-3 四分法取样

五、试验步骤

1. 干筛法

（1）摇筛机振摇，如图 2-2-4 所示。

（2）逐个手筛，如图 2-2-5 所示。取出套筛按筛孔大小顺序，从最大的筛号开始，在清洁的浅盘上逐个进行手筛，直到每分钟的筛出量不超过筛上剩余量的 0.1% 时为止，称量各个筛上的筛余试样质量，准确至 0.5g。将筛通过的颗粒并入下一号筛，和下一号筛中的试样一起过筛，以此顺序进行至各号筛全部筛完为止。

图 2-2-4 摇筛机振摇步骤

图 2-2-5 逐个手筛步骤

(3)计算:所有筛的分计筛余量和底盘中的剩余量与筛分前的试样总量,相差不得超过后者的1%。

说明:①试样如为特细砂时,试样质量可减少到100g。②如试样含泥量超过5%,不宜采用干筛法。③无摇筛机时,可直接用手筛。

2.水筛法

(1)称砂、洗砂,如图 2-2-6 所示。

图 2-2-6 称砂、洗砂

(2)悬浮液过筛,如图 2-2-7 所示。

(3)收集试样,如图 2-2-8 所示。

将悬浮液倒入1.18mm和0.075mm组成的套筛中。重复洗砂,直至倒出的水洁净且小于0.075mm的颗粒全部倒出。操作过程中不得将砂丢失

图2-2-7 悬浮液过筛

将盆中试样放在盘中　　　将筛反扣,用水冲洗筛上试样　　　筛上试样放到盘中

图2-2-8 收集试样

(4)烘干、称量试样、用干筛法筛分,如图2-2-9所示。将盘中集料放入烘箱,在105℃±5℃下烘干至恒重,称量干燥试样的总质量 m_2,准确至 0.1%, m_1 与 m_2 之差即为0.075mm筛下部分。将收回的干燥集料 m_2,按干筛法的步骤筛分,套筛中去掉0.075mm的筛。

烘干试样　　　　　　称量试样(m_2)　　　　　　装入套筛

图2-2-9 烘干、称量试样、用干筛法筛分

六、成果整理

1. 计算公式

(1)分计筛余百分率:各号筛上的筛余量除以试样总量的百分率,精确至0.1%,按式(2-2-2)计算。

$$a_i = \frac{m_i}{m} \times 100\% \tag{2-2-2}$$

式中:a_i——某号筛上的分计筛余百分率,%;
  m_i——存留在某号筛上的质量,g;
  m——试样的总质量,g。

(2)累计筛余百分率:该号筛上分计筛余百分率与大于该号筛上的分计筛余百分率总和,准确至0.1%,按式(2-2-3)计算。

$$A_i = a_1 + a_2 + \cdots + a_n \tag{2-2-3}$$

式中: A_i——累计筛余百分率,%;
$a_1、a_2、\cdots、a_n$——各分计筛余百分率,%。

(3)通过百分率:通过某筛的质量占试样总质量的百分率,即100%与累计筛余百分率之差,准确至0.1%,按式(2-2-4)计算。

$$p_i = 100\% - A_i \qquad (2\text{-}2\text{-}4)$$

(4)计算细度模数,计算见式(2-2-1),结果精确至0.01,并判断砂的粗细程度。

2. 精密度和允许差

应进行两次平行试验,以试验结果的算术平均值作为测定值,如两次试验所得的细度模数之差大于0.2,应重新进行试验。

3. 试验记录表格(表2-2-6)

细集料筛分试验记录(干筛法) 表2-2-6

干燥试样总质量(g)	第一组				第二组				平均累计筛余百分率A_i(%)	平均通过百分率p_i(%)	级配范围	
	500				500							
筛孔尺寸(mm)	筛余质量m_i(g)	分计筛余百分率a_i(%)	累计筛余百分率A_i(%)	通过百分率p_i(%)	筛余质量m_i(g)	分计筛余百分率a_i(%)	累计筛余百分率A_i(%)	通过百分率p_i(%)			最大	最小
4.75	6.5	1.3	1.3	98.7	7.0	1.4	1.4	98.6	1.4	98.6	100	90
2.36	24.5	4.9	6.2	93.8	25.0	5.0	6.4	93.6	6.3	93.7	100	85
1.18	40.5	8.1	14.3	85.7	39.0	7.8	14.2	85.8	14.3	85.7	100	75
0.6	70.5	14.1	28.4	71.6	71.5	14.3	28.5	71.5	28.5	71.5	84	60
0.3	162.0	32.4	60.8	39.2	161.5	32.3	60.8	39.2	60.8	39.2	45	15
0.15	97.5	19.5	80.3	19.7	87.0	17.4	78.2	21.8	79.3	20.7	10	0
筛底	98.5	19.7	100	0	109.0	21.8	100	0	100	0		
细度模数	$M_{x1}=1.86$				$M_{x2}=1.84$				细度模数平均值$M_x=1.85$			
结论	查表2-2-1得出该砂为细砂											

4. 绘制级配曲线(图2-2-10)

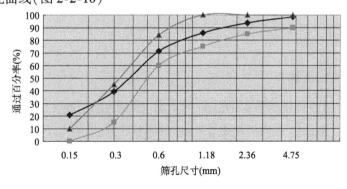

图2-2-10 级配曲线图

七、注意事项

(1)试样如为特细砂时,试样质量可减少到100g。

(2)试样含泥量超过5%,不宜采用干筛法。

(3)无摇筛机时,可直接用手筛。

(4)对沥青路面细集料而言,0.15mm筛下部分即为0.075mm的分计筛余,m_1与m_2之差即为小于0.075mm的筛底部分。

(5)当细集料中含有粗集料时,可用水洗法筛分,但需特别注意保护标准筛面不遭损坏。

(6)在水洗法操作过程中不得有集料散失,洗砂时不可直接倒至0.075mm筛上,以免集料掉出,损坏筛面。

(7)烘箱温度为105℃±5℃。

巩固提升

1. 什么是级配?
2. 级配参数有哪些?
3. 细集料筛分试验有几种试验方法?在沥青混合料中或水泥混凝土中采用的方法一样吗?
4. 细度模数能全面反映砂的粒径分布情况吗?为什么?
5. 细集料筛分试验的工程意义是什么?

学习活动3　细集料含泥量试验

学习目标

1. 能描述细集料含泥量的概念、工程意义;
2. 能描述细集料含泥量试验的试验原理、试验方法;
3. 能选择并使用温度计、天平、标准筛等仪器;
4. 能按照集料试验规程进行细集料含泥量试验;
5. 能整理试验数据并评定结果。

情境导入

某高速公路桥梁施工过程中,发现所用细集料的含泥量太大,妨碍了集料与水泥之间的黏附,由于松散颗粒过多,增加了集料的表面积,也增大了需水量,严重影响混凝土的强度和耐久性。因此,工地试验室要严格控制细集料的含泥量。

基础知识

一、含泥量和泥块含量

含泥量指细集料中粒径小于0.075mm的尘屑、淤泥和黏土的含量。泥块含量是指原粒径大于1.18mm,经水浸洗、手捏后小于0.6mm的颗粒含量。

细集料中除了有泥土和泥块,还含有一些杂质,如云母、轻物质、硫酸盐和硫化物以及有机质等,它们对集料的使用也造成了一定的影响。尤其是对水泥混凝土用砂,当其中的有害杂质超出一定数量时,会对水泥的水化硬化带来危害,实际用时要严格控制砂中杂质的含量。

二、技术要求

我国《公路沥青路面施工技术规范》(JTG F40—2004)、《公路水泥混凝土路面施工技术细则》(JTG/T F30—2014)、公路路面基层施工技术细则(JTG/T F20—2015)及《公路桥涵施工技术规范》(JTG/T F50—2011)中对细集料的含泥量要求,见表2-1-1~表2-1-4。

技能实训

细集料含泥量试验（筛洗法）（T 0333—2000）

一、试验依据
《公路工程集料试验规程》（JTG E42—2005）。

二、试验目的和适用范围
本方法仅用于测定天然砂中粒径小于 0.075mm 的尘屑、淤泥和黏土的含量。不适用于人工砂、石屑等矿粉成分较多的细集料。

三、仪器设备
(1)天平:称量 1kg,感量不大于 1g。
(2)标准筛:孔径 1.18mm 及 0.075mm 的方孔筛。
(3)其他:烘箱(能控温在 105℃±5℃)水盆、浅盘、毛刷、铲子等。

四、试验准备
准备试样,如图 2-3-1 所示。

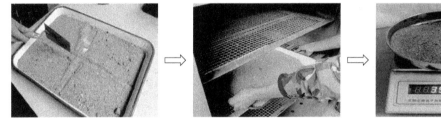

四分法缩分至1000g　　105℃±5℃下烘干至恒重　　称约400g(m_0)的试样两份

图 2-3-1　准备试样

五、试验步骤
(1)加水、搅拌,如图 2-3-2 所示。

将试样置于盆中加水　　水面高出砂面约200mm　　搅拌均匀

图 2-3-2　加水、搅拌

(2)洗砂、浸润套筛,如图 2-3-3 所示。

浸泡24h　　在水中淘洗试样　　试验前将套筛浸润

图 2-3-3　洗砂、浸润套筛

(3)浑浊液过筛,如图 2-3-4 所示。将浑浊液倒入 1.18~0.075mm 的套筛上,滤去小于 0.075mm 的颗粒。注意在清洗过程中不得直接将试样放在 0.075mm 筛上用水冲洗,或者将试样放在 0.075mm 筛上后在水中淘洗,以避免误将小于 0.075mm 的细集料颗粒当作泥冲走。

图 2-3-4 浑浊液过筛

(4)冲洗 0.075mm 筛上砂,如图 2-3-5 所示。用水冲洗剩留在筛上的细粒,并将 0.075mm 筛放在水中(使水面略高出筛中砂粒的上表面)来回摇动。将两筛上筛余颗粒和盆中洗净砂一并装入浅盘。

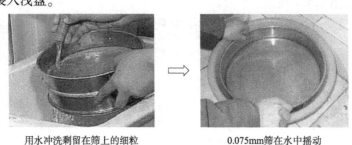

图 2-3-5 冲洗 0.075mm 筛上砂

(5)烘干称重,如图 2-3-6 所示。

图 2-3-6 烘干试样、称重

六、成果整理

1. 计算公式

砂的含泥量按公式(2-3-1)计算,精确至 0.1%。

$$Q_n = \frac{m_0 - m_1}{m_0} \times 100\% \tag{2-3-1}$$

式中:m_0——试验前的烘干试样质量,g;

m_1——试验后的烘干试样质量,g。

2. 精密度和允许差

以两个试样试验结果的算术平均值作为测定值。两次结果的差值超过 0.5% 时,应重新取样进行试验。

3. 试验记录表格(表2-3-1)

细集料含泥量试验记录　　　　　　　　　　　　　　　　　　　表2-3-1

试验次数	试验前试样质量 m_0(g)	水洗后烘干试样质量 m_1(g)	含泥量 Q_n(%)	含泥量平均值 Q_n(%)
1	400	377	5.7	5.6
2	400	378	5.5	
结论	该砂含泥量为5.6%,不符合技术要求			

七、注意事项

(1)试验前筛的两面应先用水浸润,在整个试验过程中应注意避免砂粒丢失。

(2)不得直接将试样放在0.075mm筛上用水冲洗,或者将试样放在0.075mm筛上后在水中淘洗,以避免误将小于0.075mm的细集料颗粒当作泥冲走。

(3)洗砂时应注意不要把筛子弄破。

(4)试样浸泡时间应充分。

(5)本方法不适用于人工砂、石屑等矿粉成分较多的细集料。

 巩固提升

1.细集料含泥量指的是什么?

2.细集料含泥量对公路施工有何影响?

3.细集料含泥量试验适用范围是什么?

4."试验过程中可以直接将试样放在0.075mm筛上用水冲洗",这句话对吗?为什么?

5.细集料含泥量试验的精度如何要求?

学习活动4　细集料砂当量试验

 学习目标

1.能描述细集料砂当量的概念、工程意义;

2.能描述细集料砂当量试验的试验原理、试验方法;

3.能选择并使用砂当量仪、冲洗装置、配种活塞、天平等仪器;

4.能按照集料试验规程进行细集料砂当量试验;

5.能整理试验数据并评定结果。

 情境导入

某高速公路正在铺筑沥青混凝土路面,新购一批细集料,现需要知道拌制的沥青混合料中细集料的洁净程度,为沥青混合料技术性能提供依据。假设你是工地试验员,请及时测定该批细集料的砂当量,以评定其洁净程度。

基础知识

一、细集料的洁净程度

工程中常用含泥量、砂当量、亚甲蓝值评定细集料的洁净程度,通常天然砂采用水洗法测含泥量表示,但是这种方法误差较大。对石屑和机制砂宜采用砂当量(适用于0~4.75mm)或亚甲蓝值(适用于0~2.36mm或0~0.15mm)表示。每种方法都有各自的适用范围和优点,施工中根据细集料的实际情况选择适合的方法。

二、砂当量

砂当量是测定天然砂、人工砂、石屑等各种细集料中所含黏性土或杂质的含量,以评定集料的洁净程度。

三、技术要求

《公路沥青路面施工技术规范》(JTG F40—2004)中对细集料砂当量要求见表2-1-1。

技能实训

细集料砂当量试验(T 0334—2005)

一、试验依据

《公路工程集料试验规程》(JTG E42—2005)。

二、试验目的和适用范围

本方法适用于测定天然砂、人工砂、石屑等各种细集料中所含的黏性土或杂质的含量,以评定集料的洁净程度。本方法适用于公称最大粒径不超过4.75mm的集料。

三、仪器设备及试剂

仪器设备:

(1)透明圆柱形试筒:透明塑料制,外径40mm±0.5mm,内径32mm±0.25mm,高度420mm±0.25mm,在距试筒底部100mm和380mm处刻画刻度线,试筒口配有橡胶瓶口塞,如图2-4-1所示。

(2)配重活塞:由长440mm±0.25mm的杆、直径25mm±0.1mm的底座、套筒及配重组成。且在活塞上有三个横向螺钉可保持活塞在试筒中间,并使活塞与试筒之间有一条小缝隙,如图2-4-2所示。

(3)冲洗装置:包括塑料桶(容积5L)、橡胶管、冲洗管,如图2-4-3所示。

(4)机械振荡器:可以使试筒产生横向的直线运动振荡,振幅203mm±1.0mm,频率180次/min±2次/min,如图2-4-4所示。

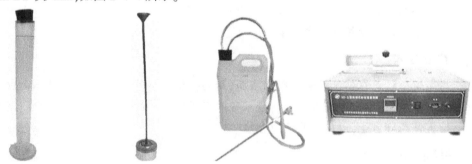

图2-4-1 透明圆柱形试筒　　图2-4-2 配重活塞　　图2-4-3 冲洗装　　图2-4-4 机械振荡器

(5)其他:烘箱(能控温在105℃±5℃)、天平(称量1kg,感量不大于0.1g)、4.75mm方孔筛、温度计、广口漏斗、钢尺(长50cm,刻度1mm)、量筒(500mL)、烧杯、毛刷等。

试剂:无水氯化钙($CaCl_2$)、甲醛、丙三醇(甘油)等。

四、试验准备

1. 试样准备

(1)将试样过4.75mm筛去掉筛上的粗颗粒,试样数量不少于1000g。若试样过分干燥,可在筛分之前加少量水润湿(含水率约为3%)用小锤打碎,然后再过筛,以防止土块作为粗颗粒被筛除。当颗粒部分被在筛分时不能分离的杂质裹覆时,应将筛上部分的粗集料进行清洗,并收回其中的细粒放入试样中。

(2)测定试样天然含水率,以两次平均值计,准确至0.1%。经过含水率测定的试样不得用于试样。

(3)称取试样湿重。根据测定的含水率,按式(2-4-1)计算相当于120g干燥试样的样品湿重,准确至0.1g。

$$m_1 = \frac{120 \times (100 + \omega)}{100} \tag{2-4-1}$$

式中:ω——集料试样的含水率,%。

2. 配制冲洗液

(1)根据需要确定冲洗液的数量,通常一次配制5L,约可进行10次试验。如试验次数较少,可以按比例减少,但不宜少于2L,以减少试验误差。冲洗液的浓度以每升冲洗液中的氯化钙、甘油、甲醛含量分别为2.79g、12.12g、0.34g控制。配制5L的冲洗液的各种试剂的用量:氯化钙14.0g、甘油60.6g、甲醛1.7g。

(2)称取无水氯化钙14.0g放入烧杯中,加入洁净水30mL充分溶解,此时溶液温度会升高,待溶液冷却至室温,观察是否有不溶的杂质,若有杂质必须用滤纸将溶液过滤,以除去不溶杂质。然后倒入适量的洁净水稀释,加入甘油60.6g,用玻璃棒搅拌均匀后再加入甲醛1.7g,用玻璃棒搅拌均匀后全部倒入1L量筒中,并用少量洁净水分别对盛过3种试剂的器皿洗涤3次,每次洗涤的水均放入量筒中,最后加入洁净水至1L刻度线。将配制的1L溶液倒入塑料桶或其他容器中,再加入4L洁净水稀释至5L±0.005L。该冲洗液的使用期限不得超过2周,超过2周后必须废弃,其工作温度为22℃±3℃。

五、试验步骤

1. 加冲洗液至100mm刻度处

用冲洗管将冲洗液加入试筒,直至最下面100mm刻度处(约80mL冲洗液),如图2-4-5所示。

2. 排除气泡

将相当于120g±1g干料重的湿料倒入竖立的试筒中,用手掌反复敲打底部以除去气泡,使试样尽快浸润,然后放置10min,如图2-4-6所示。

图2-4-5 加冲洗液至100mm刻度处

3. 用振荡器振荡

在试样静置10min±1min后,用橡皮塞堵住试筒口,将试筒横向水平放置在机械振荡器上,并固定好。开动振荡器,在30s±1s的时间内振荡90次,如图2-4-7所示。

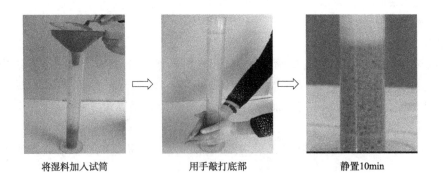

图 2-4-6　装料、排气

图 2-4-7　用振荡器振荡

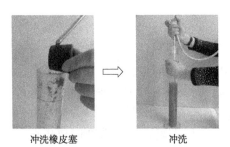

图 2-4-8　用冲洗液冲洗

4. 用冲洗液冲洗

拧下橡皮塞，将冲洗管插入试筒中，用冲洗液冲洗附着在试筒壁的集料，然后迅速将冲洗管插入试筒底部，不断转动冲洗管，使附着在集料表面的土粒杂质浮游上来，如图 2-4-8 所示。

5. 加冲洗液

加冲洗液至 380mm 刻度处，如图 2-4-9 所示。

6. 量高度

（1）量取试筒底部至絮状凝结物上液面的高度 h_1，如图 2-4-10 所示。

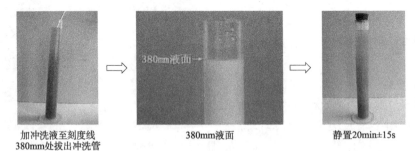

图 2-4-9　加冲洗液至 380mm 刻度处

（2）量取套筒顶面至活塞底面的高度 h_2，如图 2-4-11 所示。将配重活塞插入试筒，直至碰到沉淀物时，拧紧螺钉。将活塞取出，用直尺插入套筒开口处量取套筒顶面至活塞底面的高度 h_2，准确至 1mm。同时测定试筒内的温度，准确至 1℃。

图 2-4-10 量高度 h_1　　图 2-4-11 量高度 h_2

六、成果整理

1. 计算公式

细集料的砂当量值按式(2-4-2)计算,精确至1%。

$$SE = \frac{h_2}{h_1} \times 100\% \qquad (2-4-2)$$

式中:h_2——试筒中用活塞测定集料沉淀物的深度,mm;

h_1——试筒中絮凝物和沉淀物的总深度,mm。

2. 精密度和允许差

一种集料应平行测定两次,取两次的平均值,以整数表示。

3. 试验记录表格(表2-4-1)

细集料砂当量试验记录　　　　　　　　　　表 2-4-1

	盒号	盒重	盒+湿土质量(g)	盒+干土质量(g)	含水率(%)	含水率平均值(%)
含水率计算	1	11.20	18.76	18.37	5.4	5.6
	2	13.24	19.71	19.36	5.7	
砂当量计算	相当于干燥试样120g的潮湿试样质量(g)	试筒内温度(℃)	试筒底部到絮状物上液面的高度 h_1(mm)	试筒底部至沉淀物上液面的高度 h_2(mm)	砂当量(%)	砂当量平均值(%)
	126.7	25	131	100	76	78
	126.7	25	120	96	80	
结论	该砂的砂当量为78%,符合技术要求					

七、注意事项

(1)经过含水率测定的试样不得用于试验。

(2)测定含水率时,注意在整个测定与取样期间不要丢失水分。

(3)为了不影响沉淀的过程,试验必须在无振动的水平台上进行。

(4)应随时检查试验的冲洗管口,防止堵塞。

(5)由于塑料在阳光下容易变成不透明,应尽量避免将塑料试筒等直接暴露在阳光下。

(6)盛有试验溶液的塑料桶用毕要清洗干净。

巩固提升

1. 细集料砂当量试验的目的是什么?工程意义是什么?

2. 细集料砂当量如何计算?

3. 为什么要用手掌反复敲打试筒下部?

4. 简述如何量取套筒顶面至活塞底面的高度。

学习活动 5　粗集料密度试验

学习目标

1. 能描述粗集料各种密度的概念;
2. 能描述粗集料密度试验的工程意义;
3. 能选择并使用浸水天平、容量筒、天平等仪器;
4. 能按照集料试验规程进行粗集料密度试验;
5. 能整理试验数据并评定结果。

情境导入

某试验室进行沥青混合料配合比设计,当计算空隙率等一系列体积指标时,发现与以往计算值偏差较大,校核时发现是原材料中粗集料的密度测定值有误导致的。现在需要重新准确测定该批粗集料的密度,为沥青混合料配合比设计提供依据。

基础知识

一、粗集料的定义

在沥青混合料中,粗集料是指粒径大于 2.36mm 的碎石、破碎砾石、筛选砾石和矿渣等。在水泥混凝土中,粗集料是指粒径大于 4.75mm 的碎石、砾石和破碎砾石。

二、粗集料的密度

(1)由于材料状态及测定条件不同,粗集料的密度便衍生出以下几种:

①表观密度(视密度):单位体积(含材料的实体矿物成分及闭口孔隙体积)物质粒的干质量。

②表干密度:单位体积(含材料的实体矿物成分及闭口孔隙、开口孔隙等颗粒表面轮廓线所包围的毛体积)物质颗粒的饱和面干质量。

③毛体积密度:单位体积(含材料的实体矿物成分及闭口孔隙、开口孔隙等颗粒表面轮廓线所包围的毛体积)物质颗粒的干质量。

④真实密度(真密度):单位体积(全部为矿质实体体积,不计任何内部孔隙)物质颗粒的质量。矿粉的密度接近于真实密度。

⑤堆积密度:单位体积(包括矿质实体、闭口孔隙和开口孔隙及颗粒间体积)物质颗粒的质量。

⑥振实密度或捣实密度:指在规定条件(两者试验条件不同)下,粗集料以紧密装填状态装入容器中,包括空隙、孔隙在内的单位体积的质量。

(2)由于在工程中常使用各种密度的相对密度,在测定时也是先测定相对密度,再根据水温换算成密度,所以本书介绍各种密度的相对密度。

①表观相对密度(视比重):表观密度与同温度水的密度的比值。

$$表观相对密度 = \frac{集料烘干质量}{集料烘干质量 - 集料在水中质量}$$

②表干相对密度(饱和面干毛体积相对密度):表干密度与同温度水的密度的比值。

$$表干相对密度 = \frac{集料表干质量}{集料表干质量 - 集料在水中质量}$$

③毛体积相对密度:毛体积密度与同温度水的密度的比值

$$毛体积相对密度 = \frac{集料烘干质量}{集料表干质量 - 集料在水中质量}$$

三、粗集料的吸水率 ω_x

粗集料的吸水率是指吸入集料开口孔隙中的水的质量与干燥集料质量之比。

四、常用测定方法

常用测定方法有网篮法、容量瓶法,本书只介绍网篮法。

五、技术要求

我国《公路沥青路面施工技术规范》(JTG F40—2004)、《公路水泥混凝土路面施工技术细则》(JTG/T F30—2014)、公路路面基层施工技术细则(JTG/T F20—2015)及《公路桥涵施工技术规范》(JTG/T F50—2011)中对粗集料的质量要求,见表2-5-1~表2-5-4。

沥青混合料用粗集料质量要求　　　　　　　　　　　　表2-5-1

项次	指　标	高速公路及一级公路		其他等级公路
		表面层	其他层次	
1	石料压碎值(%),≤	26	28	30
2	洛杉矶磨耗损失(%),≤	28	30	35
3	表观相对密度(t/m³),≥	2.60	2.50	2.45
4	吸水率(%),≤	2.0	3.0	3.0
5	坚固性(%),≤	12	12	—
6	针片状颗粒含量(混合料)(%),≤	15	18	20
	其中粒径大于9.5mm(%),≤	12	15	—
	其中粒径小于9.5mm(%),≤	18	20	—
7	水洗法<0.075mm颗粒含量(%),≤	1	1	1
8	软石含量(%),≤	3	5	5

水泥混凝土用碎石、破碎卵石和卵石质量要求　　　　　　　表2-5-2

项次	项　目	技术要求		
		Ⅰ级	Ⅱ级	Ⅲ级
1	表观密度(kg/m³),≥		2500	
2	松散堆积密度(kg/m³),≥		1350	
3	空隙率,≤		47	
4	磨光值(%),≥		35.0	
5	碱活性反应		不得有碱活性反应或疑似碱活性反应	

续上表

项次	项 目	技术要求 I级	技术要求 II级	技术要求 III级
6	含泥量(按质量计)(%),≤	0.5	1.0	2.0
7	泥块含量(按质量计)(%),≤	0.2	0.5	0.7
8	吸水率(按质量计)(%),≤	1.0	2.0	3.0
9	硫化物及硫酸盐含量(按SO_3质量计)(%),≤	0.5	1.0	1.0
10	有机物含量(比色法)	合格	合格	合格
11	碎石压碎值(%),≤	18.0	25.0	30.0
12	卵石压碎值(%),≤	21.0	23.0	26.0
13	坚固性(按质量损失计)(%),≤	5.0	8.0	12.0
14	针片状颗粒含量(按质量计)(%),≤	8.0	15.0	20.0
15	洛杉矶磨耗损失(%),≤	28.0	32.0	35.0
16	岩石抗压强度(MPa),≥ 岩浆岩	100		
	变质岩	80		
	沉积岩	60		

公路路面基层用粗集料质量要求　　　　表2-5-3

指　标	层位	高速公路和一级公路 极重、特重交通 I	高速公路和一级公路 极重、特重交通 II	高速公路和一级公路 重、中、轻交通 I	高速公路和一级公路 重、中、轻交通 II	二级及二级以下公路 I	二级及二级以下公路 II
压碎值(%)	基层	≤22①	≤22	≤26	≤26	≤35	≤30
	底基层	≤30	≤26	≤30	≤26	≤40	≤35
针片状颗粒含量(%)	基层	≤18	≤18	≤22	≤18	—	≤20
	底基层	—	≤20	—	≤20	—	≤20
0.075mm以下粉尘含量(%)	基层	≤1.2	≤1.2	≤2	≤2	—	—
	底基层						
软石含量(%)	基层	≤3	≤3	≤5	≤5	—	—
	底基层						

注:①对花岗岩石料,压碎值可放宽至25%。

桥涵用粗集料技术要求　　　　表2-5-4

项 目		R235	II级	III级
碎石压碎指标(%)		<10	<20	<30
卵石压碎指标(%)		<12	<16	<16
坚固性(按质量损失计)(%)		<5	<8	<12
针片状颗粒感量(按质量计)(%)		<5	<15	<25
有害物质	含泥量(按质量计)(%)	<0.5	<1.0	<1.5
	泥块含量(按质量计)(%)	<0	<0.5	<0.7
	有机物含量(按质量计)(%)	合格	合格	合格
	硫化物及硫酸盐含量(按SO_3质量计)(%)	<0.5	<1.0	<1.0

续上表

项　　目	R235	Ⅱ级	Ⅲ级
岩石抗压强度(MPa)	火成岩>80;变质岩>60;水成岩>30		
表观密度(kg/m³)	>2500		
松散堆积密度(kg/m³)	>1350		
空隙率(%)	<47		
碱集料反应	经碱集料反应试验后,试件无裂缝、酥裂、胶体外溢等现象,在规定试验龄期的膨胀率应小于0.10%		

注：R235宜用于强度等级大于C60的混凝土；Ⅱ级宜用于强度等级大于C30～C60及有抗冻、抗渗或其他要求的混凝土；Ⅲ级宜用于强度等级小于C30的混凝土。

技能实训

试验一　粗集料密度及吸水率试验——网篮法(T 0304—2005)

一、试验依据

《公路工程集料试验规程》(JTG E42—2005)。

二、试验目的和适用范围

本方法适用于测定各种粗集料的表观相对密度、表干相对密度、毛体积相对密度、表观密度、表干密度、毛体积密度以及粗集料的吸水率。

三、仪器设备

(1)浸水天平(感量不大于最大称量的0.05%,如图2-5-1所示)、溢流水槽、吊篮。

(2)其他:标准筛(4.75mm、2.36mm)、烘箱(能控温在105℃±5℃)、刷子、毛巾、台秤、浅盘、铲子、温度计等。

四、试验准备

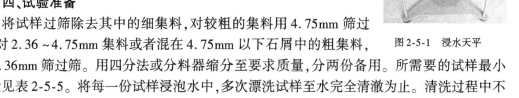

图2-5-1　浸水天平

将试样过筛除去其中的细集料,对较粗的集料用4.75mm筛过筛,对2.36～4.75mm集料或者混在4.75mm以下石屑中的粗集料,用2.36mm筛过筛。用四分法或分料器缩分至要求质量,分两份备用。所需要的试样最小质量见表2-5-5。将每一份试样浸泡水中,多次漂洗试样至水完全清澈为止。清洗过程中不得散失集料颗粒,如图2-5-2所示。

测定密度所需要的试样最小质量　　　　表2-5-5

公称最大粒径(mm)	4.75	9.5	16	19	26.5	31.5	37.5	63	75
每一份试样的最小质量(kg)	0.8	1	1	1	1.5	1.5	2	3	3

过筛

四分法缩分,分两份备用

清洗试样

图2-5-2　准备试样

五、试验步骤

(1)浸泡试样,如图 2-5-3 所示。

取试样一份浸泡在水中,水面　　　轻轻搅动,使气泡完全逸出　　　室温下浸泡24h
至少高出试样20mm

图 2-5-3　浸泡试样

(2)浸水天平调零,如图 2-5-4 所示。将吊篮挂在天平的吊钩上,浸入溢流水槽中,向溢流水槽注水,水面高度至水槽的溢流孔,将天平调零。

(3)称量试样水中质量 m_w,如图 2-5-5 所示。调节水温在 15~25℃ 范围内,将试样移入吊篮中。溢流水槽中的水面高度由水槽的溢流孔控制,保持水槽中水不再流出,称量试样的水中质量 m_w。

向溢流水槽注水　　　将天平调零　　　调节水温在15~25℃　　　称量试样水中质量

图 2-5-4　浸水天平调零　　　图 2-5-5　测定试样水中质量步骤

(4)称量试样表干质量 m_f,如图 2-5-6 所示。

提起吊篮,稍滴水　　　将试样倒入搪瓷盘(较粗试样　　　倾斜搪瓷盘,用毛巾吸走自由水
　　　　　　　　　　　可以直接倒在毛巾上)

用拧干的湿毛巾擦去水迹①　　　较大试样,逐粒擦干　　　立即称量试样饱和面干质量m_f

图 2-5-6　测定试样饱和面干质量步骤

注:①对 2.36~4.75mm 集料,用毛巾擦拭时容易沾附细颗粒集料从而造成集料损失,此时宜改用洁净的纯棉汗衫布擦拭至表干状态。

(5)称量试样烘干质量m_a,如图2-5-7所示。

105℃±5℃下烘干至恒重　　　　取出,冷却至室温　　　　称量试样烘干质量m_a

图2-5-7　测定试样烘干质量步骤

六、成果整理

1. 计算公式

(1)粗集料的表观相对密度γ_a、表干相对密度γ_s、毛体积相对密度γ_b,分别按式(2-5-1)、式(2-5-2)、式(2-5-3)计算,精确至小数点后3位。

表观相对密度:

$$\gamma_a = \frac{m_a}{m_a - m_w} \tag{2-5-1}$$

表干相对密度:

$$\gamma_s = \frac{m_f}{m_f - m_w} \tag{2-5-2}$$

毛体积相对密度:

$$\gamma_b = \frac{m_a}{m_f - m_w} \tag{2-5-3}$$

上述式中:m_a——集料的烘干质量,g;

m_f——集料的表干质量,g;

m_w——集料的水中质量,g。

(2)粗集料的表观密度ρ_a、表干密度ρ_s、毛体积密度ρ_b,分别按式(2-5-4)、式(2-5-5)、式(2-5-6)计算,精确至小数点后3位。不同试验温度下水的密度ρ_T及水的温度修正系数α_T按表(2-1-4)取用。

表观密度:

$$\rho_a = \gamma_a \rho_T \text{ 或 } \rho_a = (\gamma_a - \alpha_T)\rho_w \tag{2-5-4}$$

表干密度:

$$\rho_s = \gamma_s \rho_T \text{ 或 } \rho_s = (\gamma_s - \alpha_T)\rho_w \tag{2-5-5}$$

毛体积密度:

$$\rho_b = \gamma_b \rho_T \text{ 或 } \rho_b = (\gamma_b - \alpha_T)\rho_w \tag{2-5-6}$$

式中:ρ_T——试验温度T时水的密度,g/cm³,按表2-1-4取用;

ρ_w——水在4℃时的密度,1.000g/cm³;

α_T——试验温度T时的水温修正系数,按表2-1-4取用。

(3)粗集料吸水率w_x,以烘干试样为基准,按式(2-5-7)计算,结果精确至0.01%。

$$w_x = \frac{m_f - m_a}{m_a} \times 100\% \tag{2-5-7}$$

2. 精密度和允许差

重复试验的精密度,对表观相对密度、表干相对密度、毛体积相对密度,两次结果相差不得超过0.02,对吸水率不得超过0.2%。

3. 试验记录表格(表2-5-6)

粗集料密度及吸水率试验记录(网篮法)　　　　表2-5-6

试验次数	水温(℃)	水温修正系数	集料水中质量 m_w(g)	集料表干质量 m_f(g)	集料烘干质量 m_a(g)
1	16	0.003	636	1015	998
2	16	0.003	635	1014	997

集料表观相对密度 γ_a		集料表干相对密度 γ_s		集料毛体积相对密度 γ_b		集料表观密度 ρ_a(g/cm³)		集料表干密度 ρ_s(g/cm³)		集料毛体积密度 ρ_b(g/cm³)	
单值	平均	单值	平均	单值	平均	单值	平均	单值	平均	单值	平均
2.757	2.756	2.678	2.677	2.633	2.632	2.754	2.753	2.675	2.674	2.630	2.629
2.754		2.675		2.631		2.751		2.672		2.628	

粗集料吸水率w_x(%)	1.70	1.70
	1.70	
结论	该集料的表观密度为2.753g/cm³,表干密度为2.674g/cm³,毛体积密度为2.629g/cm³,吸水率为1.70%	

七、注意事项

(1)试样试验之前浸泡24h。

(2)整个称量过程中,水面高度调整至溢流孔刚好不流水时,方可读数。

(3)调节水温在15~25℃范围内。

(4)确保试样在清洗、转移等环节中不散失。

(5)表干试样的擦拭应用拧干的湿毛巾擦至没有水迹为止,但千万不能将颗粒内部的水吸出,在擦拭过程中不要将颗粒丢失。注意擦拭过程中毛巾不要拧的太干。

(6)擦干的试样不得继续在空气中放置,以防止集料干燥。

(7)烘干温度及烘干时间要严格控制。

(8)在测定2.36~4.75mm的粗集料时,试验过程中应特别小心,不得丢失集料。

(9)吊篮的筛网应保证集料不会通过筛孔流失,对2.36~4.75mm粗集料应更换小孔筛网,或在网篮中加放一个浅盘。

试验二　粗集料堆积密度及空隙率试验(T 0309—2005)

一、试验依据

《公路工程集料试验规程》(JTG E42—2005)。

二、试验目的和适用范围

测定粗集料的堆积密度,包括自然堆积状态、振实状态、捣实状态下的堆积密度,以及堆积状态下的间隙率。

三、仪器设备

(1)容量筒:规格要求如表2-5-7所示。

(2)振实台:频率3000次/min±200次/min,负荷下的振幅为0.35mm,空载下的振幅为0.5mm。

容量筒的规格要求　　　　　　　　　　　　　　　　　　　表2-5-7

粗集料公称最大粒径 (mm)	容量筒容积 (L)	容量筒规格(mm)			筒壁厚度 (mm)
		内径	净高	底厚	
≤4.75	3	155±2	160±2	5.0	2.5
9.5~26.5	10	205±2	305±2	5.0	2.5
31.5~37.5	15	255±5	295±5	5.0	3.0
≥53	20	355±5	305±5	5.0	3.0

(3)其他:台秤或天平(感量不大于称量的0.1%)、烘箱(能控温在105℃±5℃)、捣棒(直径16mm、长600mm、一端为圆头的钢棒)、平头铁锹、圆钢筋(直径25mm)等。

四、试验准备

(1)试样准备,如图2-5-8所示。

四分法取样满足表2-5-8要求　　　　烘干至恒重,分两份备用

图2-5-8　试样准备

粗集料堆积密度所需集料最小取样质量　　　　　　　　　　表2-5-8

试验项目	相对于下列公称最大粒径(mm)的最小取样量(kg)										
	4.75	9.5	13.2	16	19	26.5	31.5	37.5	53	63	75
堆积密度	40	40	40	40	40	40	80	80	100	120	120

(2)容量筒容积的校正方法如图2-1-8所示。

五、试验步骤

1.自然堆积密度

(1)装料,如图2-5-9所示。

称量容量筒质量(m_1)　　用铁锹装石子,铁锹距筒口距离为50mm左右　　装满容量筒

图2-5-9　称量容量筒、装料

(2)称量试样和容量筒的总质量,如图 2-5-10 所示。

以合适的颗粒填入凹处　　　称量试样和容量筒的总质量(m_2)

图 2-5-10　称量试样和容量筒的总质量

2. 振实密度

(1)第一层装石子颠击,如图 2-5-11 所示。

装石子(第一层)　　　第一次颠击　　　装完第一层石子,在筒底放一根25mm圆钢筋,将筒按住,左右交替颠击地面各25下

图 2-5-11　第一层装石子颠击

(2)第二层装石子颠击,如图 2-5-12 所示。

装石子(第二层)　　　第二次颠击　　　装第二层石子,钢筋放置的方向与第一层放置的方向垂直,前后交替颠击地面各25下

图 2-5-12　第二层装石子颠击

(3)第三层装石子颠击,如图 2-5-13 所示。

装石子(第三层)　　　第三次颠击　　　装第三层石子,钢筋放置的方向与第一层放置方向一样,用同样的方法颠击

图 2-5-13　第三层装石子颠击

(4)装满试样并称量质量,如图 2-5-14 所示。第三层试样颠击完毕后,装料到试样超出容量筒口,用钢筋沿筒口边缘滚转,刮下高出筒口的颗粒,用合适的颗粒填平凹处,使表面稍凸起部分和凹陷部分的体积大致相等。称量试样和容量筒的总质量 m_2。

沿筒口中心线向两个相反方向滚转

用合适的颗粒填平凹处

称量质量 m_2

图 2-5-14　装满试样并称量质量

其他试验方法:将装满试样的容量筒放在振实台上,振动 3min,再填满、刮平、称其质量。

3.捣实密度

(1)准备试样,如图 2-5-15 所示。

→ 根据沥青混合料类型和公称最大粒径,确定关键筛孔(4.75mm或2.36mm),将此筛孔以上的集料颗粒筛出,准备试验

图 2-5-15　准备试样

(2)装料、捣实,如图 2-5-16 所示。

装石子至容量筒1/3的高度

每层均由边至中均匀捣实25次

→ 分三层装入,每层装入容量筒1/3的高度,最后一层捣实后,使集料与容量筒口齐平

图 2-5-16　装料、捣实

(3)刮平、称量,如图 2-5-17 所示。

用直尺大体刮平

称量试样和容量筒的总质量 m_2

→ 用合适的集料填充表面的大空隙。用直尺刮平。目测表面凸起部分与凹陷部分的容积大致相等

图 2-5-17　刮平、称量

六、成果整理

1.计算公式

(1)堆积密度 ρ(包括自然堆积状态、振实状态、捣实状态下的堆积密度)按式(2-5-8)计算,单位为 t/m^3,精确至小数点后 2 位。

$$\rho = \frac{m_2 - m_1}{V} \tag{2-5-8}$$

式中：m_2——容量筒与试样的总质量，kg；

m_1——容量筒的质量，kg；

V——容量筒的体积，L。

(2)水泥混凝土用粗集料振实状态下的空隙率 v_c，按式(2-5-9)计算：

$$v_c = \left(1 - \frac{\rho}{\rho_a}\right) \times 100\% \tag{2-5-9}$$

式中：ρ_a——粗集料的表观密度，t/m^3；

ρ——按振实法测定的粗集料堆积密度，t/m^3。

(3)沥青混合料用粗集料骨架捣实状态下的间隙率 VCA_{DRC}，按式(2-5-10)计算：

$$VCA_{DRC} = \left(1 - \frac{\rho}{\rho_b}\right) \times 100\% \tag{2-5-10}$$

式中：ρ_b——粗集料的毛体积密度，t/m^3；

ρ——捣实法测定的粗集料堆积密度，t/m^3。

2. 精度和允许差

以两次平行试验结果的平均值作为测定值。

3. 试验记录表格（表2-5-9）

粗集料堆积密度及空隙率试验记录　　　　表2-5-9

类别	试验次数	容量筒质量 m_1(kg)	容量筒体积 V(L)	容量筒和试样总质量 m_2(kg)	试样质量 $m_2 - m_1$(kg)	密度 ρ (t/m^3)	平均值 ρ(t/m^3)
堆积密度	1	3.615	10	18.815	15.200	1.52	1.53
	2	3.615	10	18.915	15.300	1.53	
振实密度	1	3.615	10	20.515	16.900	1.69	1.69
	2	3.615	10	20.415	16.800	1.68	
捣实密度	1	3.615	10	21.015	17.400	1.74	1.74
	2	3.615	10	20.915	17.300	1.73	

	试验次数	表观密度 ρ_a(t/m^3)	空隙率 v_c(%)	平均值 v_c(%)
空隙率	1	2.754	38.6	38.8
	2	2.751	38.9	

	试验次数	毛体积密度 ρ_b(t/m^3)	间隙率 VCA_{DRC}(%)	平均值 VCA_{DRC}(%)
间隙率	1	2.630	33.8	34.0
	2	2.628	34.2	
结论	该粗集料堆积密度为1.53 t/m^3，振实密度为1.69 t/m^3，捣实密度为1.74 t/m^3，空隙率为38.8%，间隙率为34%			

七、注意事项

(1)各项称量在15~25℃的温度范围内进行。

(2)容量筒的校正用水温度为20℃±5℃。

(3)根据粗集料公称最大粒径选择容量筒容积。

(4)自然堆积密度测定的距离控制。

(5)捣实密度的测定试样应根据沥青混合料的类型和公称最大粒径,确定起骨架作用的关键性筛孔(通常为4.75mm或2.36mm)。

(6)称量的感量不大于称量值的0.1%。

巩固提升

1. 表观密度、表干密度、毛体积密度的定义及区别是什么?
2. 表观密度试验中水温控制在多少摄氏度?
3. 当浸水天平处于什么状态时才可以读数?
4. 振实状态下空隙率计算的公式及公式的意义是什么?
5. 测定振实密度时钢筋棒应如何放置?

学习活动6 粗集料筛分试验

学习目标

1. 能描述粗集料级配、连续级配、间断级配、级配三参数等概念;
2. 能描述粗集料筛分试验的工程意义;
3. 能选择并使用标准筛、天平等仪器;
4. 能按照粗集料试验规程进行粗集料筛分试验;
5. 能整理试验数据并评定结果。

情境导入

某水泥混凝土路面出现大面积裂缝、错台、沉陷等病害,研究人员分析其主要原因是水泥混凝土中的砂石级配较差,导致集料的空隙率增大,混凝土收缩值增大,造成混凝土离析,从而引起以上病害。现该路面准备重修,因此要准确评定新进砂石的级配情况。

基础知识

一、粗集料的级配

粗集料中各组成颗粒的分级和搭配称为级配。级配是通过筛分试验确定的。

二、连续级配和间断级配

各种不同粒径的集料,按照一定的比例搭配起来,以达到较高的密实度或较大的摩擦力,可以采用下列两种级配组成。

1. 连续级配

采用标准套筛对某一混合料进行筛析试验,所得级配曲线平顺圆滑,具有连续性,相邻粒径的粒料之间有一定的比例关系。这种由大到小,逐级粒径均有,按比例互相搭配的矿质混合料,称为连续级配矿质混合料。

2. 间断级配

在矿质混合料中剔除其一个或几个分级,形成一种不连续的混合料,这种混合料称为间断级配矿质混合料。

连续级配曲线和间断级级配曲线如图2-6-1所示。

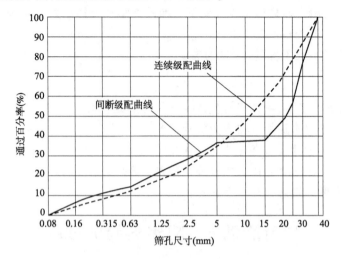

图2-6-1 连续级配和间断级配曲线比较

三、技术要求

我国《公路沥青路面施工技术规范》(JTG F40—2004)、《公路水泥混凝土路面施工技术细则》(JTG/T F30—2014)、公路路面基层施工技术细则(JTG/T F20—2015)及《公路桥涵施工技术规范》(JTG/T F50—2011)中对粗集料的规格要求,见表2-6-1~表2-6-5。

沥青混合料用粗集料规格　　表2-6-1

规格名称	公称粒径(mm)	通过下列筛孔的质量百分率(%)											
		106	75	63	53	37.5	31.5	26.5	19.0	13.2	9.5	4.75	2.36	0.6
S1	40~75	100	90~100	—	—	0~15	—	0~5						
S2	40~60		100	90~100	—	0~15	—	0~5						
S3	30~60		100	90~100	—	0~15	—	0~5						
S4	25~50			100	90~100	—	0~15	—	0~5					
S5	20~40				100	90~100	—	0~15	—	0~5				
S6	15~30					100	90~100	—	—	0~15	—	0~5		
S7	10~30					100		90~100			0~15	0~5		
S8	10~25						100	90~100	—	0~15	—	0~5		
S9	10~20							100	90~100	—	0~15	0~5		
S10	10~15								100	90~100	0~15	0~5		
S11	5~15								100	90~100	40~70	0~15	0~5	
S12	5~10									100	90~100	0~15	0~5	
S13	3~10									100	90~100	40~70	0~20	0~5
S14	3~5										100	90~100	0~15	0~3

水泥混凝土用粗集料与再生粗集料的级配范围　　　　　表2-6-2

级配类型	粒径	方筛孔尺寸(mm)							
		2.36	4.75	9.50	16.0	19.0	26.5	31.5	37.5
		累计筛余(以质量计)(%)							
合成级配	4.75~16.0	95~100	85~100	40~60	0~10	—	—	—	—
	4.75~19.0	95~100	85~95	60~75	30~45	0~5	0	—	—
	4.75~26.5	95~100	90~100	70~90	50~70	25~40	0~5	0	—
	4.75~31.5	95~100	90~100	75~90	60~75	40~60	20~35	0~5	0
粒级	4.75~9.5	95~100	80~100	0~15	0	—	—	—	—
	9.5~16.0	—	95~100	80~100	0~15	0	—	—	—
	9.5~19.0	—	95~100	85~100	40~60	0~15	0	—	—
	16.0~26.5	—	—	95~100	55~70	25~40	0~10	0	—
	16.0~31.5	—	—	95~100	85~100	55~70	25~40	0~10	0

基层、底基层粗集料规格要求　　　　　表2-6-3

规格名称	工程粒径(mm)	通过下列筛孔(mm)的质量百分率(%)									公称粒径(mm)
		53	37.5	31.5	26.5	19.0	13.2	9.5	4.75	2.36	
G1	20~40	100	90~100	—	0~10	0~5					19~37.5
G2	20~30		100	90~100	0~10	0~5					19~31.5
G3	20~25	—		100	90~100	0~10	0~5				19~26.5
G4	15~25			100	90~100	0~10	0~5				13.2~26.5
G5	15~20	—			100	90~100	0~10	0~5			13.2~19
G6	10~30		100	90~100			0~10	0~5			9.5~31.5
G7	10~25			100	90~100		0~10	0~5			9.5~26.5
G8	10~20				100	90~100	0~10	0~5			9.5~19
G9	10~15					100	90~100	0~10	0~5		9.5~13.2
G10	5~15					100	90~100	40~70	0~10	0~5	4.75~13.2
G11	5~10	—					100	90~100	0~10	0~5	4.75~9.5

桥涵用碎石或卵石的颗粒级配规格要求　　　　　表2-6-4

级配情况	公称粒级(mm)	累计筛余(按质量百分率计)										
		方孔筛筛孔尺寸(mm)										
		2.36	4.75	9.50	16.0	19.0	26.5	31.5	37.5	53.0	63.0	75.0	90.0
连续级配	5~10	95~100	80~100	0~15	0	—	—	—	—	—			
	5~16	95~100	85~100	30~60	0~10	0	—	—	—	—			
	5~20	95~100	90~100	40~80	—	0~10	0	—	—	—			
	5~25	95~100	90~100	—	30~70	—	0~5	0	—	—			
	5~31.5	95~100	90~100	70~90	15~45	—	—	0~5	0	—			
	5~40	—	95~100	70~90	—	30~65	—	—	0~5	0			

续上表

级配情况	公称粒级(mm)	累计筛余(按质量百分率计) 方孔筛筛孔尺寸(mm)										
		2.36	4.75	9.50	16.0	19.0	26.5	31.5	37.5	53.0	63.0	75.0	90.0
单粒级	10~20	—	95~100	85~100	—	0~15	0	—	—	—	—	—	—
	16~31.5	—	95~100	—	85~100	—	—	0~10	0	—	—	—	—
	20~40	—	—	95~100	—	80~100	—	—	0~10	0	—	—	—
	31.5~63	—	—	—	95~100	—	—	75~100	45~75	—	0~10	0	—
	40~80	—	—	—	—	95~100	—	—	70~100	—	30~60	0~10	0

各种面层水泥混凝土配合比不同种类粗集料与再生粗集料公称最大粒径(单位:mm)　　表2-6-5

	交通荷载等级	极重、特重、重		中、轻	
	面层类型	水泥混凝土	纤维混凝土、配筋混凝土	水泥混凝土	碾压混凝土、砌块混凝土
公称最大粒径	碎石	26.5	16.0	31.5	19.0
	破碎卵石	19.0	16.0	26.5	19.0
	卵石	16.0	9.5	19.0	16.0
	再生粗集料	—	—	26.5	19.0

技能实训

粗集料及集料混合料的筛分试验(T 0302—2005)

一、试验依据

《公路工程集料试验规程》(JTG E42—2005)。

二、试验目的和适用范围

测定粗集料(如碎石、矿石、矿渣等)的颗粒组成,对水泥混凝土用粗集料可采用干筛法筛分;对沥青混合料及基层用粗集料必须用水洗法试验。

本方法也适用于同时含有粗集料、细集料、矿粉的集料混合料筛分试验,如未筛碎石、级配碎石、天然砂砾、级配砂砾、无机结合料稳定基层材料、沥青拌和楼的冷料混合料、热料仓材料、沥青混合料经溶剂抽提后的矿料等。

三、仪器设备

(1)标准筛(方孔,孔径有75mm、63mm、53mm、37.5mm、31.5mm、26.5mm、19mm、16mm、13.2mm、9.5mm、4.75mm、2.36mm、1.18mm、0.6mm、0.3mm、0.15mm、0.075mm,根据需要选用规定的标准筛)。

(2)其他:天平或台秤(感量不大于试样质量的0.1%)、摇筛机、毛刷、铲子、水盆、浅盘、烘箱(能控温在105℃±5℃)等。

四、试验准备

试样准备步骤如图2-6-2所示。筛分用的试样质量见表2-6-6。

筛分用的试样质量　　表2-6-6

公称最大粒径(mm)	75	63	37.5	31.5	26.5	19	16	9.5	4.75
试样质量不少于(kg)	10	8	5	4	2.5	2	1	1	0.5

用四分法将风干试样缩分至　　选用合适的筛,筛除超粒径颗粒
满足表2-6-6规定的质量

图2-6-2　试样准备步骤

五、试验步骤

1. 干筛法(水泥混凝土用粗集料)

(1)摇筛机振摇,如图2-6-3所示。取试样一份置于105℃±5℃烘箱中烘干至恒重,称取干燥集料试样总质量m_0,准确至0.1%。将试样倒入套筛,装入摇筛机振摇。

烘干试样　　　　　　　称取试样总质量(m_0)　　　　将试样倒入套筛,摇筛机振摇

图2-6-3　摇筛机振摇

(2)逐个手筛,如图2-6-4所示。从最大的筛号开始,逐个进行手筛,直至1min的筛出量不超过筛上剩余量的0.1%时为止。称量每个筛上的筛余量,准确至总量的0.1%,将筛出通过的颗粒并入下一号筛,和下一号筛中的试样一起过筛,以此顺序进行至各号筛,全部筛完为止。

取出套筛,逐个手筛　　　　称量筛上的筛余量　　　　搪瓷盘内石子并入下一号筛

图2-6-4　逐个手筛

注:由于0.075mm筛干筛几乎很少能把粘在粗集料表面的小于0.075mm部分的石粉筛过去,而且对水泥混凝土用粗集料而言,0.075mm通过率的意义不大,所以也可以不筛,且把通过0.15mm筛的筛下部分全部作为0.075mm的分计筛余,将粗集料的0.075mm通过率假设为0。

(3)如果某个筛上的集料过多,影响筛分作业时,可以分两次筛分。当筛余颗粒的粒径大于19mm时,筛分过程中允许用手指轻轻拨动颗粒,但不得逐颗筛过筛孔。

(4)计算:所有筛的分计筛余量和底盘中的剩余量与筛分前的试样总量,相差不得超过后者的0.5%。

2. 水筛法(沥青混合料及基层用粗集料)

(1)称取试样、加水浸泡,如图2-6-5所示。取试样一份置于105℃±5℃烘箱中烘干至恒重,称取干燥集料试样总质量 m_1,准确至 0.1%,将试样置于盆中,加入足够数量的水,将试样全部淹没,不得用任何洗涤剂、分散剂或表面活性剂。

图 2-6-5 称取试样、加水浸泡

(2)悬浮液过筛,如图 2-6-6 所示。根据集料粒径选择一组套筛,其底部为 0.075mm 筛,上部为 2.36mm 或 4.75mm 筛,将悬浮液倒入套筛中,重复淘洗,直至倒出的水洁净。

图 2-6-6 悬浮液过筛

注:尽量不要将粗集料倒出,以免损坏标准筛筛面。

(3)收集试样,如图 2-6-7 所示。

图 2-6-7 收集试样

(4)称量、筛分,如图 2-6-8 所示。室温下冷却至恒重,称取干燥试样的总质量 m_2,准确

图 2-6-8 称量、筛分

至0.1%,以 m_1 与 m_2 之差作为0.075mm筛下部分。将收回的干燥集料按干筛法筛分出0.075mm以上各筛的筛余量,此时0.075mm筛下部分应为0,如果尚能筛出,则应将其并入水洗得到的0.075mm的筛下部分,且表示水洗的不干净。

六、成果整理

1. 粗集料干筛法试验数据处理

(1)计算公式。

①损耗:各筛分计筛余量及筛底存量的总和与筛分前试样的干燥总质量 m_0 之差,作为筛分时的损耗,并按式(2-6-1)计算。损耗率按式(2-6-2)计算,精确至0.1%。

$$m_5 = m_0 - (\sum m_i + m_底) \quad (2\text{-}6\text{-}1)$$

$$损耗率 = \frac{m_5}{m_0} \times 100\% \quad (2\text{-}6\text{-}2)$$

上两式中:m_5——由于筛分造成的损耗,g;

m_0——用于干筛的干燥集料总质量,g;

m_i——各号筛上的筛余质量,g;

i——依次为0.075mm、0.15mm…至集料最大粒径的排序;

$m_底$——筛底(0.075mm以下部分)集料总质量,g。

②分计筛余百分率(p'_i)按式(2-6-3)计算,精确至0.1%。

$$p'_i = \frac{m_i}{m_0 - m_5} \times 100\% \quad (2\text{-}6\text{-}3)$$

③累计筛余百分率(A_i):该号筛及大于该号筛的各号筛的分计筛余百分率之和,按式(2-6-4)计算,精确至0.1%。

$$A_i = p'_1 + p'_2 + p'_3 + \cdots + p'_i \quad (2\text{-}6\text{-}4)$$

④通过百分率(p_i):100%减去该号筛累计筛余百分率,按式(2-6-5)计算,精确至0.1%。

$$p_i = 100\% - A_i \quad (2\text{-}6\text{-}5)$$

⑤0.075mm筛的通过率($p_{0.075}$):筛底存留量除以扣除损耗后的干燥集料总质量。

(2)精密度和允许差。试验结果以两次试验的平均值表示,精确至0.1%;当两次试验结果 $p_{0.075}$ 的差值超过1%时,应重新进行试验;损耗率大于0.3%,应重新进行试验。

(3)试验记录表格,见表2-6-7。

粗集料干筛法试验记录(干筛法)　　　　表2-6-7

干燥试样总量 m_0(g)	第一组				第二组				平均值
	3000				3000				
筛孔尺寸 (mm)	筛余质量 m_i (g)	分计筛余百分率 p'_i(%)	累计筛余百分率 A_i(%)	通过百分率 p_i (%)	筛余质量 m_i (g)	分计筛余百分率 p'_i(%)	累计筛余百分率 A_i(%)	通过百分率 p_i (%)	通过百分率 p_i (%)
19	0	0	0	100.0	0	0	0	100.0	100.0
16	696.3	23.2	23.2	76.8	699.4	23.3	23.3	76.7	76.7
13.2	431.9	14.4	37.6	62.4	434.6	14.5	37.8	62.2	62.3
9.5	801.0	26.7	64.4	35.6	802.3	26.8	64.6	35.4	35.5
4.75	989.8	33.0	97.4	2.6	985.3	32.9	97.4	2.6	2.6
2.36	70.1	2.3	99.7	0.3	68.5	2.3	99.7	0.3	0.3

续上表

干燥试样总量 m_0(g)	第一组 3000				第二组 3000				平均值
筛孔尺寸 (mm)	筛余质量 m_i (g)	分计筛余百分率 p'_i(%)	累计筛余百分率 A_i(%)	通过百分率 p_i (%)	筛余质量 m_i (g)	分计筛余百分率 p'_i(%)	累计筛余百分率 A_i(%)	通过百分率 p_i (%)	通过百分率 p_i (%)
1.18	8.2	0.3	100.0	0	7.9	0.3	100.0	0	0
0.6	0.5	0.0	100.0	0.0	0.2	0.0	100.0	0.0	0.0
0.3	0.0	0.0	100.0	0.0	0.0	0.0	100.0	0.0	0.0
0.15	0.0	0.0	100.0	0.0	0.0	0.0	100.0	0.0	0.0
0.075	0.0	0.0	100.0	0.0	0.0	0.0	100.0	0.0	0.0
筛底 $m_底$	0.0	0.0	100.0		0.0	0.0	100.0	0.0	
筛分后总量 $\sum m_i$(g)	2997.8	100.0			2998.2	100.0			
损耗 m_5(g)	2.2				1.8				
损耗率(%)	0.07				0.06				

2.粗集料水筛法试验数据处理

(1)计算公式。

①0.075mm 筛下部分质量：

$$m_{0.075} = m_1 - m_2 \tag{2-6-6}$$

0.075mm 筛下部分含量：

$$p_{0.075} = \frac{m_{0.075}}{m_1} \times 100\% \tag{2-6-7}$$

上两式中：$p_{0.075}$——粗集料中小于0.075mm 的含量,精确至0.1%；

　　　　　$m_{0.075}$——将粗集料水洗得到的小于0.075mm 部分的质量,g；

　　　　　m_1——用于水洗的干燥粗集料的总质量,g；

　　　　　m_2——水洗后的干燥粗集料总质量,g。

②损耗：各筛分计筛余量及筛底存量的总和与筛分前试样的干燥总质量 m_2 之差,作为筛分时的损耗,按式(2-6-8)计算。损耗率按式(2-6-9)计算,精确至0.1%。

$$m_5 = m_1 - \left(\sum m_i + m_{0.075}\right) \tag{2-6-8}$$

$$损耗率 = \frac{m_5}{m_1} \times 100\% \tag{2-6-9}$$

③分计筛余百分率(p'_i)按式(2-6-10)计算,精确至0.1%。

$$p'_i = \frac{m_i}{m_1 - m_5} \times 100\% \tag{2-6-10}$$

④累计筛余百分率：该号筛及大于该号筛的各号筛的分计筛余百分率之和,精确到0.1%。

⑤通过百分率 p_i：100%减去该号筛的累计筛余百分率,精确到0.1%。

⑥0.075mm 筛的通过率：由筛底存留量除以扣除损耗后的干燥集料总质量。

(2)精密度和允许差。试验结果以两次试验的平均值表示,精确至0.1%；当两次试验结果 $p_{0.075}$ 的差值超过1%时,应重新进行试验；损耗率大于0.3%,应重新进行试验。

(3)试验记录表格,见表2-6-8。

粗集料水筛法试验记录(水筛法) 表2-6-8

		第一组				第二组				平均值
干燥试样质量 m_1(g)		3000				3000				
水洗后筛上总质量 m_2(g)		2879				2868				
水洗后0.075mm筛下量 $m_{0.075}$(g)		121				132				
0.075mm通过率 $p_{0.075}$(%)		4.0				4.4				4.2
筛孔尺寸(mm)		筛余质量 m_i(g)	分计筛余百分率 p'_i(%)	累计筛余百分率 A_i(%)	通过百分率 p_i(%)	筛余质量 m_i(g)	分计筛余百分率 p'_i(%)	累计筛余百分率 A_i(%)	通过百分率 p_i(%)	通过百分率 p_i(%)
水洗后干筛法筛分	19	5.0	0.2	0.2	99.8	0.0	0.0	0.0	100.0	99.9
	16	696.3	23.2	23.4	76.6	680.3	22.7	22.7	77.3	76.9
	13.2	882.3	29.4	52.8	47.2	839.2	28.0	50.7	49.3	48.2
	9.5	713.2	23.8	76.6	23.4	778.5	26.0	76.7	23.3	23.4
	4.75	343.4	11.5	88.1	11.9	348.7	11.6	88.3	11.7	11.8
	2.36	70.1	2.3	90.4	9.6	68.3	2.3	90.6	9.4	9.5
	1.18	87.5	2.9	93.3	6.7	79.1	2.6	93.2	6.8	6.7
	0.6	67.8	2.3	95.6	4.4	59.3	2.0	95.2	4.8	4.6
	0.3	4.6	0.2	95.7	4.3	4.3	0.1	95.3	4.7	4.5
	0.15	5.6	0.2	95.9	4.1	3.8	0.1	95.5	4.5	4.3
	0.075	2.3	0.1	96.0	4.0	4	0.1	95.6	4.4	4.2
筛底 $m_底$		0				0				
筛分后总量 $\sum m_i$(g)		2878.1	96.0			2865.5	95.6			
损耗 m_5(g)		0.9				2.5				
损耗率(%)		0.03				0.09				
扣除损耗后总量(g)		2999.1				2997.5				

注:1.对于沥青混合料、基层材料配合比设计用的集料,宜绘制集料筛分曲线,其横坐标为筛孔尺寸的0.45次方,纵坐标为普通坐标。

2.同一种集料至少取两个试样平行试验两次,取平均值作为每号筛上筛余量的试验结果。

七、注意事项

(1)通过0.15mm筛的筛下部分全部作为0.075mm的分计筛余,0.075mm通过率为0。

(2)某个筛上的集料过多时可分两次筛分。

(3)当筛余颗粒的粒径大于19mm时允许用手指动,但不得逐颗塞过筛孔。

(4)清洗集料不得使用任何洗涤剂、分散剂或表面活性剂。

(5)清洗过程不得破碎集料或有集料从水中溅出。

(6)悬浮液不可直接倒至0.075mm筛上,以免集料掉出损坏筛面。

(7)附着在0.075mm筛面的细粉可用少量水以毛刷刷入搪瓷器中,并注意不散失。

(8) 如筛底 $m_{底}$ 的值不是 0,应将其并入 $m_{0.075}$ 中重新计算 $p_{0.075}$。
(9) 洗后干筛有损耗时,应从总量中扣除损耗部分后计算。

巩固提升

1. 水洗法需要注意哪些事项?
2. 干筛法和水筛法的适用范围?
3. 什么是连续级配和间断级配?
4. 干筛法筛分试验中集料的损耗如何计算?
5. 本试验的试验目的是什么?

学习活动 7　粗集料针片状颗粒含量试验

学习目标

1. 能描述粗集料的针片状颗粒含量的概念、常用测定方法等概念;
2. 能描述粗集料针片状颗粒含量试验的工程意义;
3. 能选择并使用针片状规准仪、游标卡尺、天平等仪器;
4. 能按照集料试验规程进行粗集料针片状颗粒含量试验;
5. 能整理试验数据并评定结果。

情境导入

在某公路施工过程中,由于人为原因未进行粗集料针片状颗粒含量的测定,结果导致路面出现严重的车辙现象,整个路段破坏严重。针片状颗粒会使混凝土中易出现架空现象,空隙率增大,抗压碎能力下降,混凝土不易压实,骨架结构的抗车辙能力和水稳定性下降,严重影响混凝土强度。因此,施工过程中必须测定其含量是否达标。

基础知识

一、针片状颗粒

针片状颗粒是指粗集料中细长的针状颗粒与扁平的片状颗粒。当颗粒形状的诸方向中的最小厚度(或直径)与最大长度(或宽度)的尺寸之比小于规定比例时,属于针片状颗粒。

二、常用测定方法

(1) 规准仪法:适用于测定水泥混凝土用的 4.75mm 以上的粗集料的针片状颗粒含量。
(2) 游标卡尺法:适用于测定沥青混合料、各种路面基层及底基层用的 4.75mm 以上粗集料的针片状颗粒含量。

三、技术要求

我国《公路沥青路面施工技术规范》(JTG F40—2004)、《公路水泥混凝土路面施工技术细则》(JTG/T F30—2014)、公路路面基层施工技术细则(JTG/T F20—2015)及《公路桥涵施工技术规范》(JTG/T F50—2011)中对粗集料的针片状颗粒含量要求,见表 2-5-1 ~ 表 2-5-4。

水泥混凝土用粗集料针片状颗粒含量试验——规准仪法（T 0311—2000）

一、试验依据
《公路工程集料试验规程》（JTG E42—2005）。

二、试验目的和适用范围
（1）本方法适用于测定水泥混凝土使用的4.75mm以上的粗集料的针片状颗粒含量，以百分率计。

（2）本方法测定的针片状颗粒是指使用专用规准仪测定的粗集料颗粒的最小厚度（或直径）方向与最大长度（或宽度）方向的尺寸之比小于一定比例的颗粒。

（3）本方法测定粗集料中针片状颗粒的含量，可用于评价集料的形状及其在工程中的适用性。

三、仪器设备
（1）标准筛：孔径分别为4.75mm、9.5mm、16.0mm、19mm、26.5mm、31.5mm及37.5mm，试验时根据需要选用。

（2）水泥混凝土集料针状规准仪和片状规准仪：片状规准仪的钢板基板厚度3mm，尺寸见表2-7-1。

水泥混凝土集料针片状颗粒试验的粒级划分及其相应的规准仪孔宽或间距　　表2-7-1

粒级（方孔筛）(mm)	4.75~9.5	9.5~16	16~19	19~26.5	26.5~31.5	31.5~37.5
针状规准仪上相对应的立柱之间的间距宽(mm)	17.1	30.6	42.0	54.6	69.6	82.8
片状规准仪上相对应的孔宽(mm)	2.8	5.1	7.0	9.1	11.6	13.8

（3）其他：天平或台秤（感量不大于称量值的0.1%）、铲子、浅盘等。

水泥混凝土集料针状规准仪间距和片状规准仪孔宽如图2-7-1所示。

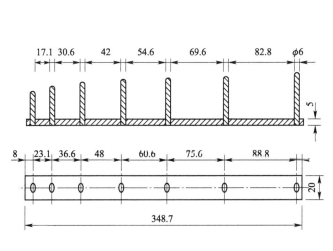

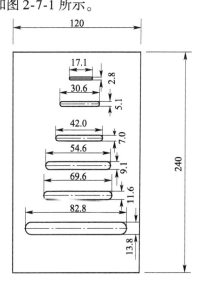

a）针状规准仪间距　　　　　　b）片状规准仪孔宽

图2-7-1　针片状规准仪间距和片状规准仪孔宽示意图（尺寸单位：mm）

四、试验准备

将试样在室内风干至表面干燥,用四分法或分料器法缩分至满足表 2-7-2 规定的质量,称质量 m_0,然后筛分成表 2-7-1 所规定的粒级备用。试样准备如图 2-7-2 所示。

针片状颗粒试验所需的试样最小质量 表 2-7-2

公称最大粒径(mm)	9.5	16	19	26.5	31.5	37.5
试样最小质量(kg)	0.3	1	2	3	5	10

四分法取样　　　　　称质量m_0　　　　　筛分

图 2-7-2　试样准备

五、试验步骤

(1)目测:将不可能是针状或片状的粗集料挑出。

(2)规准仪测定:相应粒级对应相应孔宽。逐一对应于规准仪鉴定,凡长度大于针状规准仪上相应间距而不能通过者为针状颗粒;颗粒厚度小于片状规准仪上相应孔宽而通过者,判定为片状颗粒。判断过程如图 2-7-3～图 2-7-5 所示。

(3)称量,如图 2-7-6 所示。

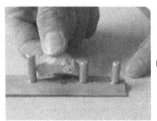

　　针状不能通过　　　　　片状不能通过

图 2-7-3　判断针状颗粒

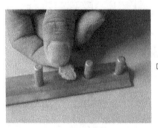

　　针状能通过　　　　　片状能通过

图 2-7-4　判断片状颗粒

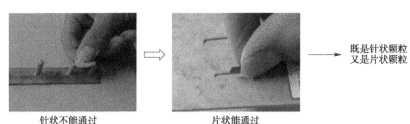

图 2-7-5 判断既是针状颗粒又是片状颗粒

图 2-7-6 称量

六、成果整理

1. 计算公式

碎石或砾石针片状颗粒含量 Q_e 按式(2-7-1)计算,精确至 0.1%。

$$Q_e = \frac{m_1}{m_0} \times 100\% \tag{2-7-1}$$

式中：m_1——试样中所含针状颗粒与片状颗粒的总质量,g；

m_0——试样总质量,g。

2. 试验记录表格(表 2-7-3)

粗集料针片状颗粒含量试验记录　　表 2-7-3

试验次数	试样总质量 m_0(g)	针片状颗粒质量 m_1(g)	针片状颗粒含量 Q_e(%)	平均值 Q_e(%)
1	3000	49.8	1.7	1.8
2	3000	53.6	1.8	
结论	该粗集料针片状颗粒含量为1.8%,符合技术规范要求			

七、注意事项

(1) 测定试样为粒径大于 4.75mm 的粗集料。

(2) 试验前对集料进行分级。

(3) 针对不同的粒级分别测定不同的针片状颗粒含量。

(4) 如果需要可以分别计算针状颗粒和片状颗粒的含量百分数。

(5) 称量的感量不大于称量值的 0.1%。

(6) Ⅲ级粗集料的针片状颗粒含量,用做路面时,应小于 20%；用作下面层或基层时,可小于 25%。

粗集料针片状颗粒含量试验——游标卡尺法(T 0312—2005)

一、试验依据

《公路工程集料试验规程》(JTG E42—2005)。

二、试验目的和适用范围

(1) 本方法适用于测定粗集料针状及片状颗粒含量,以百分率计。

(2)本方法测定的针片状颗粒,是指用游标卡尺测定的粗集料颗粒的最大长度(或宽度)方向与最小厚度(或直径)方向的尺寸之比大于3倍的颗粒。

(3)本方法测定粗集料中针片状颗粒的含量,可用于评价集料的形状和抗压碎能力以评定石料生产厂的生产水平及该材料在工程中的适用性。

三、仪器设备

(1)游标卡尺:精密度为0.1mm。

(2)其他:4.75mm方孔筛、天平(感量不大于1g)、铲子等。

四、试验准备

按分料器或四分法选取1kg左右试样,对每一种规格的粗集料,应按照不同的公称粒径,分别取样检验。用4.75mm标准筛将试样过筛,取筛上部分供试验使用,称取试样的总质量m_0,准确至1g,试样数量应不少于800g,并不少于100颗(对于2.36~4.75mm级粗集料,由于卡尺量取有困难,故一般不做规定)。试样准备过程如图2-7-7所示。

四分法选取1kg左右试样　　试样过4.75mm筛　　称量质量(m_0)

图2-7-7　试样准备

五、试验步骤

(1)目测:将不可能是针状或片状的粗集料挑出,如图2-7-8所示。

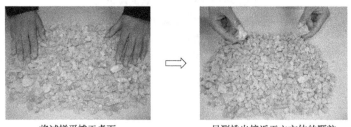

将试样平摊于桌面　　目测挑出接近于立方体的颗粒

图2-7-8　挑出接近立方体颗粒

(2)逐一进行鉴定,挑出针片状颗粒。用游标卡尺对怀疑的逐一进行鉴定,将欲测量的颗粒放在桌面上成一稳定的状态,如图2-7-9所示,平面方向的最大长度为L,侧面厚度的最大尺寸为t,颗粒最大宽度为$w(t<w<L)$,示意图如图2-7-10所示,将$L/t \geqslant 3$的颗粒挑出,即为针片状颗粒,判断过程如图2-7-11所示。

图2-7-9　稳定状态的颗粒

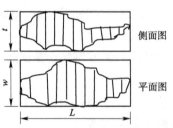

2-7-10　针片状颗粒侧片及平面示意图

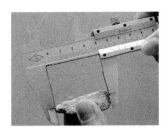 

测量长度方向L=41.8mm　　　测量厚度方向t=14.2mm　　→ L/t=41.8/14.2=2.9<3,本颗粒不属于针片状颗粒

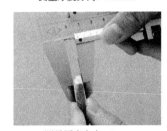

测量长度方向L=34.2mm　　　测量厚度方向t=7mm　　→ L/t=34.2/7=4.9>3,本颗粒属于针片状颗粒

图 2-7-11　针片状颗粒判断过程

（3）称量,如图 2-7-12 所示。

→ 称量挑出的针片状颗粒质量m_1,准确至1g

图 2-7-12　称量

六、成果整理

1. 计算公式

碎石或砾石针片状颗粒含量 Q_e 按式（2-7-2）计算,精确至 0.1%。

$$Q_e = \frac{m_1}{m_0} \times 100\% \qquad (2\text{-}7\text{-}2)$$

式中：m_1——试样中所含针状颗粒与片状颗粒的总质量,g；

　　　m_0——试样总质量,g。

2. 精密度和允许差

试验要平行测定两次,计算两次结果的平均值。如两次结果之差小于平均值的 20%,取平均值为试验值；如两次结果之差大于或等于 20%,应追加测定一次,取三次结果的平均值为测定值。

3. 试验记录表格（表 2-7-4）

粗集料针片状颗粒含量试验记录　　表 2-7-4

试验次数	试样总质量 m_0(g)	针片状颗粒质量 m_1(g)	针片状颗粒含量 Q_e(%)	平均值 Q_e(%)
1	978	36	3.7	3.6
2	958	33	3.4	
结论	该粗集料针片状颗粒含量为 3.6%,符合技术规范要求			

七、注意事项

(1)稳定状态是指平放的状态,不是直立状态,侧面厚度的最大尺寸为颗粒顶部至平台的厚度,是在最薄的一个面上测量的,但并非颗粒中最薄部位的厚度。

(2)不同规格的粗集料,应根据其公称最大粒径分别取样检验。

(3)应注意颗粒的最大长度(或宽度)与最小厚度(或直径)方向的判定。

巩固提升

1. 针片状颗粒的存在对混凝土的影响有哪些?

2. 用游标卡尺法测定针片状颗粒含量,第一次测定值为3.8%,第二次测定值为4.2%,请问两次平行试验符合精密度和允许差的要求吗?

3. 用规准仪测定粗集料的针片状颗粒含量,适用于水泥混凝土还是沥青混合料?

4. 请描述游标卡尺如何读数。

5. 用游标卡尺如何挑出粗集料中的针片状颗粒?

学习活动 8 粗集料磨耗试验

学习目标

1. 能描述粗集料的力学性质、磨耗的概念;
2. 能描述粗集料磨耗试验的工程意义;
3. 能选择并使用洛杉矶磨耗机、台秤、钳子等仪器;
4. 能按照集料试验规程进行粗集料磨耗试验;
5. 能整理试验数据并评定结果。

情境导入

在某高速公路路面施工中,对于路面结构层的石料,在其硬度或强度方面都有一定的要求,尤其是对于用作面层的石料,更要求其耐磨能力强,以抵抗行车的冲击、压碎和磨耗作用。因此,要准确测出所用石料的磨耗损失,以指导施工。

基础知识

一、粗集料力学性质

粗集料力学性质主要有压碎值、磨耗值、磨光值、冲击值等。

1. 磨耗值

磨耗值是指按规定方法测定粗集料抵抗摩擦、撞击的能力,其测定方法有洛杉矶法、道瑞法。洛杉矶法是以洛杉矶磨耗损失表示,道瑞法是以道瑞磨耗值表示。磨耗值越高,表示粗集料的耐磨性越差。

2. 磨光值

磨光值是指按规定试验方法测得的石料抵抗轮胎磨光作用的能力,即石料被磨光后用摆式仪测得的摩擦系数。现代高速交通的行车条件不仅要求具有较高的抗磨耗性,而且要求具有较高的抗磨光性。粗集料的磨光值越高,抗滑性越好。

3.冲击值

冲击值是指粗集料抵抗冲击荷载的能力。冲击值越小,粗集料抗冲击性能越好。

二、技术要求

《公路沥青路面施工技术规范》(JTG F40—2004)、《公路水泥混凝土路面施工技术细则》(JTG/T F30—2014)中对粗集料质量的要求,见表2-5-1~表2-5-2。

技能实训

粗集料磨耗试验——洛杉矶法(T 0317—2005)

一、试验依据

《公路工程集料试验规程》(JTG E42—2005)。

二、试验目的和适用范围

(1)测定标准条件下粗集料抵抗摩擦、撞击的综合能力,以磨耗损失(%)表示。

(2)本方法适用于各种等级规格石料的磨耗试验。

三、仪器设备

(1)洛杉矶磨耗试验机:圆筒内径为710mm±5mm,内测长510mm±5mm,两端封闭,投料口的钢盖通过紧固螺栓和橡胶垫与钢筒紧闭密封;钢筒的回转速率为30~33r/min。

(2)钢球:直径约46.8mm,质量为390~445g,大小稍有不同,以便按要求组合成符合要求的总质量。

(3)其他:台秤(感量5g)、标准筛(符合要求的标准筛系列,以及筛孔为1.7mm的方孔筛一个)、烘箱(能控温在105℃±5℃)、浅盘、毛刷、铲子等。

四、试验准备

(1)备料。试料准备如图2-8-1所示。

 ⇒

将不同规格的集料用水洗净　　　105℃±5℃烘箱中烘干至恒重

图2-8-1　试料准备

(2)选择粒级类别和试验条件。对所使用的集料,根据实际情况按表2-8-1选择最接近的粒级类别,确定相应的试验条件,按规定的粒级组成备料、筛分,其中水泥混凝土用集料宜采用A级粒度。

五、试验步骤

(1)分级称量、装入磨耗机,如图2-8-2所示。

(2)设定次数、开动机器,如图2-8-3所示。

(3)取出钢球和磨耗后的试样,如图2-8-4所示。

(4)水洗试样、烘干称重,如图2-8-5所示。

粗集料洛杉矶试验条件　　　　　表 2-8-1

粒度类别	粒级组成（mm）	试样质量（g）	试样总质量（g）	钢球数量（个）	钢球总质量（g）	转动次数（转）	适用的粗集料 规格	适用的粗集料 公称粒径（mm）
A	26.5~37.5 19.0~26.5 16.0~19.0 9.5~16.0	1250±25 1250±25 1250±20 1250±20	5000±10	12	5000±25	500	—	—
B	19.0~26.5 16.0~19.0	2500±10 2500±10	5000±10	11	4850±25	500	S6 S7 S8	15~30 10~30 10~25
C	9.5~16.0 4.75~9.5	2500±10 2500±10	5000±10	8	3330±20	500	S9 S10 S11 S12	10~20 10~15 5~15 5~10
D	2.36~4.75	5000±10	5000±10	6	2500±15	500	S13 S14	3~10 3~5
E	63~75 53~63 37.5~53	2500±50 2500±50 5000±50	10000±100	12	5000±25	1000	S1 S2	40~75 40~60
F	37.5~53 26.5~37.5	5000±50 5000±25	10000±75	12	5000±25	1000	S3 S4	30~60 25~50
G	26.5~37.5 19.0~26.5	5000±25 5000±25	10000±50	12	5000±25	1000	S5	20~40

注:1.表中 16mm 筛孔也可用 13.2mm 筛孔代替。
2.A 级适用于未筛碎石混合料及水泥混凝土用集料。
3.C 级中 S12 可全部采用 4.75~9.5mm 颗粒 5000g；S9 及 S10 可全部采用 9.5~16mm 颗粒 5000g。
4.E 级中 S2 中缺 63~75mm 颗粒，可用 53~63mm 颗粒代替。

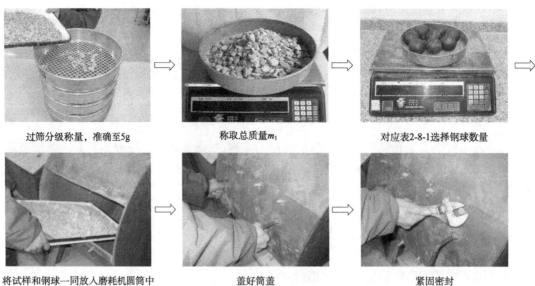

过筛分级称量，准确至5g　　　称取总质量m_1　　　对应表2-8-1选择钢球数量

将试样和钢球一同放入磨耗机圆筒中　　　盖好筒盖　　　紧固密封

图 2-8-2　分级称量、装入磨耗机

计数器调零，设定要求的回转次数　　　　　　　开动磨耗机

图 2-8-3　设定次数、开动机器

卸下筒盖　　　　　　将钢球和磨耗后的试样取出　　　　　　将试样过1.7mm筛

图 2-8-4　取出钢球和磨耗后的试样

用水冲干净留在筛上的碎石　　　放入烘箱烘干至恒重(通常不少于4h)，准确称量m_2

图 2-8-5　水洗试样、烘干称重

六、成果整理

1. 计算公式

粗集料洛杉矶磨耗损失 Q 按式(2-8-1)计算,精确至0.1%。

$$Q = \frac{m_1 - m_2}{m_1} \times 100\% \qquad (2\text{-}8\text{-}1)$$

式中：m_1——装入圆筒中试样质量,g;

m_2——试验后留在1.7mm筛上试样洗净烘干后质量,g。

2. 精密度和允许差

取两次平行试验结果的算术平均值为测定值,两次试验的差值应不大于2%,否则必须重做试验。

3. 试验记录表格(表2-8-2)

七、注意事项

(1) 检查调整满足质量和数量的钢球。

(2) 准备料样必须先分级洗净,烘干备用。

(3) 磨耗后将留在1.7mm方孔筛上试样清洗干净,并烘干至恒量后称量。

(4) 清洗烘干过程中保持料样不散失。

(5)粗集料烘干通常大于4h。

(6)两次试验的差值不得大于2%,否则应重新做试验。

粗集料磨耗试验记录　　　　　　　　表2-8-2

粒度类别	A		钢球数量(个)		12
钢球总质量(g)	5000±25		转动次数(转)		500
试验次数	装入圆筒中试样质量 $m_1(g)$	试验后留在1.7mm筛上试样洗净烘干后质量 $m_2(g)$		洛杉矶磨耗损失 $Q(\%)$	平均值(%)
1	5000	3755		24.9	24.6
2	5000	3795		24.2	
结论	该试样磨耗损失为24.6%,符合技术要求				

巩固提升

1. 粗集料磨耗试验的目的是什么?
2. 按照表2-8-1规定,水泥混凝土用粗集料应选用哪一级粒度的集料?
3. 粗集料力学性质都有哪些?
4. 什么是粗集料磨耗值?"磨耗值越高,表示粗集料的耐磨性越好",这句话对吗?
5. 试叙述公式(2-8-1)中各项的含义。

学习活动9　粗集料压碎值试验

学习目标

1. 能描述粗集料压碎值、压力机量程的选择和加荷速度的控制方法的概念;
2. 能描述粗集料压碎值试验的工程意义;
3. 能选择并使用压碎值仪、压力机、台秤、天平等仪器;
4. 能按照集料试验规程进行粗集料压碎值试验;
5. 能整理试验数据并评定结果。

情境导入

工程实际施工中,在振动压路机的荷载作用下,常常会出现粗集料被压碎的情况,尤其是针片状颗粒以及软弱颗粒容易被压碎。粗集料被压碎后,将直接影响混合料的路用性能,造成混合料的耐久性、耐水性以及耐疲劳性降低。因此,需要准确测定粗集料的压碎值,以免影响工程质量。

基础知识

一、压碎值

粗集料的压碎值是指粗集料在连续增加的荷载下抵抗压碎的能力。它作为相对衡量粗集料强度的一个指标,用以评价水泥混凝土、路面基层、底基层及沥青面层的粗集料的品质。

二、技术要求

《公路沥青路面施工技术规范》(JTG F40—2004)、《公路水泥混凝土路面施工技术细则》(JTG/T F30—2014)、公路路面基层施工技术细则(JTG/T F20—2015)及《公路桥涵施工技术规范》(JTG/T F50—2011)中对粗集料压碎值的要求,见表2-5-1~表2-5-4。

技能实训

粗集料压碎值试验(T 0316—2005)

一、试验依据

《公路工程集料试验规程》(JTG E42—2005)。

二、试验目的和适用范围

测定粗集料抵抗压碎的能力,用于衡量石料在逐渐增加的荷载下抵抗压碎的能力,是衡量石料力学性质的指标,以评定其在公路工程中的适用性。

三、仪器设备

(1)压力试验机(500kN,能在10min内达到400kN)、压碎值试验仪(由内径150mm、两端开口的钢制圆形试筒、压柱和底板组成,尺寸见表2-9-1),如图2-9-1、图2-9-2所示。

试筒、压柱和底板尺寸 表2-9-1

部位	符号	名称	尺寸(mm)
试筒	A	内径	150 ± 0.3
	B	高度	125 ~ 128
	C	壁厚	≥12
压柱	D	压头直径	149 ± 0.2
	E	压杆直径	100 ~ 149
	F	压柱总长	100 ~ 110
	G	压头厚度	≥25
底板	H	直径	200 ~ 220
	I	厚度(中间部分)	6.4 ± 0.2
	J	边缘厚度	10 ± 0.2

图2-9-1 压力试验机

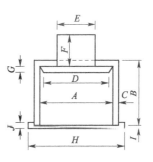
图2-9-2 压碎值试验仪及尺寸示意图

(2)金属筒:圆柱形,内径112.0mm,高179.4mm,容积1767cm³。

(3)金属棒:直径10mm,长450~600mm,一端加工成半球形。

(4)其他:标准筛(方孔:13.2mm、9.5mm、2.36mm各一个)、天平或台秤(称量2~3kg,感量不大于1g)、毛刷、铲子等。

四、试验准备

1. 试样准备

采用风干石料用13.2mm和9.5mm的标准筛过筛,取9.5~13.2mm之间的试样3组各3000g,如图2-9-3所示。如石料过于潮湿需要加热烘干时,烘箱温度不得超过100℃,烘干时间不超过4h,冷却至室温待用。

过13.2mm和9.5mm的套筛

取9.5~13.2mm之间的试样3组各3000g

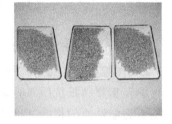

图2-9-3 试样准备

2. 用金属筒确定石料用量

将试样分3次(每次数量大体相同)均匀装入金属筒中,每次均将试样表面整平,用金属棒的半球面端从石料表面上均匀捣实25次。最后用金属棒作为直刮刀将表面仔细整平,称量金属筒中试样质量(m_0)。以相同质量的试样进行压碎值的平行试验。用金属筒确定石料用量如图2-9-4所示。

分3次装料　　　捣实　　　刮平　　　称量试样质量m_0

图2-9-4 用金属筒确定石料用量

五、试验步骤

(1)试筒内装试样,如图2-9-5所示。试筒安放在底板上,将要求质量(m_0)试样分3次(每次数量大体相同)均匀装入试筒中,每次均将试样表面整平,用金属棒的半球面端从石料表面上均匀捣实25次。最后将试样表面仔细整平。每次试验的石料数量应满足按上述方法夯击后石料在试筒内的深度为100mm。

分3次装料　　　均匀捣实25次　　　整平试样表面

图2-9-5 试筒内装试样

(2)试模放在压力机上,如图 2-9-6 所示。

放上压柱　　　　　　将试模搬到压力机上　　　　　　压紧

图 2-9-6　试筒放在压力机上

(3)加荷载。开动压力机,均匀加荷载,在 10min 左右的时间内达到总荷载 400kN,稳压 5s,然后卸荷,如图 2-9-7 所示。

开动压力机　　　　　　均匀加荷载　　　　　　卸荷载,取出试模

图 2-9-7　加荷载

(4)过筛称量。取出试样,用 2.36mm 标准筛筛分经压碎的全部试样,可分几次筛分,均需筛到 1mm 内无明显的筛出物为止。称量筛下试样质量 m_1,准确至 1g,如图 2-9-8 所示。

取出试样　　　　　　用2.36mm筛筛分　　　　　　称量筛下试样质量m_1

图 2-9-8　过筛称量

六、成果整理

1. 计算公式

粗集料压碎值 Q_a 按式(2-9-1)计算,精确至 0.1%。

$$Q_a = \frac{m_1}{m_0} \times 100\% \qquad (2\text{-}9\text{-}1)$$

式中:m_0——试验前试样质量,g;

m_1——试验后通过 2.36mm 筛孔的试样质量,g。

2. 精密度和允许差

以 3 个试样平行试验结果的算术平均值作为压碎值的测定值,精确到 0.1%。

3. 试验记录表格(表 2-9-2)

七、注意事项

(1)试样过于潮湿需加热烘干时,烘箱温度不得超过 100℃,烘干时间不超过 4h。

(2)试验前,石料应冷却至室温。
(3)加压头放入试筒内石料面应摆平,勿楔挤试模侧壁。
(4)开动压力机应均匀施加荷载。

粗集料压碎值试验记录　　　　　表 2-9-2

试验次数	试验前试样质量 $m_0(g)$	试验后通过 2.36mm 筛孔的试样质量 $m_1(g)$	压碎值 $Q_a(\%)$	压碎值的平均值(%)
1	2678	614	22.9	
2	2678	606	22.6	22.8
3	2678	610	22.8	
结论		该试样的压碎值为 22.8%,符合规范要求		

巩固提升

1. 对水泥混凝土用碎石进行压碎值试验,试验前试样的质量是 2701g,试验后称量通过 2.36mm 筛的试样质量为 476g,试计算该碎石的压碎值。

2. 什么是压碎值?

3. 石料压碎值试验仪由哪几部分组成?

4. 本试验的工程意义是什么?

5. 压力机加压时有何要求?

学习任务 3　水　泥　试　验

> **任务目标**
> 1. 能描述水泥实训室的安全操作制度；
> 2. 能描述水泥试验在公路施工中的作用；
> 3. 能根据任务要求，列出所需仪器和材料清单；
> 4. 能严格按照水泥试验规程进行试验操作。

任务描述

在公路工程施工中，水泥是重要的建筑材料，被称为"建筑界的粮食"，因此，水泥在整个建筑材料中的地位相当重要。在施工过程中要严格控制水泥的各项指标，不合格的水泥严禁用在工程中。同时，施工人员也要了解硅酸盐水泥的技术性质、技术要求、水泥熟料的矿物组成、水泥浆凝结硬化过程对水泥硬化体的结构、性能的影响，以及如何合理选用水泥。本学习任务重点阐述了硅酸盐水泥的各项指标的试验过程及评定方法。

学习活动 1　水泥细度试验

学习目标

1. 能描述水泥的生产工艺、水泥熟料的矿物组成及性质；
2. 能描述水泥的细度的概念及工程意义和测定的常用方法；
3. 能选择并使用负压筛析仪、天平、筛子、毛刷等仪器设备；
4. 能按照水泥试验规程进行水泥细度试验；
5. 能整理试验数据并评定结果。

情境导入

在某高速公路水泥混凝土路面施工过程中，由于原材料中水泥的细度过细，比表面积增大，水泥的需水量偏大，造成水泥混凝土的强度降低、收缩值增大、抗冻性降低。因此，工地试验室要严格检验新购水泥的细度指标。

基础知识

一、通用硅酸盐水泥的定义

通用硅酸盐水泥是指以硅酸盐水泥熟料和适量石膏及规定的混合材料制成的水硬性胶凝材料。

二、通用硅酸盐水泥的分类、组分及材料

1. 分类

根据国家标准《通用硅酸盐水泥》(GB 175—2007)的规定,通用硅酸盐水泥按混合材料的品种和掺量分为硅酸盐水泥、普通硅酸盐水泥、矿渣硅酸盐水泥、火山灰硅酸盐水泥、粉煤灰硅酸盐水泥、复合硅酸盐水泥。

2. 组分

通用硅酸盐水泥的组分应符合表3-1-1规定。

通用硅酸盐水泥的国家标准　　　　表3-1-1

品 种	代号	组　分				
		熟料+石膏	粒化高炉矿渣	火山灰质混合材料	粉煤灰	石灰石
硅酸盐水泥	P·Ⅰ	100	—	—	—	—
	P·Ⅱ	≥95	≤5	—	—	—
		≥95	—	—	—	≤5
普通硅酸盐水泥	P·O	≥80且<95	>5且<20			
矿渣硅酸盐水泥	P·S·A	≥50且<80	>20且≤50	—	—	—
	P·S·B	≥30且<50	>50且≤70	—	—	—
火山灰硅酸盐水泥	P·P	≥60且<80	—	>20且≤40	—	—
粉煤灰硅酸盐水泥	P·F	≥60且<80	—	—	>20且≤40	—
复合硅酸盐水泥	P·C	≥50且<80	>20且≤50			

3. 材料

(1) 硅酸盐水泥熟料。硅酸盐水泥熟料是由主要含 CaO、SiO_2、Al_2O_3、Fe_2O_3 的原料,按适当比例磨成细粉烧至部分熔融所得以硅酸钙为主要矿物成分的水硬性胶凝物质。其中硅酸钙矿物含量(质量分数)不小于66%,氧化钙和氧化硅质量比不小于2.0。

(2) 活性混合材料。活性混合材料是符合标准要求的粒化高炉矿渣、粒化高炉矿渣粉、粉煤灰、火山灰质混合材料。

(3) 非活性混合材料。非活性混合材料是活性指标分别低于标准要求的粒化粒化高炉矿渣粉、粉煤灰、火山灰质混合材料;石灰质和砂岩,其中石灰石中的三氧化二铝含量(质量分数)应不大于2.5%。

三、硅酸盐水泥生产工艺概述

1. 硅酸盐水泥生产原料

硅酸盐水泥的生产原料主要是石灰质原料和黏土质原料两类。石灰质原料(如石灰石,白垩,石灰质凝灰岩等)主要提供 CaO,黏土质原料(如黏土、黏土质页岩、黄土等)主要提供 SiO_2、Al_2O_3 以及 Fe_2O_3。有时两种原料化学组成不能满足要求,还要加入少量校正原料(如黄铁矿渣)调整。

2. 硅酸盐水泥生产工艺流程

硅酸盐水泥的生产工艺,概括起来为"两磨一烧",其生产流程图如图3-1-1所示。

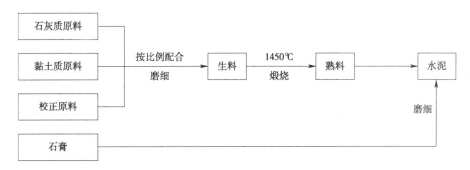

图 3-1-1 水泥生产流程图

四、硅酸盐水泥熟料的矿物组成及其特性

1. 硅酸盐水泥熟料的矿物组成

经过高温煅烧后,CaO、SiO_2、Al_2O_3、Fe_2O_3 四种成分化合为熟料中的主要矿物组成,如表 3-1-2 所示。

硅酸盐水泥熟料矿物组成　　　　　　　　　　　　　　　　表 3-1-2

名　称	化 学 式	简式
硅酸三钙	$3CaO \cdot SiO_2$	C_3S
硅酸二钙	$2CaO \cdot SiO_2$	C_2S
铝酸三钙	$3CaO \cdot Al_2O_3$	C_3A
铁铝酸四钙	$4CaO \cdot Al_2O_3 \cdot Fe_2O_3$	C_4AF

2. 硅酸盐水泥熟料主要矿物组成的特性

硅酸盐水泥熟料主要矿物成分的特性如表 3-1-3 所示。

硅酸盐水泥熟料主要矿物成分的特性　　　　　　　　　　　　表 3-1-3

矿物组成	与水反应速度	水化热	对强度的作用		耐化学侵蚀	干缩性
			早期	后期		
硅酸三钙 C_3S	中	中	良	良	中	中
硅酸二钙 C_2S	慢	低	差	优	良	小
铝酸三钙 C_3A	快	高	良	中	差	大
铁铝酸四钙 C_4AF	中	中	良	中	优	小

五、硅酸盐水泥的凝结和硬化

1. 硅酸盐水泥的水化

充分水化的水泥浆体中,主要水化产物水化硅酸钙(CSH)凝胶约占 70%,氢氧化钙(CH)结晶约占 20%,钙矾石(AFt)和单硫盐(AFm)约占 7%,其余是未水化的水泥和次要组分。

2. 硅酸盐水泥的凝结和硬化

水泥加水拌和后成为水泥浆,经过一定时间,浆体逐渐失去塑性,进而硬化产生强度,这个物理化学过程,可分成以下四个阶段来描述:

(1)初始反应期:水泥与水接触后立即发生水化反应。初期 C_3S 水化,释放出 $Ca(OH)_2$,立即溶解于溶液中,使其 pH 值增大至 14,浓度达到饱和后,$Ca(OH)_2$ 结晶析出。暴露在水泥颗粒表面的 C_3A 也溶解于水,并与已溶解的石膏反应,生成钙矾石结晶析出。在此阶段

1%左右的水泥产生水化。

(2)诱导期:在初始反应期后,水泥微粒表面覆盖一层以 CSH 凝胶为主的渗透膜,使水化反应缓慢进行。这期间生成的水化产物数量不多,水泥颗粒仍然分散,水泥浆体基本保持塑性。

(3)凝结期:由于渗透压的作用,包裹在水泥微粒表面的渗透膜破裂,水泥微粒进一步水化,除继续生成 $Ca(OH)_2$ 及钙矾石外,还生成了大量 CSH 凝胶。水化产物不断填充了水泥颗粒之间的空隙,随着接触点的增多,结构趋向密实,使水泥浆逐渐失去塑性。

(4)硬化期:凝结期后,水泥继续水化。水化铝酸钙和水化铁酸钙也开始形成,硅酸钙继续进行水化。水化生成物以凝胶与结晶状态进一步填充孔隙,水泥浆体逐渐产生强度,进入硬化阶段。只要温度、湿度合适,而且无外界腐蚀,水泥强度在几年甚至几十年还会继续增长。

六、通用硅酸盐水泥的包装、标志、运输与储存

1. 包装

水泥可以散装或袋装,袋装水泥每袋净含量为 50kg,且应不小于标志质量的 99%,随机抽样 20 袋,总含量(含包装袋)应不少于 1000kg。其他包装形式由供需双方确定,但有关袋装质量要求,应符合上述规定,水泥包装应符合水泥包装袋的规定。

2. 标志

水泥包装袋上应清楚表明:执行标准、水泥品种、代号、强度等级、生产者名称、生产许可证标志(QS)及编号、出厂编号、包装日期、净含量。包装袋两侧应根据水泥的品种采用不同的颜色印刷水泥名称和强度等级,硅酸盐水泥和普通硅酸盐水泥采用红色,矿渣硅酸盐水泥采用绿色;火山灰硅酸盐水泥、粉煤灰硅酸盐水泥和复合硅酸盐水泥采用黑色或蓝色。

3. 运输与储存

水泥在运输与储存时不得受潮和混入杂物,不同品种和强度的水泥在储运中避免混杂。

七、通用硅酸盐水泥的合格品与不合格品

凡检验结果符合不溶物、烧失量、三氧化硫、氧化镁、氯离子的化学指标、凝结时间、安定性、强度技术中的规定为合格品。

凡检验结果不符合不溶物、烧失量、三氧化硫、氧化镁、氯离子的化学指标、凝结时间、安定性、强度技术中的任何一项技术要求为不合格品。

八、常用硅酸盐水泥的适用范围

在《公路水泥混凝土路面施工技术细则》(JTG/T F30—2014)中规定:极重、特重、重交通荷载等级公路面层水泥混凝土应采用旋窑生产的道路硅酸盐水泥、硅酸盐水泥、普通硅酸盐水泥,中、轻交通荷载等级公路面层水泥混凝土可采用矿渣硅酸盐水泥,高温期施工宜采用普通型水泥,低温期施工宜采用早强型水泥。

九、水泥细度

1. 定义

水泥细度是表示水泥被磨细的程度或水泥分散度的指标。

2. 工程意义

水泥颗粒越细,水泥与水起反应的面积越大,水化越充分,水化速度越快,凝结硬化越

快,水泥的早期强度越高。但在空气中硬化收缩性较大,混凝土发生裂缝的可能性增加。此外水泥细度越细则成本越高,为充分发挥水泥熟料的活性,改善水泥性能,同时考虑能耗的合理分配,因此,对水泥的细度必须予以合理控制。

3. 水泥细度的测定方法

水泥细度的测定方法有筛析法和比表面积法两种方法。硅酸盐水泥和普通硅酸盐水泥的细度以比表面积表示,其比表面积不小于$300m^2/kg$;矿渣硅酸盐水泥、火山灰硅酸盐水泥、粉煤灰硅酸盐水泥和复合硅酸盐水泥的细度以筛余表示,其$80\mu m$方孔筛筛余不大于10%或$45\mu m$方孔筛筛余不大于30%。

十、技术要求

国家标准《通用硅酸盐水泥》(GB 175—2007)中对通用硅酸盐水泥的细度及化学指标要求见表3-1-4。

通用硅酸盐水泥化学指标要求　　　　　　　　　　　　　表3-1-4

品　种	代号	不溶物 (质量分数)	烧失量 (质量分数)	三氧化硫 (质量分数)	氧化镁 (质量分数)	氯离子 (质量分数)
硅酸盐水泥	P·I	≤0.75	≤3.0	≤3.5	≤5.0[①]	≤0.06[③]
	P·II	≤1.50	≤3.5			
普通硅酸盐水泥	P·O	—	≤5.0			
矿渣硅酸盐水泥	P·S·A	—	—	≤4.0	≤6.0[②]	
	P·S·B	—	—		—	
火山灰硅酸盐水泥	P·P	—	—	≤3.5	≤6.0[②]	
粉煤灰硅酸盐水泥	P·F	—	—			
复合硅酸盐水泥	P·C	—	—			

注:①如果水泥压蒸试验合格,则水泥中氧化镁的含量(质量分数)允许放宽至6.0%。
②当水泥中氧化镁的含量(质量分数)大于6.0%时,需进行水泥压蒸安定性试验并合格。
③当有更低要求时,该指标由买卖双方确定。

我国公路行业标准《公路水泥混凝土路面施工技术细则》(JTG/T F30—2014)中对水泥质量要求如表3-1-5和表3-1-6所示。

各交通荷载等级公路面层水泥混凝土的成分要求　　　　　表3-1-5

项次	水泥成分	极重、特重、重交通荷载等级	中、轻交通荷载等级
1	熟料游离氧化钙含量(%)≤	1.0	1.8
2	氧化镁含量(%)≤	5.0	6.0
3	铁铝酸四钙含量(%)	15.0~20.0	12.0~20.0
4	铝酸三钙含量(%)	7.0	9.0
5	三氧化硫含量(%)	3.5	4.0
6	碱含量 $Na_2O+0.658K_2O$ (%)≤	0.6	怀疑集料有碱活性时,0.6; 无碱活性时,1.0
7	氯离子含量(%)≤	0.06	0.06
8	混合材种类	不得掺窑灰、煤矸石、煤渣、有抗盐冻要求时不得掺石灰岩粉	不得掺窑灰、煤矸石、煤渣、有抗盐冻要求时不得掺石灰岩粉

各交通荷载等级公路面层水泥混凝土用水泥的物理指标要求　　　　表 3-1-6

项次	水泥物理性能	极重、特重、重交通荷载等级	中、轻交通荷载等级
1	比表面积（m²/kg）	300～450	300～450
2	细度（80μm 筛余）（%）≤	10.0	10.0
3	出磨时安定性	雷氏夹和蒸煮法检验均必须合格	蒸煮法检验必须合格
4	凝结时间（h）	初凝时间 ≥	1.5
		终凝时间 ≤	10
5	标准稠度需水量（%）≤	28.0	30.0
6	28d 干缩率（%）≤	0.09	0.10
7	耐磨性（kg/m²）≤	2.5	3.0

 技能实训

水泥细度试验——80μm 筛筛析法（T 0502—2005）

一、试验依据

《公路工程水泥及水泥混凝土试验规程》（JTG E30—2005）。

二、试验目的和适用范围

本方法适用于硅酸盐水泥、普通硅酸盐水泥、矿渣硅酸盐水泥、火山灰硅酸盐水泥、复合硅酸盐水泥、道路硅酸盐水泥以及指定采用本方法的其他品种水泥。

三、仪器设备

（1）负压筛析仪：负压可调范围为 4000～6000Pa。

（2）其他：天平（感量不大于 0.05g）、0.9mm 方孔筛等。

四、试验步骤

（1）水泥样品充分拌匀，过 0.9mm 筛，调节负压，如图 3-1-2 所示。

过0.9mm方孔筛　　　　　调节负压4000～6000Pa

图 3-1-2　负压筛法试验步骤一

（2）称取试样，如图 3-1-3 所示。

称取水泥试样25g　　　置于负压筛中，筛析2min　　　称量筛余物质量

图 3-1-3　负压筛法试验步骤二

五、成果整理

1. 计算公式

（1）水泥试样筛余百分数 F 按下式计算，计算至 0.1%。

$$F = \frac{R_S}{m} \times 100\% \tag{3-1-1}$$

式中：R_S——水泥筛余物的质量，g；

　　　m——水泥试样的质量，g。

（2）筛余结果的修正，修正系数计算至 0.01。

为使试验结果可比，应采用试验筛修正系数方法来修正上述计算结果。修正系数 C 按式（3-1-2）计算：

$$C = \frac{F_N}{F_t} \tag{3-1-2}$$

式中：F_N——标准样品的筛余标准值，%；

　　　F_t——标准样品在试验筛上的筛余值，%。

（3）水泥试样筛余百分数结果修正按式（3-1-3）计算：

$$F_C = CF \tag{3-1-3}$$

式中：F_C——水泥试样修正后的筛余百分数，%；

　　　C——试验筛修正系数；

　　　F——水泥试样修正前的筛余百分数，%。

2. 精密度和允许差

合格评定时，每个样品应称取两个试样分别筛析，取筛余平均值为筛析结果。若两次筛余结果绝对误差大于 0.5%时（筛余值大于 5.0%时可放至 1.0%），应再做一次试验，取两次相近结果的算术平均值为最终结果。

3. 试验记录表格（表 3-1-7）

水泥细度试验记录表（负压筛法）　　　　表 3-1-7

试验次数	筛析用试样质量（g）	筛余质量（g）	筛余百分数（%）	平均值（%）
1	25	0.63	2.5	2.3
2	25	0.61	2.4	
结论	水泥细度的筛余量≤10%，符合技术标准要求			

六、注意事项

（1）水泥样品应充分拌匀，通过 0.9mm 方孔筛，记录筛余物情况，要防止过筛时混进其他水泥。

（2）筛析试验前，应把负压筛放在筛座上，盖上筛盖，接通电源，检查控制系统，调节负压至 4000～6000Pa 范围内。

（3）当工作负压小于 4000Pa 时，应清理吸尘器内水泥，使负压恢复正常。

（4）试验筛必须经常保持洁净，筛孔通畅。如其筛孔被水泥堵塞影响筛余量时，可用弱酸浸泡，用毛刷轻轻地刷洗，用淡水冲净、晾干。

（5）负压筛法与水筛法测定结果发生争议时，以负压筛法为准。

（6）修正系数 C 在 0.80～1.20 范围内时，试验筛可继续使用，C 可作为结果修正系数；当 C 值超出 0.80～1.20 范围时，试验筛应淘汰。

巩固提升

1. 水泥属于什么材料？硅酸盐水泥生产原料是什么？
2. 什么是活性混合材料？什么是非活性混合材料？
3. 硅酸盐水泥熟料的矿物组成有哪些？
4. 什么是通用硅酸盐水泥？
5. 水泥细度试验有几种方法？如果发生争议以哪种方法为准？
6. 什么是硅酸盐水泥熟料？

学习活动2　水泥标准稠度用水量试验

 学习目标

1. 能描述水泥标准稠度用水量的概念及工程意义和测定的常用方法；
2. 能选择并使用水泥净浆搅拌机、维卡仪、天平、量筒、铲子等仪器设备；
3. 能按照水泥试验规程进行水泥标准稠度用水量试验操作；
4. 能整理试验数据并评定结果。

 情境导入

水泥标准稠度用水量的高低影响混凝土的施工性能，水泥的标准稠度用水量大，会降低混凝土强度，增加混凝土干缩产生裂纹的可能性，降低混凝土的抗渗性和耐久性。而水泥的标准稠度用水量也直接影响到水泥的凝结时间和体积安定性的测定，因此要严格检验水泥标准稠度用水量。

基础知识

一、水泥标准稠度用水量

1. 定义

水泥标准稠度用水量是以试杆沉入净浆并距底板 6mm±1mm 时的稠度为标准稠度，此时的用水量称为标准稠度用水量。

2. 工程意义

水泥的标准用水量，对水泥的强度有很大的影响。水泥的用水量过多，凝结时间会延长，安定性不符合国家标准，水泥强度会降低；水泥的用水量少，亦将影响水泥的其他性能，所以必须控制水泥的标准稠度用水量，使水泥的凝结时间和安定性的测定结果具有结果可比性。

3. 水泥标准稠度用水量的测定方法

测定方法有标准法（试杆法）和代用法（试锥法），代用法又有调整水量法和不变水量法两种方法，发生争议时以标准法为准。

二、试验原理

水泥标准稠度净浆对标准试杆（或试锥）的沉入具有一定阻力。通过试验不同含水率水泥净浆的穿透性，以确定水泥标准稠度净浆中所需加入的水量。

三、试验条件

试验室的温度为20℃±2℃,相对湿度应不低于50%,水泥试样、拌和水、仪器和用具的温度应与试验室内室温一致。

四、技术要求

《公路水泥混凝土路面施工技术细则》(JTG/T F30—2014)中对水泥标准稠度用水量的要求见表3-1-6。

技能实训

水泥标准稠度用水量试验——标准法(GB/T 1346—2011)

一、试验依据

《水泥标准稠度用水量、凝结时间、安定性检验方法》(GB/T 1346—2011)。

二、试验目的和适用范围

本方法适用于硅酸盐水泥、普通硅酸盐水泥、矿渣硅酸盐水泥、火山灰硅酸盐水泥、复合硅酸盐水泥、道路硅酸盐水泥以及指定采用本方法的其他品种水泥。

三、仪器设备

(1)净浆搅拌机,如图3-2-1所示。
(2)维卡仪:滑动部分总质量为300g±1g,如图3-2-2所示。
(3)其他:天平(称量1000g,感量1g)、玻璃板(直径为100mm、厚度为4~5mm)、直边刀(宽约25mm)等。

图3-2-1 净浆搅拌机　　　　图3-2-2 维卡仪

四、试验准备

(1)试样准备。水泥样品应充分拌匀,通过0.9mm方孔筛,记录筛余物情况,要防止过筛时混进其他水泥。试模放在玻璃板前,玻璃板上抹上一层黄油,如图3-2-3所示。
(2)检查仪器,如图3-2-4所示。

过0.9mm筛　　　　　　玻璃板涂油

图3-2-3 试样准备

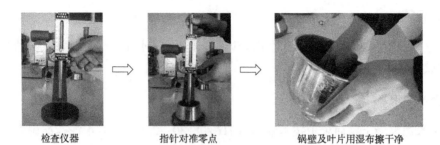

图 3-2-4　检查仪器

五、试验步骤

（1）拌制水泥净浆，过程如图 3-2-5 所示。

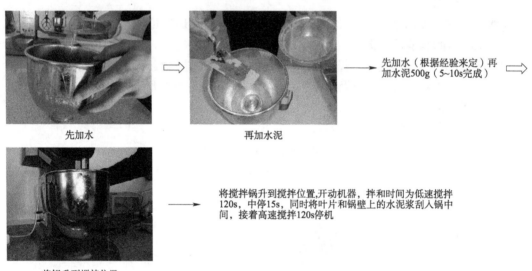

图 3-2-5　拌制水泥净浆过程

（2）装模。拌和结束后，立即取适量水泥浆一次性将其装入已置于玻璃底板上的试模中，浆体超过试模上端，用宽约 25mm 直边刀轻轻拍打超出试模部分的浆体 5 次以排除浆体中的孔隙，然后在试模上表面约 1/3 处，略倾斜于试模分别向外轻轻锯掉多余净浆，再从试模边沿轻抹顶部一次，使净浆表面光滑，如图 3-2-6 所示。

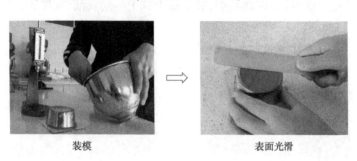

图 3-2-6　装模

(3)测定。迅速将试模和底板移到维卡仪上,并将其中心定在试杆下,降低试杆至水泥净浆表面后,拧紧螺钉1~2s,突然放松,使试杆垂直自由地沉入水泥净浆中。在试杆停止沉入或释放试杆30s时,记录试杆距底板之间的距离,升起试杆后,立即擦净;整个操作应在搅拌后1.5min内完成。如图3-2-7所示。

(4)读数。以试杆沉入净浆并距底板6mm±1mm的水泥净浆为标准稠度净浆,其拌和水量为该水泥的标准稠度用水量(P),按水泥质量的百分比计。如图3-2-8所示。

图3-2-7 测定　　　　图3-2-8 读数

六、成果整理

1.计算公式

水泥标准稠度用水量P按式(3-2-1)计算,按水泥质量百分比计。

$$P = \frac{W}{M} \times 100\% \tag{3-2-1}$$

式中:W——用水量,g;

M——水泥用量,g。

2.精密度和允许差

以两次平行试验结果的算术平均值作为测定值。

3.试验记录表格(表3-2-1)

水泥标准稠度用水量试验记录　　　　　　　　　　　表3-2-1

试验次数	水泥用量(g)	用水量(mL)	试杆距底板的距离(mm)	标准稠度用水量(%)	平均值(%)
1	500	139	6	27.8	27.8
2	500	138.5	6	27.7	
结论	水泥标准稠度用水量为27.8%,符合技术标准要求				

七、注意事项

(1)试验用水应是洁净的饮用水,如有争议时应以蒸馏水为准。

(2)在锯掉多余净浆和抹平的操作过程中,注意不要压实净浆。

(3)水泥样品应充分拌匀,通过0.9mm方孔筛,记录筛余物情况,要防止过筛时混进其他水泥。

(4)试模放在玻璃板前,玻璃板上抹上一层黄油。

巩固提升

1.为什么测水泥标准稠度用水量?

2.水泥标准稠度用水量有几种方法?如果发生争议以哪种方法为准?

3. 水泥标准稠度用水量测定前必须做哪些准备工作？
4. 水泥标准稠度用水量试验中，对试验室的温度和湿度有什么要求？
5. 水泥标准稠度用水量检测试杆距离玻璃板小于5mm或大于7mm时该怎么办？

学习活动3　水泥凝结时间试验

学习目标

1. 能描述水泥凝结时间（初凝时间、终凝时间）的概念、工程意义和测定的常用方法；
2. 能选择并使用水泥净浆搅拌机、维卡仪、天平、铲子、养护箱等仪器设备；
3. 能按照水泥试验规程进行水泥凝结时间试验；
4. 能整理试验数据并评定结果。

情境导入

在公路施工中，水泥材料的凝结时间对水泥混凝土的施工有重要意义。初凝时间太短，将影响混凝土拌和料的运输、浇筑和振捣等工序的操作。终凝时间太长，会影响施工进度。因此，要准确测定水泥的凝结时间以指导施工。

基础知识

一、水泥凝结时间

水泥凝结时间是指水泥从加水开始到水泥浆失去可塑性所需的时间。凝结时间分为初凝时间和终凝时间。初凝时间是指水泥从加水开始到水泥浆开始失去可塑性所需的时间；终凝时间是指水泥从加水开始到水泥浆完全失去可塑性所需的时间。

二、试验原理

凝结时间以试针沉入水泥标准稠度净浆至一定深度所需的时间表示。水和水泥混合后，从最初的可塑状态逐渐成为不可塑状态要经历一定时间，水泥的凝结时间就是时间长短的一种定量的表示方法。它以标准试针沉入水泥标准稠度净浆达到一定深度所需的时间表示，并分为初凝时间和终凝时间。

三、试验条件

试验室的温度为20℃±2℃，相对湿度应不低于50%，水泥试样、拌和水、仪器和用具的温度应与试验室内室温一致，湿气养护箱的温度为20℃±1℃，相对湿度不低于90%。

四、技术要求

（1）按《水泥标准稠度用水量、凝结时间、安定性检验方法》（GB/T 1346—2011）的规定，硅酸盐水泥初凝不小于45min，终凝不大于390min；普通硅酸盐水泥、矿渣硅酸盐水泥、火山灰硅酸盐水泥、粉煤灰硅酸盐水泥、复合硅酸盐水泥初凝不小于45min，终凝不大于600min。

（2）各交通荷载等级公路面层水泥混凝土用水泥的物理指标应符合表3-1-6的规定。

（3）根据《公路路面基层施工技术细则》（JTG/T F20—2015）的规定，所用水泥初凝时间应大于3h,终凝时间应大于6h且小于10h。

技能实训

水泥凝结时间试验(GB/T 1346—2011)

一、试验依据

《水泥标准稠度用水量、凝结时间、安定性检验方法》(GB/T 1346—2011)。

二、试验目的和适用范围

本方法适用于硅酸盐水泥、普通硅酸盐水泥、矿渣硅酸盐水泥、火山灰硅酸盐水泥、复合硅酸盐水泥、道路硅酸盐水泥以及指定采用本方法的其他品种水泥。

三、仪器设备

(1)水泥净浆搅拌机。

(2)维卡仪滑动部分总质量为300g±1g。

(3)湿气养护箱:温度控制在20℃±1℃,相对湿度不低于90%。

(4)天平、试针(初凝、终凝)、铲子、毛刷、玻璃板等。

四、试验步骤

1.调整仪器,拌制水泥净浆,装模(图3-3-1)

以标准稠度用水量制成标准稠度净浆,装模和刮平后,立即放入养护箱中,记录水泥全部加入水中时的时间作为凝结时间的起始时间。

指针对准标尺零点　　　装模、轻轻拍打、刮平　　　放入湿气养护箱

图3-3-1　调整仪器,拌制水泥净浆,装模

2.初凝时间的测定(图3-3-2)

试件在湿气养护箱中养护至加水后30min时进行第一次测定,取出试模放到试针下,降低试针与净浆表面接触。拧紧螺钉1~2s后,突然放松,试针垂直自由地沉入水泥净浆。观察试针停止下沉或释放30s时指针的读数。临近初凝时,每隔5min(或更短时间)测定一次,当试针沉至距底板4mm±1mm时为水泥达到初凝状态,由水泥全部加入水中至初凝状态的时间为水泥的初凝时间,用分(min)表示。在整个测试过程中试针沉入的位置至少要距试模内壁10mm。

3.终凝时间的测定(图3-3-3)

为了准确观测试针沉入的状态,在终凝针上安装了一个环形附件。在完成初凝时间测定后,立即将试模连同浆体以平移的方式从玻璃板取下,翻转180°,直径大端向上、小端向下放在玻璃板上,再放入湿气养护箱中继续养护。临近终凝时每隔15min(或更短时间)测定一次。当试针沉入试体0.5mm时,即环形附件开始不能在试体上留下痕迹时,为水泥达到终凝状态。由水泥全部加入水中至终凝状态的时间为水泥的终凝时间,用分(min)来表示。

 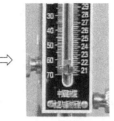  

　第一次测定　　　　　　读数　　　　　　　放入湿气养护箱　　　　　试针沉入试件0.5mm

　　　图 3-3-2　初凝时间的测定　　　　　　　　图 3-3-3　终凝时间的测定

五、成果整理

试验记录表格见表 3-3-1。

水泥凝结时间试验记录　　　　　　表 3-3-1

试样编号	起始时间	试针距底板4mm±1mm时的时间	试针沉入试体0.5mm时的时间
1	10:30	13:50	15:30
2	10:40	13:55	15:35
结论	符合技术标准要求		

六、注意事项

（1）试验用水应是洁净的饮用水，如有争议时应以蒸馏水为准。

（2）测定时注意，在最初测定的操作时，应轻轻扶持金属柱，使其徐徐下降，以防试针撞弯，但结果以自由下落为准。

（3）临近初凝时，每隔 5min（或更短时间）测定一次，临近终凝时每隔 15min（或更短时间）测定一次，到达初凝时应立即重复一次，当两次结论相同时才能确定到达初凝状态。到达终凝时，需要在试体另外两个不同点测试，确认结论相同才能确定到达终凝状态。

（4）每次测定不能让试针落入原针孔位置，每次测试完毕将试针擦净并将试模放回湿气养护箱内，整个测试过程要防止试模受振。

（5）可以使用能得出与标准中规定方法相同结果的凝结时间自动测定仪，有矛盾时以标准规定方法为准。

巩固提升

1. 什么是水泥的凝结时间？
2. 凝结时间是从什么时间开始计时？
3. 什么是水泥的初凝时间和终凝时间？
4. 在水泥凝结时间试验操作时，对湿气养护箱的温度和湿度是怎样规定的？
5. 水泥的凝结时间对施工有什么影响？
6. 在水泥凝结时间试验操作中应注意什么？

学习活动 4　水泥体积安定性试验

学习目标

1. 能描述水泥体积安定性的概念、工程意义和测定的常用方法；

2. 能选择并使用水泥净浆搅拌机、雷氏夹膨胀值测定仪、养护箱等仪器设备;
3. 能按照水泥试验规程进行水泥体积安定性试验;
4. 能整理试验数据并评定结果。

 情境导入

在公路施工中,水泥在凝结硬化过程中都发生体积变化,若变化是在凝结硬化过程中,则对构造物的质量影响并不严重,若在混凝土硬化后,而产生不均匀的体积变化,将会影响构造物的强度,甚至引起破坏,造成工程质量事故。因此,工地试验室要严格检验水泥安定性指标。

 基础知识

一、水泥体积安定性

1. 定义

水泥体积安定性是指表征水泥硬化后体积变化均匀性的物理性能指标。

2. 工程意义

水泥浆在凝结硬化过程中体积变化不均匀,会导致水泥石出现翘曲变形、开裂等现象,即体积安定性不良。体积安定性不良的水泥,会使结构物产生开裂,降低工程质量,影响结构物的正常使用。

3. 水泥体积安定性的测定方法

测定方法有标准法(雷氏法)和代用法(试饼法),发生争议时以标准法为准。

4. 影响水泥体积安定性的因素

影响水泥体积安定性的因素有熟料中游离氧化钙含量、游离氧化镁含量以及水泥中三氧化硫含量。

二、试验条件

试验室的温度为20℃±2℃,相对湿度应不低于50%;水泥试样、拌和水、仪器和用具的温度应与试验室内室温一致;湿气养护箱的温度为20℃±1℃,相对湿度不低于90%。

三、技术要求

各交通荷载等级公路面层水泥混凝土用水泥的物理指标应符合表3-1-6的规定。

 技能实训

水泥体积安定性试验——标准法(GB/T 1346—2011)

一、试验依据

《水泥标准稠度用水量、凝结时间、安定性检验方法》(GB/T 1346—2011)。

二、试验目的和适用范围

本方法适用于硅酸盐水泥、普通硅酸盐水泥、矿渣硅酸盐水泥、火山灰硅酸盐水泥、复合硅酸盐水泥、道路硅酸盐水泥以及指定采用本方法的其他品种水泥。

三、仪器设备

(1)雷氏夹(自然状态下雷氏夹两根指针间距离为10mm±1mm)。

(2)沸煮箱。

(3)雷氏夹膨胀值测定仪。

(4)净浆搅拌机、维卡仪、量筒、湿气养护箱、玻璃板(边长约80mm、厚度为4~5mm)等。

四、试验步骤

(1)检查雷氏夹、玻璃板涂油,如图3-4-1所示。检查雷氏夹指针针尖的增加距离应在17.5mm±2.5mm范围内。

检查雷氏夹指针针尖增加距离　　玻璃板和雷氏夹涂油

图3-4-1　检查雷氏夹,玻璃板涂油

注:有些油会影响凝结时间,矿物油比较合适。

(2)雷氏夹试件的成型,如图3-4-2所示。

将已经制好的标准稠度净浆一次装满雷氏夹,装浆时一只手轻轻扶持雷氏夹,另一只手用25mm直边刀在浆体表面轻轻插捣3次,抹平

图3-4-2　装模

(3)试件养护,如图3-4-3所示。

盖上涂油的玻璃板　　养护

盖上稍涂油的玻璃板,接着立即将试件移至湿汽养护箱养护24h±2h

图3-4-3　试件养护

(4)沸煮,如图3-4-4所示。

(5)取出试件、测煮后读数,如图3-4-5所示。

五、成果整理

1.结果评定

测量雷氏夹指针尖端的距离 C,精确到0.5mm,当两个试件煮后增加距离($C-A$)的平均值不大于5.0mm时,即认为该水泥安定性合格;当两个试件煮后增加距离($C-A$)的平均值大于5.0mm时,应用同一样品立即重做一次试验。以复检结果为准。

调整水位

调整好沸煮箱水位内的水位,使能保证在整个沸煮过程中都超过试件,不需中途添补试验用水,同时又能保证在30min±5min内升至沸腾

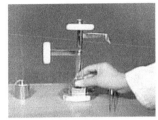
测煮前读数(A)

脱去玻璃板取下试件,先测量雷氏夹指针尖端的距离(A),精确到0.5mm

试件放入架上

加热恒沸

试件放在试架上,指针朝上,在30min±5min内加热至沸并恒沸180min±5min

图 3-4-4 雷氏夹沸煮过程

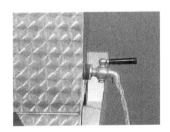
放掉热水,打开箱盖,冷却室温

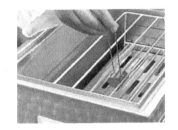
取出试件进行判别

测煮后读数(C)

图 3-4-5 取出试件,测煮后读数

2.试验记录表格(表3-4-1)

水泥体积安定性试验记录(标准法) 表3-4-1

试样标号	沸煮后试针指针尖端间距 C(mm)	沸煮前试针指针尖端间距 A(mm)	试件煮后增加距离 $(C-A)$(mm)
1	11.0	10.5	0.5
2	10.5	10.0	0.5
结论	两个试件煮后增加距离($C-A$)的平均值不大于5.0mm,水泥安定性合格,符合技术标准要求		

六、注意事项

(1)试验用水应是洁净的饮用水,如有争议时应以蒸馏水为准。

(2)雷氏法是观测由两个试针的相对位移所指示的水泥标准稠度净浆体积膨胀的程度,

为标准法;试饼法是观测水泥标准稠度净浆试饼的外形变化程度,为代用法。当雷氏法和试饼法试验结果有争议时,以雷氏法结果为准。

(3)在雷氏夹沸煮过程中,要避免雷氏夹指针相互交叉,以免对试验结果造成不必要的影响。

 巩固提升

1. 什么是水泥体积安定性?
2. 如何评定水泥体积安定性合格?
3. 水泥体积安定性试验有几种方法?发生争议时以什么方法为准?
4. 测得水泥体积安定性不合格时,对工程会造成什么危害?
5. 水泥体积安定性试验中,沸煮试件加热至沸并恒沸多长时间?

学习活动5　水泥胶砂强度试验

 学习目标

1. 能描述水泥胶砂强度的概念、工程意义和测定的常用方法;
2. 能选择并使用水泥胶砂搅拌机,振实台,抗折、抗压试验机等仪器设备;
3. 能按照水泥试验规程进行水泥胶砂强度试验;
4. 能整理试验数据并评定结果。

 情境导入

在公路施工中,水泥胶砂强度既是评定水泥质量好坏的一个重要指标,又是水泥混凝土配合比设计的重要依据,强度不足的水泥用在混凝土中会使路面产生开裂、断板、沉陷、错台等病害。因此,要严格控制水泥的胶砂强度。

 基础知识

一、水泥胶砂强度

1. 定义

水泥胶砂强度是指水泥胶砂试件单位面积上所能承受的最大外力。

2. 工程意义

水泥强度直接反应水泥的质量水平和使用价值。水泥的强度与组成水泥的矿物成分,颗粒细度,硬化时的温度、湿度以及水泥中加水的比例等因素有关。水泥强度是确定水泥等级的指标,也是选用水泥的主要依据。根据不同的需要,就制成了各个等级质量不同的产品。

二、强度试件的龄期确定

试件龄期是从水泥和水搅拌开始算起,不同龄期强度试验按照不同的时间限定范围来确定。

时间限定范围有 $24h \pm 15min$,$48h \pm 30min$,$72h \pm 45min$,$7d \pm 2h$,$\geqslant 28d \pm 8h$ 五种。

三、水泥强度等级

(1)硅酸盐水泥的强度等级分为42.5、42.5R、52.5、52.5R、62.5、62.5R六个等级。

（2）普通硅酸盐水泥的强度等级分为42.5、42.5R、52.5、52.5R四个等级。

（3）矿渣硅酸盐水泥、火山灰硅酸盐水泥、粉煤灰硅酸盐水泥、复合硅酸盐水泥的强度等级分为32.5、32.5R、42.5、42.5R、52.5、52.5R六个等级。

四、试验条件

试验室的温度为20℃±2℃，相对湿度大于50%；水泥试样、ISO砂、拌和水及试模等的温度应与室温一致；湿气养护箱的温度为20℃±1℃，相对湿度大于90%。

五、技术要求

（1）水泥强度为32.5或42.5，且满足《公路路面基层施工技术细则》（TJG/T F20—2015）要求的普通硅酸盐水泥均可以使用。

（2）国标《通用硅酸盐水泥》（GB 175—2007）、《公路水泥混凝土路面施工技术细则》（JTG/T F30—2014）中，对水泥强度的要求如表3-5-1和表3-5-2所示。

不同品种不同强度等级的通用硅酸盐水泥在不同龄期的强度要求　　表3-5-1

品　　种	强度等级	抗压强度		抗折强度	
		3d	28d	3d	28d
硅酸盐水泥	42.5	≥17.0	≥42.5	≥3.5	≥6.5
	42.5R	≥22.0		≥4.0	
	52.5	≥23.0	≥52.5	≥4.0	≥7.0
	52.5R	≥27.0		≥5.0	
	62.5	≥28.0	≥62.5	≥5.0	≥8.0
	62.5R	≥32.0		≥5.5	
普通硅酸盐水泥	42.5	≥17.0	≥42.5	≥3.5	≥6.5
	42.5R	≥22.0		≥4.0	
	52.5	≥23.0	≥52.5	≥4.0	≥7.0
	52.5R	≥27.0		≥5.0	
矿渣硅酸盐水泥、火山灰硅酸盐水泥、粉煤灰硅酸盐水泥、复合硅酸盐水泥	32.5	≥10.0	≥32.5	≥2.5	≥5.5
	32.5R	≥15.0		≥3.5	
	42.5	≥15.0	≥42.5	≥3.5	≥6.5
	42.5R	≥19.0		≥4.0	
	52.5	≥21.0	≥52.5	≥4.0	≥7.0
	52.5R	≥23.0		≥4.5	

面层水泥混凝土用水泥各龄期的实测强度值　　表3-5-2

混凝土设计弯拉强度标准值（MPa）	5.5		5.0		4.5		4.0	
龄期（d）	3	28	3	28	3	28	3	28
水泥实测抗折强度（MPa）≥	5.0	8.0	4.5	7.0	4.0	7.0	3.0	6.5
水泥实测抗压强度（MPa）≥	23.0	52.5	17.0	42.5	17.0	42.5	10.0	32.5

注：本栏也适用于设计弯拉强度为6.0MPa的纤维混凝土。

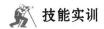 **技能实训**

水泥胶砂强度试验——ISO 法（T 0506—2005）

一、试验依据

《公路工程水泥及水泥混凝土试验规程》（JTG E30—2005）。

二、试验目的和适用范围

用水泥胶砂强度来评定水泥的强度等级。检测水泥的强度（水泥胶砂的强度愈高，承受荷载的能力愈强，胶结能力愈大）。

水泥胶砂强度试验适用于硅酸盐水泥、普通硅酸盐水泥、矿渣硅酸盐水泥、粉煤灰硅酸盐水泥、复合硅酸盐水泥、道路硅酸盐水泥以及石灰石硅酸盐水泥的抗折与抗压强度检验。采用其他水泥时必须研究本方法的适用性。

三、仪器设备

(1) 水泥胶砂搅拌机，如图 3-5-1 所示。
(2) 水泥胶砂振动台，如图 3-5-2 所示。
(3) 抗压试验机（具有 2400N/s±200N/s 速率的加荷能力）、抗折试验机，如图 3-5-3 所示。
(4) 其他：试模、大小播料器、抗压夹具、湿气养护箱、浅盘、天平、烧杯、铲子、ISO 标准砂等。

图 3-5-1 胶砂搅拌机

图 3-5-2 胶砂振动台

图 3-5-3 抗压试验仪、抗折试验机

四、试验步骤

(1) 成型前擦净试模涂黄油，称取试样，将锅升到搅拌位置，如图 3-5-4 所示。

擦净试模涂黄油

称取水泥450g±2g、砂1350g±5g、水225mL±1mL

锅壁用湿布擦净

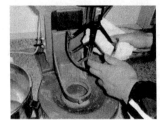
叶片用湿布擦净

先加入水

再加入水泥

图 3-5-4 试验准备步骤

(2)拌制水泥胶砂,如图3-5-5所示。把锅上升至固定位置,低速搅拌30s→第二个30s加砂→高速搅拌30s→停机90s(第一个15s将胶砂刮入锅中)→高速60s→停机。

将锅升至固定位置

装砂

图3-5-5　拌制水泥胶砂过程

(3)试件成型,如图3-5-6所示。

试模放在振动台上　　装模分两层,用大小播料器播平　　分别振动60次

取下试模,用直尺近似90°横向切割　　移动至另一端　　用直尺近似水平将试件表面抹平

图3-5-6　试件成型

(4)试件养护,如图3-5-7所示。

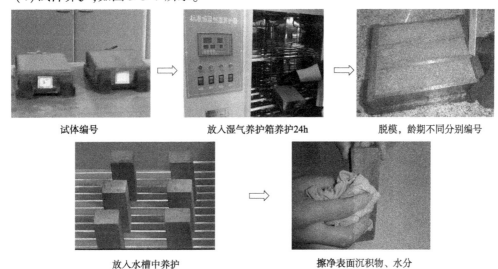

试体编号　　放入湿气养护箱养护24h　　脱模,龄期不同分别编号

放入水槽中养护　　擦净表面沉积物、水分

图3-5-7　试件养护

注:试件之间的间隙和试体上表面的水深不得小于5mm,每个养护池中只能养护同类水泥试件,并应随时加水,保持恒定水位,不允许养护期间全部换水。

(5)测试件抗折强度,如图3-5-8所示。试件放入前杠杆呈水平状态,试体侧面放在试验机内。开动试验机至折断,读数。杠杆在试件折断时尽可能地接近水平位置,抗折试验加载速度为50N/s±10N/s,直至折断,并保持两个半截棱柱试件处于潮湿状态直至开始抗压试验。

将试件放入抗折试验机　　　　　　　　试件折断

图3-5-8　测试件抗折强度

(6)测试件抗压强度,如图3-5-9所示。抗折后的断块应立即对其进行抗压强度。抗压试验须用抗压夹具进行,试件受压面为试件成型时的两个侧面,面积为40mm×40mm。试验前应清除试件受压面与加压板间的砂粒或杂物。试件的底面靠紧夹具定位销断块试件应对准抗压夹具中心,并使夹具对准压力机压板中心,半截棱柱体中心与压路机压板中心差应在±0.5mm内,棱柱体露在压板外的部分约有10mm。

折断后的试体侧面放入抗压夹具　　开动试验机至试件破坏　　读取抗压强度的破坏荷载

图3-5-9　测试件抗压强度

压力机加荷速度应控制在2400N/s±200N/s速率范围内,在接近破坏时更应严格掌握。

五、成果整理

1.计算公式

(1)抗折强度R_f按式(3-5-1)计算,精确至0.1MPa。

$$R_f = \frac{1.5F_t L}{b^3} \tag{3-5-1}$$

式中:F_t——折断时施加于棱柱体中部的荷载,N;
　　L——支撑圆柱之间的距离,100mm;
　　b——棱柱体正方形截面的边长,40^3mm。

(2)抗压强度R_c按式(3-5-2)计算,精确至0.1MPa。

$$R_c = \frac{F_c}{A} \tag{3-5-2}$$

式中:F_c——破坏时的最大荷载,N;

A——受压部分面积,mm^2($40mm \times 40mm = 1600mm^2$)。

2. 结果评定

抗折强度测定以一组三个棱柱体抗折结果的平均值作为试验结果。当3个强度值中有超出平均值±10%时,应剔除后再取平均值作为抗折强度试验结果。

抗压强度结果为一组6个断块试件抗压强度的算术平均值,精确至0.1MPa。如果6个强度值中有一个值超过平均值的±10%,应剔除后以剩下的5个值的算术平均值作为最后结果。如果5个值中再有超过平均值±的10%,则此组试件无效。以28d的抗压强度作为强度等级。

3. 试验记录表格(表3-5-3)

水泥胶砂强度试验记录(ISO法)　　　　　　　　　　　　表3-5-3

试件龄期(d)	抗折强度		抗压试验		
	单块值(MPa)	平均值(MPa)	破坏荷载(kN)	单块值(MPa)	平均值(MPa)
3	5.3	5.7	53.9	33.7	33.3
			56.6	35.4	
	5.9		54.4	34.0	
			55.2	34.5	
	5.9		50.1	31.3	
			49.6	31.0	
28	8.6	9.1	103.4	64.6	63.3
			103.4	64.6	
	9.8		105.7	66.0	
			104.2	65.1	
	9.0		95.2	59.5	
			95.9	59.9	
结论	水泥强度等级为62.5 MPa,符合技术标准要求				

六、注意事项

(1)试验用水必须是洁净的淡水,如有争议时可用蒸馏水。

(2)如经24h养护,会因脱模对强度造成损害时,可以延迟至24h以后脱模,但在试验报告中应予说明。

(3)进行抗压试验时,要选择适宜的加载量程,以达到的最大加载值在所选量程的20%~80%之间为宜。

(4)试验室空气温度和相对湿度及养护池水温在工作期间每天至少记录1次。

(5)养护箱或雾室的温度与相对湿度至少每4h记录1次,在自动控制的情况下记录次数可以酌减至一天记录2次。在温度给定范围内,控制所设定的温度应为此范围中值。

巩固提升

1. 水泥胶砂强度试验中,水泥、标准砂、水的配比是多少?
2. 水泥胶砂搅拌程序是什么?
3. 水泥胶砂试模的尺寸是多少?单位用什么表示?
4. 为什么抗折强度、抗压强度测定受力面均为侧面?
5. 水泥胶砂强度试验中,对试验室温度、湿度有什么要求?
6. 对水泥胶砂的抗折强度、抗压强度结果如何处理?

学习任务4 沥青试验

> **任务目标**
> 1. 能描述沥青实训室的安全操作制度；
> 2. 能描述沥青试验在公路施工中的作用；
> 3. 能根据任务要求，列出所需仪器和材料清单；
> 4. 能严格按照沥青试验规程进行试验操作。

任务描述

以沥青作为胶结材料的沥青路面是我国最主要的路面结构形式。沥青路面所用沥青标号应根据气候条件和沥青混合料类型、公路等级、交通性质、路面类型、施工方法以及当地使用经验等因素，经技术论证后确定。本学习任务通过对沥青的针入度、延度、软化点等指标进行检测，了解和掌握沥青材料的黏滞性、延性、热稳定性等性质，为沥青路面的施工提供依据。

学习活动1 沥青针入度试验

学习目标

1. 能描述沥青的定义、分类、组成、胶体结构的基本知识；
2. 能描述沥青针入度概念、测定的工程意义及测定的目的；
3. 能正确选择并使用烘箱、针入度仪、恒温水浴等仪器设备；
4. 能按照沥青试验规程进行针入度试验；
5. 能整理试验数据并评定结果。

情境导入

在某高速公路工程施工中，路面水泥稳定砂砾基层已通过质量验收，施工单位对沥青混凝土路面面层施工准备打了申请报告。检测人员应对各原材料进行质量检测，沥青作为沥青路面的结合料应具有一定的黏结力。测定道路石油沥青黏结力，采用针入度指标，并以针入度作为划分道路石油沥青标号的主要依据。

基础知识

一、定义

沥青材料是由一些极其复杂的高分子的碳氢化合物和这些碳氢化合物的非金属(氧、硫、氮)的衍生物所组成的混合物。在常温下，沥青呈黑色或黑褐色的固态、半固态或液态。

二、分类

按产源不同划分成经地质开采加工后得到的地沥青和通过化学工业加工制造获得的焦油沥青。其中地沥青又分为地质直接开采的天然沥青和开采石油后经各种炼制工艺加工而得的石油沥青;焦油沥青分为煤沥青(煤经干馏所得的煤焦油,经再加工后得到)和页岩沥青等(页岩炼油工业的副产品)。

由于石油沥青产量大,是目前道路工程中最主要的沥青品种,所以在本学习任务中均指石油沥青。

三、石油沥青的组成

沥青的组分分析是按规定方法将沥青试样分离成若干个组成成分的化学分析方法。

《公路工程沥青及沥青混合料试验规程》(JTG E20—2011)规定有三组分和四组分两种分析法。

(1)按三组分分析法将石油沥青分离为油分、树脂和沥青质。

(2)按四组分分析法将石油沥青分离为饱和分、芳香分、胶质和沥青质。

沥青质和胶质分的含量高,其针入度值较小(稠度较高),软化点较高;饱和分含量高,其针入度值较大(稠度较低),软化点较低;芳香分含量,对针入度、软化点无影响,但极性芳香分含量高,对其黏附性有利;胶质分对其延度贡献较大。

除了上述四种组分之外,在饱和分和芳香分中还存在着另一个需要重视的成分——蜡分。沥青中蜡的存在,在高温时会使沥青容易发软,导致沥青路面高温稳定性差,出现车辙;在低温时会使沥青变得脆硬,导致沥青路面低温抗裂性降低,出现裂缝;会使沥青与石料黏附性降低,在水分的作用下,路面石子与沥青产生剥落现象,造成路面破坏;更严重的是,会使沥青路面的抗滑性能降低,影响路面的行车安全。所以要对沥青含蜡量严格控制。

四、胶体结构

(1)溶胶型结构,PI(针入度指数) < -2。

(2)溶—凝胶型结构,PI 介于 -2 ~ +2(大多数优质沥青)。

(3)凝胶型结构,PI > +2。

胶体结构是根据沥青中各组分的化学组成和相含量的不同形成的。为工程使用方便,通常采用针入度指数 PI 值来划分胶体结构类型。

五、沥青的技术性质——**黏滞性**(黏性)

黏滞性是反映沥青材料内部阻碍沥青粒子产生相对流动的能力,用黏度表示黏性划分,如图 4-1-1 所示。

1.针入度定义

针入度是指在规定温度和时间内,附加一定质量的标准针垂直贯入沥青试样的深度,以 0.1mm 表示。

标准试验条件下规定温度为 25℃,荷重为 100g,贯入时间为 5s。其中,荷重 100g 是指针和针连杆($50g \pm 0.05g$)及附加砝码($50g \pm 0.05g$)总质量为 $100g \pm 0.05g$。

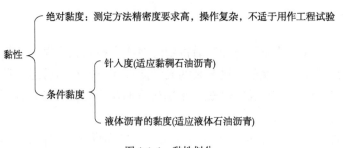

图 4-1-1　黏性划分

2．表示方法

$P(25℃,100g,5s)$。

3．表征意义

沥青的针入度值愈大,表示沥青的黏度愈小。针入度是目前我国黏稠石油沥青的分级指标。

沥青标号：一般取针入度的平均值。例如：90 号沥青,针入度范围为 $80\sim100(0.1mm)$。

六、技术要求

我国《公路沥青路面施工技术规范》(JTG F40—2004) 中对沥青有如下规定,见表 4-1-1～表 4-1-7。

不同等级的道路石油沥青适用范围　　　　表 4-1-1

沥青等级	A 级沥青	各个等级的公路,适用于任何场合和层次
	B 级沥青	1．高速公路、一级公路沥青下面层及以下的层次,二级及二级以下公路的各个层次; 2．用做改性沥青、乳化沥青、改性乳化沥青、稀释沥青的基质沥青
	C 级沥青	三级及三级以下公路的各个层次

高温分区指标（一级区划分为 3 个区）　　　　表 4-1-2

高温气候区	1	2	3
气候区名称	夏炎热区	夏热区	夏凉区
最热月平均最高气温(℃)	>30	20～30	<20

低温分区指标（二级区划分为 4 个区）　　　　表 4-1-3

低温气候区	1	2	3	4
气候区名称	冬严寒区	冬寒区	冬冷区	冬温区
极端最低气温(℃)	<-37.0	-37.0～-21.5	-21.5～-9.0	>-9.0

雨量分区指标（三级区划分为 4 个区）　　　　表 4-1-4

雨量气候区	1	2	3	4
气候区名称	潮湿区	湿润区	半干区	干旱区
年降雨量(mm)	>1000	500～1000	250～500	<250

沥青路面温度分区由高温和低温组合而成。第一个数字代表高温分区,第二个数字代表低温分区,数字越小表示气候因素越严重。

道路石油沥青技术要求

表 4-1-5

指标	单位	等级	160号	130号	110号			90号					70号					50号	30号
针入度(25℃,100g,5s)	0.1mm		140~200	120~140	100~120			80~100					60~80					40~60	20~40
适用的气候分区					2-1	2-2	3-2	1-1	1-2	1-3	2-2	2-3	1-3	1-4	2-2	2-3	2-4	1-4	
软化点(R&B)不小于	℃	A	38	40	43	43	43	45	45	42	44	44	46	46	45	45	43	49	55
		B	36	39	42	42	42	43	43	42	43	43	44	44	43	43	42	46	53
		C	35	37	41	41	41	42	42	42	42	42	43	43	43	43	43	45	50
10℃延度不小于	cm	A						45	30	20	20	20	15	15	25	20	15	15	10
		B	50	50	40	40	40	30	30	20	20	20	15	15	20	20	15	10	8
15℃延度不小于	cm	A						100											
		B																	
		C	80	80	60	60	60	50	50	50	50	50	40	40	40	40	40	30	20

注:1. 30号沥青仅适用于沥青稳定基层。
2. 130号和160号沥青除寒冷地区可直接在中低级公路上直接应用外,通常用作乳化沥青、稀释沥青、改性沥青的基质沥青。
3. 经建设单位同意,表中10℃延度可作为选择性指标,也可不作为施工质量检验指标。
4. 70号沥青可根据需要要求供应商提供针入度范围为60~70或70~80或50号沥青可要求提供针入度范围为40~50或50~60的沥青。

沥青路面温度分区   表4-1-6

气候区名		最热月平均最高气温(℃)	年极端最低气温(℃)	备注
1-1	夏炎热冬严寒	>30	<-37.0	
1-2	夏炎热冬寒		-37.0~-21.5	
1-3	夏炎热冬冷		-21.5~-9.0	
1-4	夏炎热冬温		>-9.0	
2-1	夏热冬严寒	20~30	<-37.0	
2-2	夏热冬寒		-37.0~-21.5	
2-3	夏热冬冷		-21.5~-9.0	
2-4	夏热冬温		>-9.0	
3-1	夏凉冬严寒	<20	<-37.0	不存在
3-2	夏凉冬寒		-37.0~-21.5	
3-3	夏凉冬冷		-21.5~-9.0	不存在
3-4	夏凉冬温		>-9.0	不存在

温度和雨量组成的气候分区   表4-1-7

气候区名		温度(℃)		雨量(mm)
		最热月平均最高气温(℃)	年极端最低气温(℃)	年降雨量(mm)
1-1-4	夏炎热冬严寒干旱	>30	<-37.0	<250
1-2-2	夏炎热冬寒湿润	>30	-37.0~-21.5	500~1000
1-2-3	夏炎热冬寒半干	>30	-37.0~-21.5	250~500
1-2-4	夏炎热冬寒干旱	>30	-37.0~-21.5	<250
1-3-1	夏炎热冬冷潮湿	>30	-21.5~-9.0	>1000
1-3-2	夏炎热冬冷湿润	>30	-21.5~-9.0	500~1000
1-3-3	夏炎热冬冷半干	>30	-21.5~-9.0	250~500
1-3-4	夏炎热冬冷干旱	>30	-21.5~-9.0	<250
1-4-1	夏炎热冬温潮湿	>30	>-9.0	>1000
1-4-2	夏炎热冬温湿热	>30	>-9.0	500~1000
2-1-2	夏热冬严寒湿润	20~30	<-37.0	500~1000
2-1-3	夏热冬严寒半干	20~30	<-37.0	250~500
2-1-4	夏热冬严寒干旱	20~30	<-37.0	<250
2-2-1	夏热冬寒潮湿	20~30	-37.0~-21.5	>1000
2-2-2	夏热冬寒湿润	20~30	-37.0~-21.5	500~1000
2-2-3	夏热冬寒半干	20~30	-37.0~-21.5	250~500
2-2-4	夏热冬寒干旱	20~30	-37.0~-21.5	<250
2-3-1	夏热冬冷潮湿	20~30	-21.5~-9.0	>1000
2-3-2	夏热冬冷湿润	20~30	-21.5~-9.0	500~1000
2-3-3	夏热冬冷半干	20~30	-21.5~-9.0	250~500
2-3-4	夏热冬冷干旱	20~30	-21.5~-9.0	<250
2-4-1	夏热冬温潮湿	20~30	>-9.0	>1000
2-4-2	夏热冬温湿润	20~30	>-9.0	500~1000
2-4-3	夏热冬温半干	20~30	>-9.0	250~500
3-2-1	夏凉冬寒潮湿	<20	-37.0~-21.5	>1000
3-2-2	夏热冬寒湿润	<20	-37.0~-21.5	500~1000

沥青针入度试验（T 0604—2011）

一、试验依据
《公路工程沥青及沥青混合料试验规程》（JTG E20—2011）。

二、试验目的和适用范围
测定沥青的针入度，以评价道路黏稠石油沥青的黏滞性，并确定沥青标号。

三、仪器设备
(1) 针入度仪（图4-1-2）、标准针（针及针杆总质量2.5g±0.05g）、盛样皿。

(2) 恒温水浴（控温准确度为0.1℃）。

(3) 其他：烘箱、瓷把坩埚、电炉或砂浴、0.6mm筛、石棉网、秒表、盛样皿盖、温度计、三氯乙烯等。

图4-1-2 针入度仪

四、试验准备
1. 仪器调试

(1) 调整针入度仪使之水平。

(2) 检查针连杆和导轨，以确认无水和其他外来物，无明显摩擦。

(3) 将标准针插入针连杆，用螺钉固紧。

2. 准备试样

(1) 加热、浇模（深度应超过预计针入度值10mm），如图4-1-3所示。

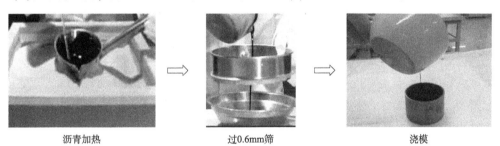

沥青加热　　　过0.6mm筛　　　浇模

图4-1-3 沥青加热、浇模

沥青试样加热方法如下：

①有试样的盛样器带盖放入恒温烘箱中，当石油沥青试样中含有水分时，烘箱温度宜为80℃左右，加热至沥青全部熔化后供脱水用。当石油沥青中无水分时，烘箱温度宜为软化点温度以上90℃，通常为135℃左右。沥青试样不得直接采用电炉或煤气炉明火加热。

②石油沥青试样中含有水分时，将盛样器皿放在可控温的砂浴、油浴、电热套上加热脱水，不得已采用电炉、煤气炉加热脱水时必须加放石棉垫。时间不超过30min，并用玻璃棒轻轻搅拌，防止局部过热。在沥青温度不超过100℃的条件下，仔细脱水至无泡沫为止，最后的加热温度不超过软化点以上100℃（石油沥青）或50℃（煤沥青）。

③沥青应尽量减少重复加热取样。用于质量仲裁检验的样品，重复加热的次数不得超过2次。

(2) 冷却（加盖表面皿），如图4-1-4所示。

15～30℃室温中冷却 { 不少于1.5h(小盛样皿:内径55mm,深35mm,适用针入度小于200)
不少于2h(大盛样皿:内径70mm,深45mm,适用于针入度200~350)
不少于3h(特殊盛样皿:深度不小于60mm,容积不小于125mL) }

图4-1-4 冷却

(3)保温,如图4-1-5所示。

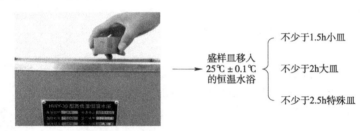

盛样皿移入25℃±0.1℃的恒温水浴 { 不少于1.5h小皿
不少于2h大皿
不少于2.5h特殊皿 }

图4-1-5 保温

五、试验步骤

(1)调节试针。将试样从恒温水浴取出,移入平底玻璃皿中,试样表面以上水深不少于10mm(水温为25℃±0.1℃),调节标准针与试样表面接触,如图4-1-6所示。

取出试样　　　　　　　调节试针

图4-1-6 取出试样、调节试针

(2)针入度测定,步骤如图4-1-7所示。

按"试验"试针下沉5s记录读数

各测试点之间及点及与盛样皿边缘的距离≥10mm

针入度>200时,至少用3支标准针

图4-1-7 针入度测定步骤

六、成果整理

1.精密度和允许差

(1)同一试样3次平行试验结果的最大值和最小值之差在表4-1-8所列允许偏差范围时计算3次试验结果的平均值,取至整数作为结果。

(2)当试验结果小于50(0.1mm)时,重复性试验的允许误差为2(0.1mm),再现性试验的允许误差为4(0.1mm)。

(3)当试验结果等于或大于50(0.1mm)时,重复性试验的允许误差为平均值的4%,再现性试验的允许误差为平均值的8%。

试验结果允许误差 表4-1-8

针入度数值(0.1mm)	允许误差(0.1mm)	针入度数值(0.1mm)	允许误差(0.1mm)
0~49	2	150~249	12
50~149	4	250~500	20

重复性试验:指短期内,在同一试验室由同一个试验人员,采用同一仪器对同一试样完成2次以上的试验操作,所得试验结果之间的误差应不超过规定的允许差。

再现性试验:指在2个以上不同的试验室,由各自的试验人员采用各自的试验仪器,按相同的试验方法对同一试样分别完成试验操作。

2.试验记录表格(表4-1-9)

沥青针入度试验记录(平行试验) 表4-1-9

样品编号	试验温度 ℃	试验时间 (s)	试验荷重 (g)	针入度读数 (0.1mm)			针入度平均值 (0.1mm)
				第一次 针入度(0.1mm)	第二次 针入度(0.1mm)	第三次 针入度(0.1mm)	
(1)	(2)	(3)	(4)	(5)	(6)	(7)	(8)
1	25	5	100	85	86	85	85
结论	该90号黏稠石油沥青满足标号技术要求(80~100,0.1mm)						

七、注意事项

(1)过滤后不等冷却立即一次将试样灌入盛样皿中。

(2)要定期检验标准针,在每次试验时,均应用三氯乙烯擦拭标准针。

(3)试验时一定要让标准针刚接触试样表面。

(4)将沥青试样注入试皿时,不应留有气泡。若有气泡,说明混入了空气,可挑破气泡或用明火将其消掉,以免影响结果的正确性。

(5)取、换针动作要快。

(6)试验应换一根干净的标准针或将标准针取下用蘸有三氯乙烯溶剂的棉花或布揩净,再用干棉花或布擦干。

(7)重复性和再现性试验只有在需要时(仲裁)才做。重复性试验是对试验人员的操作水平、取样代表性的检验,再现性则同时检验设备的性能,通过这两种试验,检验试验结果的法定效果,如试验结果不符合精确度要求时,试验结果则无效。

(8)除液体沥青、乳化沥青外,所有需加热的沥青试样必须存放在密封带盖的金属容器中,严谨灌入纸袋、塑料袋中存放。试样应存放在阴凉干净处,注意防止试样被污染。装有试样的盛样器加盖、密封好并擦拭干净后,应在盛样器上(不得在盖上),标出识别标记,如试样来源、品种、取样日期、地点及取样人。

巩固提升

1.标准试针的质量要求是什么?

2.测定针入度时,如何保证试针与试样表面完全接触?

3. 沥青加热的温度要求有哪些？
4. 标准针重复使用不清洗会影响试验结果吗？
5. 沥青的存放有哪些注意事项？

学习活动 2　沥青延度试验

学习目标

1. 能描述沥青延度概念、测定的工程意义及测定的目的；
2. 能正确选择烘箱、延度试验仪、恒温水浴等仪器设备；
3. 能按照沥青试验规程进行延度试验；
4. 能整理试验数据并评定结果。

情境导入

在某高速公路工程施工中，路面水泥稳定砂砾基层已通过质量验收，施工单位对沥青混凝土路面面层施工进行准备，检测人员应对各原材料进行质量检测。测定道路石油沥青塑性，采用延度指标，延度愈大，塑性愈好。沥青延度对沥青路面的抗裂性能有着重要影响。

基础知识

一、石油沥青的技术性质——塑性

塑性是指沥青材料受到外力拉伸作用时，所能承受的塑性变形的总能力，以延度作为条件延性的表征指标。

二、延度的定义

延度是指将沥青试样制成 8 字形标准试件，采用延度仪，在规定拉伸速度和规定温度下拉断时的长度，单位为厘米（cm）。

规定条件为：试验温度有 25℃、15℃、10℃ 或 5℃；拉伸速度有 5cm/min ± 0.25 cm/min、1cm/min ± 0.05 cm/min（低温）两种。

三、延度的表示方法

$D(T,v)$。其中，T 为试验温度，v 为拉伸速度。

四、测定延度的意义

沥青延度与其流变特性、胶体结构和化学组分等有着密切的关系。研究表明：

（1）随着沥青胶体结构发育成熟度的提高，含蜡量的增加，以及饱和蜡和芳香蜡的比例增大等，都会使沥青的延度值相对降低。

（2）沥青延度越大，其塑性变形越大，有利于低温变形。

五、技术要求

《公路沥青路面施工技术规范》（JTG F40—2004），见表 4-1-2 ~ 表 4-1-7。

沥青延度试验(T 0605—2011)

一、试验依据
《公路工程沥青及沥青混合料试验规程》(JTG E20—2011)。

二、试验目的和适用范围
测定沥青的延度,可以评价黏稠沥青的塑性变形能力。本方法适用于测定道路石油沥青、液体沥青蒸馏和乳化沥青蒸发残留物的延度。

三、仪器设备
(1)延度仪,如图4-2-1所示。
(2)8字形试模:试件长74.5~75.5mm。
(3)温水浴(控温准确度为0.1℃)、坩埚、烘箱、三氯乙烯、砂浴或其他加热炉具、甘油滑石粉隔离剂(甘油与滑石粉的质量比2:1)、平刮刀、石棉网、酒精、食盐、温度计等。

图4-2-1 延度仪

四、试验准备
(1)试样、试模准备,如图4-2-2所示。

砂浴加热沥青

过0.6mm筛

8字形试模底板、侧模涂隔离剂

图4-2-2 试样、试模准备

(2)浇模、冷却,如图4-2-3所示。

自试模的一端至另一端往返数次
缓缓注入(略高出试模,不得空气混入)

室温冷却不少于1.5h

图4-2-3 浇模、冷却

(3)刮平、保温,如图4-2-4所示。

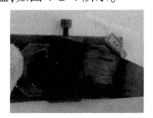
热刮刀刮平(模的中间刮向两端)

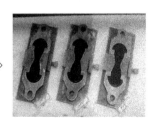
规定温度水槽中保温1.5h

图4-2-4 刮平、保温

五、试验步骤

(1)安置试样,如图 4-2-5 所示。

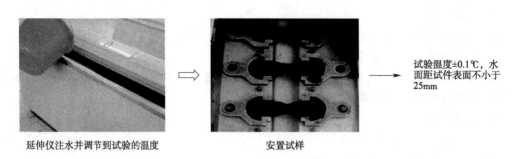

图 4-2-5　安置试样

(2)试样拉伸,如图 4-2-6 所示。开动延度仪,以 1cm/min 或 5cm/min 的速度开始拉伸,此时应注意,在试验过程中水温应始终保持在试验温度规定范围内,且仪器不得有振动,水面不得有晃动,当水槽采用循环水时,应暂时中断循环,停止水流。在试验中,如发现沥青丝浮于水面应加入酒精;沉入槽底应加入食盐以调整水与试样的密度相近后,重新试验。拉断时记录读数,即延度值,以厘米(cm)表示。在正常情况下,试件延伸时应成锥尖状,拉断时实际断面接近于零。如不能得到这种结果,则应在报告中注明。

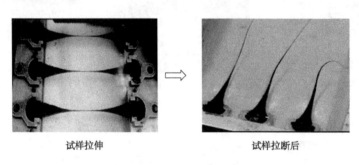

图 4-2-6　试样拉伸

六、成果整理

1. 精密度和允许差

(1)同一试样每次平行试验不少于 3 次,如 3 次的测定结果均大于 100cm 时,试验结果记作">100cm";特殊需要时,也可分别记录实测值。

(2)如 3 个测定结果中,有一个以上的测定值小于 100cm 时,若最大值或最小值与平均值之差满足重复性试验精密度和允许差,则取 3 个测定结果的平均值的整数作为延度试验结果,若平均值大于 100cm,记作">100cm"。

(3)当最大值或最小值与平均值之差不符合重复性试验精密度和允许差时,试验应重新进行。

(4)当试验结果小于 100cm 时,重复性试验的允许差为平均值的 20%,复现性试验的允许差为平均值的 30%。

2. 试验记录表格

沥青延度试验记录表(平行性试验)见表 4-2-1。

沥青延度试验记录表(平行试验) 表 4-2-1

样品编号	试验温度(℃)	试验速度(cm/min)	延度 (cm)				拉伸情况描述
			试样1	试样2	试样2	平均值	
①	②	③	④	⑤	⑥	⑦	⑧
1	10	1	48	47	45	47	无沉入、上浮
结论	该90号黏稠石油沥青满足A级1-1气候分区10℃延度技术要求						

七、注意事项

（1）隔离剂应按要求配制，以免试样取不下来。在试模底部涂隔离剂不宜太多，以免占用试样部分体积，冷却后造成试样断面不合格，影响试验结果。

（2）玻璃板上涂抹隔离剂时用玻璃棒滚匀。

（3）刮模时刮刀不要太热，要用力均匀，尤其是试模中部，不应有低凹现象。

（4）恒温时严格注意时间控制。

（5）正常情况下，试件延伸时应成锥尖状，拉断时实际断面接近于零。如不符合，应在报告中注明。

 巩固提升

1. 沥青试样注入8字形试模时应注意些什么？
2. 沥青试样在拉伸过程中出现沥青丝上浮或下沉时该怎样处理？
3. 低温拉伸的温度、速度要求是多少？
4. 延度是反应沥青的什么性质？
5. 延度试件如何进行修平？

学习活动3　沥青软化点试验

 学习目标

1. 能描述沥青软化点概念、测定的工程意义及测定的目的；
2. 能选择并使用烘箱、软化点试验仪、恒温水浴等仪器设备；
3. 能按照沥青试验规程进行软化点试验；
4. 能整理试验数据并评定结果。

 情境导入

在某高速公路工程施工中，路面水泥稳定砂砾基层已通过质量验收，施工单位对沥青混凝土路面面层施工进行准备，检测人员应对各原材料进行质量检测。测定道路石油沥青的高温稳定性，采用软化点指标，沥青软化点越高，沥青的温度稳定性越好。

基础知识

一、石油沥青的技术性质——高温敏感性

高温敏感性就是指沥青的黏性和塑性随温度升高而变化的性能。在升高过程中，沥青材料由固态或半固态逐渐软化成黏流状态。在工程施工和使用中为保证沥青不致由于温度

升高而产生流动的状态,常常采用软化点来表示沥青的高温敏感性。

二、软化点定义

软化点是沥青材料由固体状态变为具有一定流动状态时的温度间隔的87.21%。《公路工程沥青及沥青混合料试验规程》(JTG E20—2011)规定:软化点是沥青试样在规定尺寸的金属环内,上置规定尺寸和质量的钢球,放入水或甘油中,以规定速度加热,当沥青试样受热后,逐渐软化至钢球使试样下垂达规定距离(25.4mm)时的温度,单位为摄氏度为(℃),表示符号为SP(或TR&B)。

三、测定方法

我国现行试验方法要求采用环球法,如图4-3-1所示。注意:初始温度为5℃±0.5℃,加热速度为5℃±0.5℃/min。

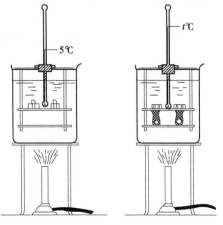

图4-3-1 环球法示意图

四、软化点的意义

沥青软化点越高,沥青的温度稳定性越好。针入度是在规定温度下测定沥青的条件黏度,软化点则是沥青达到规定条件黏度时的温度。因此,软化点既是反映沥青材料温度稳定性的一项指标,又是沥青黏度的一种量度。

五、技术要求

《公路沥青路面施工技术规范》(JTG F40—2004),见表4-1-2~表4-1-7。

技能实训

沥青软化点试验(T 0606—2011)

一、试验依据

《公路工程沥青及沥青混合料试验规程》(JTG E20—2011)。

二、试验目的和适用范围

测定沥青的软化点,可以评定黏稠沥青的热稳定性。

三、仪器设备

(1)软化点测定仪,如图4-3-2所示。

(2)金属支架(环下部距下层底板25.4mm)、钢球定位环、试样环、钢球(3.5g±0.05g)。

(3)其他:瓷把坩埚、烘箱、三氯乙烯、恒温水浴(控温准确度±0.5℃)、砂浴或其他加热炉具、平直刮刀、甘油滑石粉隔离剂(甘油与滑石粉的质量比为2∶1)、温度计、石棉网等。

四、试验准备

(1)沥青加热、过筛准备,如图4-3-3所示。

(2)浇模、刮平,如图4-3-4所示。

图4-3-2 软化点仪

图 4-3-3　沥青加热、过筛

图 4-3-4　浇模、刮平步骤

五、试验步骤

1. 试样软化点在 80℃ 以下时

(1) 保温,如图 4-3-5 所示。

(2) 安置试样、调节水位,如图 4-3-6 所示。烧杯内注入新煮沸并冷却至 5℃ 的蒸馏水 (略低于标记),将试样、定位环放置环架后调整水位(环架上不得附有气泡),保持水温为 5℃±0.5℃。

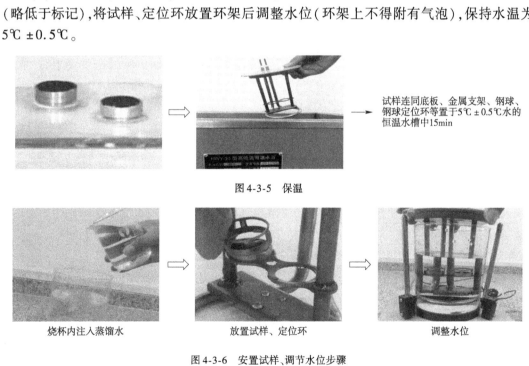

图 4-3-5　保温

图 4-3-6　安置试样、调节水位步骤

(3) 放置钢球、加热,如图 4-3-7 所示。

(4) 观察、记录,如图 4-3-8 所示。

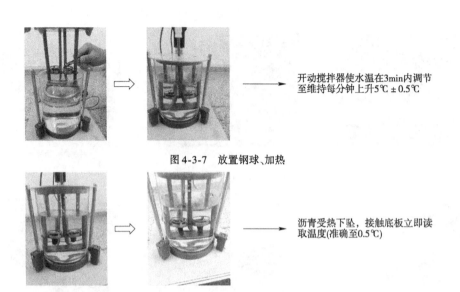

图 4-3-7　放置钢球、加热

图 4-3-8　观察、记录

2. 试样软化点在 80℃以上时

烧杯内注入 32℃的甘油进行试验(方法同上),接触底板读取温度(准确至 1℃)。如软化点高于 120℃,试样环和底板均应加热至 80～100℃。

六、成果整理

1. 精密度和允许差

(1)当试样软化点小于 80℃时,重复性试验的允许差为 1℃,再现性试验的允许差为 4℃。

(2)当试样软化点等于大于 80℃时,重复性试验的允许差为 2℃,再现性试验的允许差为 8℃。

(3)同一试样平行试验两次,当两次测定值的差值符合重复性试验精密度要求时,取其平均值作为软化点试验结果,准确至 0.5℃。

2. 试验记录表格(表 4-3-1)

沥青软化点试验记录(平行试验)　　　　　　表 4-3-1

试验次数	室内温度(℃)	烧杯内液体种类	开始加热液体温度(℃)	烧杯中液体在下列各分钟末温度上升记录(℃)										试样下垂与下层底板接触时温度(℃)	软化点(℃)
				1	2	3	4	5	6	7	8	9	10		
1	20	蒸馏水	5	5.0	5.5	5.0	5.0	5.5	5.0	4.5	5.0	5.0	4.5	48.5	49.0
2	20	蒸馏水	5	5.0	5.5	5.0	5.0	5.5	5.0	4.5	5.0	5.0	4.5	49.5	
结论				该 90 号黏稠石油沥青满足 A 级软化点技术要求(不小于 45℃)											

七、注意事项

(1)沥青加热脱水应控制温度并进行搅拌,以防溢锅。

(2)刮平试样时,应将环夹夹紧试样环,稍加热刮刀即可修样。使用过程中,每次加热前要保持刮刀擦干净后再上炉加热。

(3)试样水中恒温时,连支架、定位环、钢球一起在水中恒温。

(4)底板涂抹隔离剂不宜过多。

(5)恒温时若水温上升大于 5℃时,可往水中加入冰块,进行降温。

(6)环架周围不得附有气泡,以免对沥青产生浮力。
(7)加热时的温度上升速度为5℃/min±0.5℃/min,若超出此范围时应重做试验。
(8)钢球放置应居中,以免影响试验结果。
(9)不得已采用电炉加热时必须放石棉网。
(10)采用甘油测定时,应预先将甘油加热至32℃。

巩固提升

1. 什么是沥青的三大指标?沥青的三大指标各反映沥青的什么技术性质?
2. 软化点测定中,对钢球的规格、加热升温速度的要求是什么?
3. 沥青加热应注意哪些问题?
4. 软化点测定的介质怎样选定(水或甘油)?
5. 蒸馏水及甘油作为介质时,起始温度各是多少?
6. 恒温水浴控温的准确度是多少?

学习任务5　钢筋试验

> **任务目标**
> 1. 能描述力学实训室的安全操作制度；
> 2. 能描述钢筋试验在公路施工中的作用；
> 3. 能根据任务要求，列出所需仪器和材料清单；
> 4. 能严格按照金属材料拉伸或弯曲试验方法进行试验。

任务描述

钢筋和混凝土在建筑工程中已经成为不可分割的一部分，作为整体承受着外力。从材料的物理力学性能来分析，钢筋具有较强的抗拉、抗压强度。由于混凝土的抗拉强度很低，故只考虑混凝土所承受的受压应力，而拉应力则主要由钢筋来承担。本学习任务主要介绍钢筋的拉伸试验和弯曲试验。

学习活动1　钢筋拉伸试验

学习目标

1. 能描述钢筋屈服强度和抗拉强度的概念；
2. 能描述钢筋拉伸试验测定方法；
3. 能选择并使用万能试验机、钢筋标距仪、游标卡尺等仪器设备；
4. 能按照金属材料拉伸试验方法进行钢筋拉伸试验；
5. 能整理试验数据并评定结果。

情境导入

钢材常用于桥梁工程、钢筋混凝土结构中。建筑用钢材通过拉伸试验，测定钢筋的屈服强度、抗拉强度、伸长率、断面收缩率，从而确定其塑性和可加工性能，并显示其缺陷。拉伸试验是检测建筑钢材质量是否合格的一个主要试验项目。

 基础知识

一、钢材的分类

1. 按化学成分分类

按含碳量可分为：

(1) 低碳钢：含碳量小于0.25%。

(2) 中碳钢：含碳量介于0.25%～0.55%之间。

(3)高碳钢:含碳量大于0.60%。

合金钢为改善钢的性能,在钢中特意加入某些合金元素(如锰、硅、钒、钛等),按合金元素的含量可分为:

(1)低合金钢:合金元素总含量小于5%。
(2)中合金钢:合金元素总含量介于5%~10%之间。
(3)高合金钢:合金元素总含量大于10%。

2. 按杂质含量分类

按钢材化学成分中有害杂质(磷、硫)的含量不同又可划分为:

(1)普通钢:磷含量不大于0.045%,硫含量不大于0.055%。
(2)优质钢:磷含量不大于0.035%~0.040%,硫含量不大于0.040%。

3. 按用途分类

(1)结构钢:用于建筑结构、机械制造等,一般为低碳钢和中碳钢。
(2)工具钢:用于各种工具(如刀具、量具、模具等),一般为高碳钢。
(3)特殊钢:具有某种特殊物理化学性质,如耐酸钢、耐热钢、不锈钢等。

二、建筑钢材的技术性质与技术标准

桥梁建筑所用的钢材和钢筋混凝土中钢筋的技术性质包括强度、塑性、冷弯性能、冲击韧性和硬度等。

1. 强度

钢材在承受抗拉试验时,可绘出拉伸图,即应力—应变图,如图5-1-1所示。从图中可了解到低碳素结构钢的性能指标。

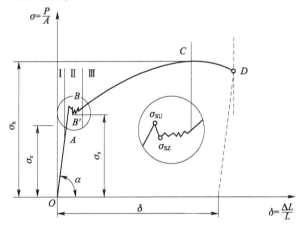

图5-1-1 碳素结构钢的应力—应变图

图5-1-1中的曲线可明显地划分为四个阶段:弹性阶段($O \sim A$),屈服阶段($B_上 \sim B_下$),强化阶段($B \sim C$)和缩颈阶段($C \sim D$)。

(1)弹性阶段OA是一直线,在OA范围内如卸去荷载,试件变形能恢复原状,即呈弹性变形。

(2)屈服阶段A点以后,应力与应变不再成正比关系。这时如卸去外力,试件变形不能完全消失,表明已出现塑性变形。在屈服阶段,锯齿形的最高点$B_上$所对应的应力称为屈服上限,锯齿的最低点$B_下$所对应的应力称为屈服下限。规范规定以$B_下$点对应的应力为屈服点。

屈服强度是指当钢材呈现屈服现象时,在试验期间达到塑性变形而力不增加的应力点,分为上屈服强度和下屈服强度。上屈服强度为试样发生屈服而力首次下降前的最大力值对应的应力;下屈服强度为屈服期间,不计初始瞬时效应时屈服阶段中的最小力值对应的应力。屈服强度在钢筋混凝土结构设计中所用的钢筋标准强度就是以钢筋屈服点为取值根据的。

(3)强化阶段试件在屈服阶段以后,其抵抗塑性变形的能力重新提高,故称为强化阶段,C 点的应力称为抗拉强度,用 R_m 表示。

抗拉强度是指试样在拉断以前所承受的最大负荷所对应的应力,它表示材料在拉力作用于下抵抗破坏的最大能力。即钢筋拉断时的最大力除以试样原始横截面积。

(4)缩颈阶段试件伸长到一定程度后,试件某一段内的横截面面积显著地收缩,出现"颈缩"现象,一直到试件被拉断。

屈服强度和抗拉强度是钢材力学性能的主要检验指标。屈强比是屈服强度和抗拉强度的比值。比值越小,说明在钢材受力超过屈服点工作时的可靠性越大,结构越安全,即延缓结构损坏过程的潜力愈大,但此值太小时,钢材强度的有效利用率低,不够经济。

2. 塑性

塑性是指钢材在受力破坏前可以经受永久变形的性能。在工程中钢材塑性指标通常用伸长率和断面收缩率表示。

(1)断后伸长率。断后伸长率又称延伸率,是指试样拉断后,其标距部分所增加的长度与原标距长度的百分比。

(2)断面收缩率。断面收缩率是试件拉断后缩颈处横断面积的最大缩减量占原横断面积的百分率。

断后伸长率与断面收缩率都反映了钢材的变形性能。断后伸长率与断面收缩率越大,表明钢材塑性越好,钢材越易加工,且易保证质量。

3. 冷弯性能

冷弯性能是钢材在常温条件下承受规定弯曲程度的弯曲变形性能。冷弯与伸长率一样,都是表明钢材在静荷载作用下的塑性。冷弯试验能反映钢材是否存在内部组织不均匀、是否存在内应力与夹杂物等缺陷。

4. 硬度

硬度是指钢材表面局部体积内抵抗更硬物体压入的能力。钢材硬度值越高,表示它抵抗局部塑性变形的能力越大。

5. 冲击韧性

冲击韧性是钢材在瞬间动荷载作用下,抵抗破坏的能力。

钢材的强度、塑性、韧性和硬度是钢材的最基本力学性质。常用的指标是强度和塑性。建筑用钢材主要进行钢材的拉伸及冷弯试验。

三、钢材的技术要求

(1)良好的综合力学性能。
(2)良好的焊接性。
(3)良好的抗蚀性。

四、试验条件

试验一般在 10~35℃的室温下进行。对温度要求严格的试验,试验温度应为 23℃±5℃。

技能实训

钢筋拉伸试验（GB/T 228.1—2010）

一、试验依据

《金属材料 拉伸试验 第1部分：室温试验方法》（GB/T 228.1—2010）。

二、试验目的和适用范围

本试验方法适用于热轧光圆钢筋和热轧带肋钢筋在室温下拉伸性能的测定，即测定钢筋的屈服点、抗拉强度、断后伸长率和断面收缩率，评定钢筋的强度等级。

三、仪器设备

(1) 万能试验机，如图5-1-2所示。

(2) 其他：钢筋标距仪、游标卡尺、钢筋棒、度盘等。

四、试验准备

1. 确定原始标距

通常选定标距长度为 $L_0 = 5d_0$ 或 $L_0 = 10d_0$。公称直径大的钢筋选定短标距，直径小的钢筋选定长标距，可灵活掌握。调节钢筋标距仪的距离，以10mm或5mm的等间距用钢筋标距仪在钢筋试件上标出试件的原始标距。

图5-1-2 万能试验机

2. 确定试样的长度

根据钢筋种类、直径、试验机的有效行程及上、下夹具的长度来确定。

3. 确定原始横截面积 S_0

$$S_0 = \frac{1}{4}\pi d_0^2 \tag{5-1-1}$$

式中：d_0——原始直径，mm。

五、试验步骤

(1) 夹钢筋、开动仪器，如图5-1-3所示。夹具夹紧钢筋，启动开关，缓慢转动送油阀。

夹紧钢筋，注意标距　　　启动油泵　　　缓慢转动送油阀

图5-1-3 拉伸试验步骤一

(2) 试件拉断，如图5-1-4所示。指针停转或第一次回转时，钢筋达到屈服阶段，读取屈服荷载并记录，继续加荷载直至试件拉断，读取最大荷载并记录。

 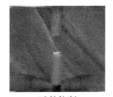 

记录屈服荷载 f_s　　　试件拉断　　　读取最大荷载 f_m

图5-1-4 拉伸试验步骤二

(3)测断后标距长度、断后横截面直径,如图5-1-5所示。

测量断后标距长度L_u　　　　测量断后横截面直径

图 5-1-5　拉伸试验步骤三

六、成果整理

1. 计算公式

(1)断后伸长率 A 的计算式见式(5-1-2)。

$$A = \frac{L_u - L_0}{L_0} \times 100\% \tag{5-1-2}$$

式中:L_u——试样拉断后标距部分的长度,mm;
　　　L_0——试样的原标距长度,mm。

(2)断面收缩率 Z 的计算式见式(5-1-3)。

$$Z = \frac{S_0 - S_u}{S_0} \times 100\% \tag{5-1-3}$$

式中:S_u——试样拉断(颈缩)处的横截面积,mm^2。

(3)屈服强度 R_{eL} 的计算式见式(5-1-4),单位 MPa。

$$R_{eL} = \frac{F_s}{S_0} \tag{5-1-4}$$

式中:F_s——屈服荷载,kN。

(4)抗拉强度 R_m 的计算式见式(5-1-5),单位 MPa。

$$R_m = \frac{F_m}{S_0} \tag{5-1-5}$$

式中:F_m——最大荷载,kN。

2. 试验结果数值修约

(1)强度性能值修约至 1MPa。

(2)断后伸长率修约至 0.5%。

(3)断面收缩率修约至 1%。

3. 试验结果处理

(1)试验出现下列情况之一其试验结果无效,应重做同样数量试样的试验。

①试样断在标距外或断在机械刻画的标距标记上,而且断后伸长率小于规定最小值。

②试验期间设备发生故障,影响了试验结果。

(2)试验后试样出现两个或两个以上的缩颈以及显示出肉眼可见的冶金缺陷(例如分层、气泡夹渣、缩孔等),应在试验记录和报告中注明。

4.试验记录表格(表5-1-1)

钢筋拉伸试验记录　　　　　　　　　　　　　　　　　　　　　　表5-1-1

直径		标距		面积		屈服荷载 F_s (kN)	屈服强度 R_{eL} (MPa)	最大荷载 F_m (kN)	极限强度 F_m (MPa)	断后伸长率 A (%)	断面收缩率 Z (%)
原始直径 d_0 (mm)	断后直径 d_u (mm)	原始标距 L_0 (mm)	断后标距 L_u (mm)	原始面积 S_0 (mm²)	断后面积 S_u (mm²)						
13.54	8.46	140	161.8	143.99	56.21	35.40	246	92.39	642	15.5	61
15.54	9.76	160	197.8	189.67	74.82	75.21	397	132.20	697	23.5	61
结论		试验结果符合规范要求									

七、注意事项

(1)为使加荷能够迅速、均匀的进行,在试棒夹持前,先拧开送油阀使工作活塞上升一小段距离,然后再均匀施加荷载。

(2)加荷之前必须关掉回油阀。

(3)超过屈服点时,加荷速率可稍放大。

(4)带肋钢筋以内径为量测直径。

(5)试验用钢筋试件不得进行车削加工。

巩固提升

1.钢材按用途的不同可划分为哪几种?

2.钢筋的技术性质包括哪些方面?各方面是如何定义的?

3.反映钢材塑性的指标通常有哪两项?各项是如何定义的?

4.什么是屈强比?在工程中有何意义?

5.如何对试验数据进行处理?

学习活动2　钢筋弯曲试验

学习目标

1.能描述钢筋弯曲试验内容;

2.能描述钢筋弯曲试样尺寸规定,支点调整及弯曲装置的选择方法;

3.能选择并使用万能试验机、支辊式弯曲装置等仪器设备;

4.能按照金属材料弯曲试验方法进行钢筋弯曲试验;

5.能整理试验数据并评定结果。

情境导入

钢材质量的好坏直接影响到工程施工质量,钢材常用于桥梁工程、钢筋混凝土结构中。建筑用钢材主要进行钢材的拉伸及冷弯试验,为确定和检验钢材的力学及工艺性能提供依据。钢筋弯曲是钢筋的技术性能之一,也是钢筋的重要指标。该试验是施工现场的必测项目。

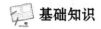 **基础知识**

一、冷弯性能

冷弯性能是钢材在常温条件下承受规定弯曲程度的弯曲变形性能,它是钢材的重要工艺性能之一。

按我国现行国家标准规定,有下列3种类型:

(1)达到某规定的角度 α 的弯曲。

(2)绕着弯心弯到两面平行。

(3)弯到两面接触的重合弯曲。

按规定,试件弯曲处不产生裂缝、断裂和起层等现象即认为合格。

二、钢筋混凝土和预应力混凝土用钢筋

1. 热轧光圆钢筋

热轧钢筋按截面形状可分为光圆钢筋和带肋钢筋。光圆钢筋是指横截面为圆形,且表面为光滑的钢筋混凝土配筋用钢材。

牌号由 HPB 和牌号的屈服点最小值构成。H、P、B 分别为热轧、光圆、钢筋三个词的英文首位字母。热轧光圆钢筋分为 HPB235、HPB300 两个牌号。钢筋的公称直径范围为 8 ~ 20mm,常用公称直径为 8mm、10mm、12mm、16mm、20mm。

2. 热轧带肋钢筋

热轧带肋钢筋是指横截面为圆形,且表面通常带有两条纵肋和沿长度方向均匀分布的横肋的钢筋。

牌号由 HRB 和牌号的屈服点最小值构成。H、R、B 分别为热轧、带肋、钢筋三个词的英文首位字母。热轧带肋钢筋分为 HRB335、HRB400、HRB500 三个牌号。钢筋的公称直径范围为 6 ~ 50mm,常用的公称直径为 6mm、8mm、10mm、12mm、16mm、20mm、25mm、32mm、40mm、50mm。

三、技术要求

热轧钢筋的力学性能应符合国家标准《钢筋混凝土用钢 第1部分:热扎光圆钢筋》(GB 1499.1—2008)及《钢筋混凝土用钢 第2部分:热扎带肋钢筋》(GB 1499.2—2007)中规定,见表5-2-1 和表5-2-2。

钢筋混凝土用热轧光圆钢筋力学性能　　　　　　　　　　表5-2-1

牌号	屈服强度 R_{eL}(MPa)	抗拉强度 R_m(MPa)	断后伸长率 A(%)	最大力总延伸率 A_{gt}(%)	冷弯试验180° (d 为弯曲压头直径, a 为钢筋公称直径)
			不小于		
HPB235	235	370	25.0	10.0	$d = a$
HPB300	300	420			

四、试验条件

试验一般在 10 ~ 35℃的室温范围内进行。对温度要求严格的试验,试验温度应为 23℃ ±5℃。

钢筋混凝土用热轧带肋钢筋力学性能　　　　表5-2-2

牌号	屈服强度 R_{eL}(MPa)	抗拉强度 R_m(MPa)	断后伸长率 A(%)	最大力总延伸率 A_{gt}(%)	钢筋公称直径 a(mm)	冷弯试验180° (d 为弯曲压头直径, a 为钢筋公称直径)
			不小于			
HRB335 HRBF335	335	455	17		6~25 28~40 >40~50	d=3a d=4a d=5a
HRB400 HRBF400	400	540	16	7.5	6~25 28~40 >40~50	d=4a d=5a d=6a
HRB500 HRBF500	500	630	15		6~25 28~40 >40~50	d=6a d=7a d=8a

 技能训练

钢筋弯曲试验(GB/T 232—2010)

一、试验依据

《金属材料 弯曲试验方法》(GB/T 232—2010)。

二、试验目的和适用范围

本试验测定金属材料承受弯曲塑性变形能力的试验方法。适用于金属材料相关产品标准规定试样的弯曲试验。不适用于金属管材和金属焊接接头的弯曲试验。

三、仪器设备

压力机、万能试验机、支辊式弯曲装置。

(1)支辊长度和弯曲压头的宽度应大于试样宽度或直径。弯曲压头的直径由产品标准规定,支辊和弯曲压头应具有足够的硬度。

(2)除非另有规定,支辊间距离在试验期间应保持不变,计算公式如下:

$$l = (D + 3a) \pm \frac{a}{2} \tag{5-2-1}$$

式中:D——钢筋弯曲压头直径,mm;

　　　a——钢筋公称直径,mm。

四、试验准备

(1)试样表面不得有划痕和损伤。

(2)选择适当的弯曲压头直径 D,对于不同种类的钢材,其弯心直径取值不同。

(3)试样长度应根据试样厚度(或直径)和所使用的试验设备确定。

(4)按照相关产品标准规定,采用下列方法之一完成试验:

①试样在给定的条件和力的作用下弯曲至规定的弯曲角度。

②试样在力的作用下弯曲至两臂相距规定的距离且相互平行。

③试样在力的作用下弯曲至两臂直接接触。

五、试验步骤

1.放钢筋、开动仪器(图5-2-1)

(1)试样弯曲至规定弯曲角度的试验,应将试样放于两支辊上,试样轴线应与弯曲压头

· 143 ·

轴线垂直,弯曲压头在两支座之间的中点处对试样连续施加力使其弯曲,直至达到规定的弯曲角度。

如不能直接达到规定的弯曲角度,应将试样置于两平行压板之间,连续施加力压,使其两端进一步弯曲,直至达到规定的弯曲角度。

(2)试样弯曲至180°角两臂相距规定距离且相互平行的试验,首先对试样进行初步弯曲(弯曲角度应尽可能大),然后将试样置于两平行压板之间连续施加力压,使其两端进一步弯曲,直到两臂平行。试验时可以加或不加垫块。除非产品标准中另有规定,垫块厚度等于规定的弯曲压头直径。

(3)试样弯曲至两臂直接接触的试验,应首先将试样进行初步弯曲(弯曲角度应尽可能大),然后将其置于两平行压板之间,连续施加力压使其两端进一步弯曲,直到两臂直接接触。

将钢筋放在支辊上　　　　开动仪器　　　　打开送油阀

图 5-2-1　钢筋弯曲试验步骤一

2. 钢筋弯曲

应缓慢施加弯曲力,使钢筋达到规定的弯曲角度,然后目测钢筋的变化,如图 5-2-2 所示。

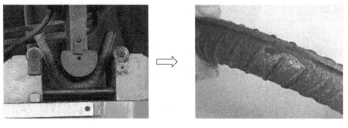

钢筋被压到双臂平行　　　　目测钢筋变化

图 5-2-2　钢筋弯曲试验步骤二

六、成果整理

1. 试验结果评定

(1)应按照相关产品标准的要求评定弯曲试验结果。如未规定具体要求,弯曲试验后试样弯曲外表面无肉眼可见裂纹应评定为合格。

(2)相关产品标准规定的弯曲角度认作为最小值,规定的弯曲半径认作为最大值。

2. 试验记录表格(表 5-2-3)

钢筋冷弯试验记录　　　　表 5-2-3

试样品种	试样编号	试样尺寸		试验条件		外观描述	结果评定
		直径(mm)	长度 L (mm)	弯曲压头直径 $d=3a$(mm)	弯曲角度 α(°)		
HPB235	1－1	6.0	30.0	18.0	180	无裂纹	合格
	1－2	6.0	30.0	18.0	180	无裂纹	

七、注意事项

(1)特别提示:试验过程中应采取足够的安全措施和防护装置。
(2)弯曲试验时,应缓慢施加弯曲力,以使材料能够自由地进行塑性变形。
(3)弯曲压头直径应符合相关产品标准的规定。

巩固提升

1. 钢筋冷弯试验对室温范围内有何要求?
2. 什么是钢筋的冷弯性能?
3. 钢筋冷弯试验时,试样长度根据哪些因素来确定?
4. 钢筋冷弯试验后,如何判断钢材是否合格?
5. 钢筋冷弯试验的弯曲类型有哪3种?

学习任务 6　水泥混凝土试验

> **任务目标**
> 1. 能描述水泥混凝土实训室的安全操作制度;
> 2. 能描述水泥混凝土试验在公路施工中的作用;
> 3. 能根据任务要求,列出所需仪器和材料清单;
> 4. 能严格按照水泥混凝土试验规程进行试验操作。

任务描述

混凝土作为一种用量最大、范围最广的建筑结构材料,已经获得广泛应用和发展。混凝土技术正在向着提高强度、耐久性、工作性,节省资源、能源的绿色高性能混凝土方向发展,为保证混凝土施工质量,并且满足经济性、合理性要求,本学习任务进行普通混凝土配合比设计、混凝土拌和物工作性测定、表观密度测定、混凝土试件制作、混凝土抗压强度测定、混凝土抗折强度测定等内容的学习。

学习活动 1　水泥混凝土配合比设计

学习目标

1. 能描述水泥混凝土工作性的概念和测定方法、步骤;
2. 能选择并使用坍落筒、捣棒、镘刀等仪器设备;
3. 能进行混凝土配合比设计;
4. 能整理试验数据并评定结果。

情境导入

混凝土配合比设计是工程结构施工的重要前置环节,其设计质量的好坏与工程质量息息相关,混凝土施工过程质量的控制是配合比设计的有效延续,因此,为保证混凝土施工质量,必须加强配合比设计与施工控制的科学性与有效性。

基础知识

一、水泥混凝土

水泥混凝土是用水泥、细集料、粗集料、掺和料、水以及外加剂按设计比例配制,经拌和成型、养护而得到的水泥混凝土。它是一种原材料易得、施工便利、具有较好强度和耐久性的建筑材料。

二、混凝土配合比

混凝土配合比是指混凝土中各组成材料之间的比例关系。混凝土的配合比设计就是根据原材料的性能和对混凝土的技术要求,通过计算和试配调整,确定出满足工程技术经济指标的混凝土各组成材料的用量。

1. 混凝土配合比表示方法

(1)单位用量表示法。以每$1m^3$混凝土中各种材料的用量表示。例如:

水泥:掺和料:水:细集料:粗集料 = 330kg:15kg:180kg:720kg:1250kg。

(2)相对用量表示法。以胶凝材料质量为1,并按"水泥:掺和料:细集料:粗集料;水胶比"的顺序排列表示。例如,1:0.05:2.18:3.79;$W/B = 0.55$。

2. 配合比设计的基本要求

(1)应满足混凝土配制强度、拌和物性能、力学性能、长期性能和耐久性能的设计要求。

(2)应采用工程实际使用的原材料,并应满足国家现行标准的有关要求。

配合比设计应以干燥状态集料为基准,细集料含水率应小于0.5%,粗集料含水率应小于0.2%。

3. 混凝土配合比设计中的三个基本参数

(1)水胶比:每立方米混凝土中用水量与胶凝材料用量的质量比。

(2)砂率:每立方米混凝土中细集料在粗细集料总量中所占的质量百分率。

(3)单位用水量:每立方米混凝土的用水量,反映胶凝材料用量与集料用量之间的比例关系。

4. 混凝土配合比设计的步骤

(1)计算"初步配合比"。根据原始资料,按我国现行的配合比设计方法,计算初步配合比。

(2)提出"试拌配合比"。根据初步配合比,采用施工实际材料,进行试拌,测定混凝土拌和物的工作性,调整材料用量,提出一个满足工作性要求的"试拌配合比"。

(3)确定"试验室配合比"。以试拌配合比为基础,增加和减少水灰比,拟定几组(通常为三组)适合工作性要求的配合比,通过制备试块,测定强度,确定既符合强度和工作性要求,又较经济的试验室配合比。

(4)换算"工地配合比"。根据工地现场材料的实际含水率,将试验室配合比换算为工地配合比。

技能训练

水泥混凝土配合比设计(JGJ 55—2011)

普通混凝土配合比设计方法(以抗压强度为指标的计算方法)如下:

一、计算初步配合比

1. 确定混凝土配制强度

(1)当混凝土的设计强度等级小于C60时,按式(6-1-1)计算。

$$f_{cu,o} \geqslant f_{cu,k} + 1.645\sigma \tag{6-1-1}$$

式中:$f_{cu,o}$——混凝土配制强度,MPa;

$f_{cu,k}$——混凝土立方体抗压强度标准值(即设计强度),MPa;

σ——混凝土强度标准差,MPa。

混凝土强度标准差应按照下列规定确定：

①当具有近一个月至三个月的同一品种、同一强度等级的混凝土的强度资料时,其混凝土强度标准差应按式(6-1-2)计算。

$$\sigma = \sqrt{\frac{\sum_{i=1}^{n} f_{cu,i}^2 - n m_{fcu}^2}{n-1}} \tag{6-1-2}$$

式中：$f_{cu,i}$——第 i 组混凝土试件立方体抗压强度值,MPa；

m_{fcu}——n 组混凝土试件立方体抗压强度平均值,MPa；

n——混凝土试件组数,应大于或等于30。

对于强度等级不大于 C30 的混凝土,当强度标准差计算值不小于 3.0MPa 时,应按照计算结果取值；当强度标准差计算值小于 3.0MPa 时,强度标准差应取 3.0MPa。对于强度等级大于 C30 且不大于 C60 的混凝土:当强度标准差计算值不小于 4.0MPa 时,应按照计算结果取值；当强度标准差计算值小于 4.0MPa,标准差应取 4.0MPa。

②当没有近期同一品种、同一强度等级混凝土的强度资料时,其强度标准差可按表 6-1-1 取值。

混凝土强度标准差参考值 表 6-1-1

强度等级(MPa)	低于 C20	C25～C45	C50～C55
标准差(MPa)	4.0	5.0	6.0

(2)当混凝土的设计强度等级不小于 C60 时,按式(6-1-3)计算。

$$f_{cu,o} \geq 1.15 f_{cu,k} \tag{6-1-3}$$

2.计算水胶比

(1)当混凝土强度等级不大于 C60 时,混凝土水胶比 W/B 宜按式(6-1-4)计算。

$$W/B = \frac{\alpha_a f_b}{f_{cu,o} + \alpha_a \alpha_b f_b} \tag{6-1-4}$$

式中：α_a、α_b——回归系数,按表 6-1-2 规定取用；

f_b——胶凝材料 28d 胶砂抗压强度。

(2)回归系数 α_a、α_b 宜按下列规定确定：

根据工程所使用的原材料,通过试验建立的水胶比与混凝土强度关系式来确定；当不具备上述试验统计资料时,可按表 6-1-2 选用。

回归系数 α_a、α_b 选用表 表 6-1-2

粗集料品种	回归系数	
	α_a	α_b
碎石	0.53	0.20
卵石	0.49	0.13

(3)当胶凝材料 28d 胶砂抗压强度值无实测值时,可按式(6-1-5)计算。

$$f_b = \gamma_f \cdot \gamma_s \cdot f_{ce} \tag{6-1-5}$$

式中：γ_f、γ_s——粉煤灰、粒化高炉矿渣影响系数,取值见表(6-1-3)；

f_{ce}——水泥 28d 胶砂抗压强度,MPa,可实测,也可按式(6-1-6)计算确定。

粉煤灰和粒化高炉矿渣影响系数　　　　　　　　　　　　　　表 6-1-3

掺量(%)	种类	
	粉煤灰影响系数 γ_f	粒化高炉矿渣影响系数 γ_s
0	1.00	1.00
10	0.85~0.95	1.00
20	0.75~0.85	0.95~1.00
30	0.65~0.75	0.90~1.00
40	0.55~0.65	0.80~0.90
50	—	0.70~0.85

注:1.采用Ⅰ级、Ⅱ级粉煤灰宜取上限值。
　2.采用S75级粒化高炉矿渣粉宜取下限值,采用S95级粒化高炉矿渣粉宜取上限值,采用S105级粒化高炉矿渣粉宜取上限值加0.05。
　3.当超出表中的掺量时,粉煤灰和粒化高炉矿渣影响系数应经试验确定。

(4)当水泥28d胶砂抗压强度无实测值时,可按式(6-1-6)计算。

$$f_{ce} = \gamma_c \cdot f_{ce,g} \tag{6-1-6}$$

式中:γ_c——水泥强度等级值的富余系数,可按实际统计资料确定;当无统计资料时,可按表(6-1-4)选用;

$f_{ce,g}$——水泥强度等级标准值,MPa。

水泥强度等级值的富余系数　　　　　　　　　　　表 6-1-4

水泥强度等级值	32.5	42.5	52.5
富余系数	1.12	1.16	1.10

(5)按耐久性要求校核水胶比。按照强度要求计算出的水胶比,应根据混凝土所处环境类别与满足耐久性要求所规定的最大水胶比(表6-1-5)进行比较,选取较小值使用。

混凝土最大水胶比　　　　　　　　　　　　　　　表 6-1-5

环境类别	条件	最大水胶比
一	室内正常环境	0.65
二(a)	室内潮湿环境;非严寒和非寒冷地区的露天环境、与无侵蚀性的水或土壤直接接触的环境	0.60
二(b)	严寒和寒冷地区的露天环境、与无侵蚀性的水或土壤直接接触的环境	0.55
三	使用除冰盐的环境;严寒和寒冷地区冬季水位变动的环境;滨海室外环境	0.50

3.选定单位用水量

(1)每立方米干硬性或塑性混凝土的用水量应符合下列规定:

①水胶比在0.40~0.80内时,可按表6-1-6、表6-1-7选取。

干硬性混凝土的用水量(单位:kg/m³)　　　　　　表 6-1-6

拌和物稠度		卵石最大粒径(mm)			碎石最大粒径(mm)		
项目	指标	10	20	40	16	20	40
维勃稠度(s)	16~20	175	160	145	180	170	155
	11~15	180	165	150	185	175	160
	5~10	185	170	155	190	180	165

塑性混凝土的用水量（单位：kg/m³） 表 6-1-7

拌和物稠度		卵石最大粒径(mm)				碎石最大粒径(mm)			
项目	指标	10	20	31.5	40	16	20	31.5	40
坍落度 (mm)	10~30	190	170	160	150	200	185	175	165
	35~50	200	180	170	160	210	195	185	175
	55~70	210	190	180	170	220	205	195	185
	75~90	215	195	185	175	230	215	205	195

注：1. 本表用水量系采用中砂时的平均取值。采用细砂时，每立方米混凝土用水量可增加 5~10kg；采用粗砂时，则可减少 5~10kg。

2. 掺用各种外加剂或掺和料时，用水量应相应调整。

②水胶比小于 0.40 时，可通过试验确定。

(2) 掺外加剂时，每立方米流动性（坍落度为 100~150mm）或大流动性混凝土（坍落度不小于 160mm）的用水量可按式(6-1-7)计算。

$$m_{wo} = m'_{wo} \times (1-\beta) \tag{6-1-7}$$

式中：m_{wo}——掺外加剂时每立方米混凝土的用水量，kg/m³；

m'_{wo}——未掺外加剂时每立方米混凝土的用水量，kg/m³，以表 6-1-6、表 6-1-7 中 90mm 坍落度的用水量为基础，按每增大 20mm 坍落度相应增加 5 kg/m³ 用水量来计算，当坍落度增大到 180mm 以上时，随坍落度相应增加的用水量可减少；

β——外加剂的减水率，%，经混凝土试验确定。

4. 胶凝材料用量

(1) 胶凝材料、矿物掺和料、水泥用量。

①每立方米混凝土中胶凝材料用量 m_{bo} 应按式(6-1-8)计算，并应进行试拌调整，在拌和物性能满足的条件下，取经济合理的胶凝材料用量。

$$m_{bo} = \frac{m_{wo}}{W/B} \tag{6-1-8}$$

②每立方米混凝土中矿物掺和料用量 m_{fo} 应按式(6-1-9)计算。

$$m_{fo} = m_{bo}\beta_f \tag{6-1-9}$$

式中：β_f——矿物掺和料掺量，%。

③每立方米混凝土水泥用量 m_{co} 应按式(6-1-10)计算。

$$m_{co} = m_{bo} - m_{fo} \tag{6-1-10}$$

(2) 按耐久性要求校核胶凝材料用量。

根据《混凝土结构耐久性设计规范》(GB/T 50476—2008)要求，普通水泥混凝土的最小胶凝材料用量见表 6-1-8。

单位混凝土最小胶凝材料用量 表 6-1-8

最低强度等级	最大水胶比	最小胶凝材料用量(kg/m³)	最大胶凝材料用量(kg/m³)
25	0.60	260	400
30	0.55	280	
35	0.50	300	
40	0.45	320	450
45	0.40	340	

续上表

最低强度等级	最大水胶比	最小胶凝材料用量（kg/m³）	最大胶凝材料用量（kg/m³）
50	0.36	360	480
55	0.36	380	500

注：1. 表中数据适用于最大集料粒径为20mm的情况，集料粒径增大时宜适当降低胶凝材料用量，集料粒径较小时宜适当增加。
　　2. 引气混凝土的胶凝材料用量范围与非引气混凝土要求相同。

5. 选定砂率

(1) 砂率应根据集料的技术指标、混凝土拌和物性能和施工要求，参考既有的历史资料确定。

(2) 当缺乏历史资料可参考时，混凝土砂率的确定应符合下列规定：

①坍落度为10~60mm的混凝土，其砂率可根据粗集料品种、最大粒径及水胶比按表6-1-9选取。

②坍落度大于60mm的混凝土砂率，可经试验确定，也可在表6-1-9的基础上，按坍落度每增大20mm，砂率增大1%的幅度予以调整。

③坍落度小于10mm的混凝土，其砂率应经试验确定。

混凝土的砂率（%）　　　　　　表6-1-9

水胶比	卵石最大粒径（mm）			碎石最大粒径（mm）		
	10	20	40	16	20	40
0.40	26~32	25~31	24~30	30~35	29~34	27~32
0.50	30~35	29~34	28~33	33~38	32~37	30~35
0.60	33~38	32~37	31~36	36~41	35~40	33~38
0.70	36~41	35~40	34~39	39~44	38~43	36~41

注：1. 本表数值系中砂的选用砂率，对细砂或粗砂，可相应地减少或增大砂率。
　　2. 只用一个单粒级粗集料配制混凝土时，砂率应适当增大。
　　3. 采用人工配制混凝土时，砂率应适当增大。

(3) 砂率 β_s 按式 (6-1-11) 计算。

$$\beta_s = \frac{m_{so}}{m_{go} + m_{so}} \times 100\% \tag{6-1-11}$$

式中：m_{go}——每立方米混凝土的粗集料用量，kg；
　　　m_{so}——每立方米混凝土的细集料用量，kg。

6. 粗、细集料用量

(1) 采用质量法计算粗、细集料用量时，应按式 (6-1-12) 计算。

$$m_{fo} + m_{oo} + m_{go} + m_{so} + m_{wo} = m_{cp} \tag{6-1-12}$$

式中：m_{cp}——每立方米混凝土拌和物假定质量，kg，可取2350~2450kg。

(2) 采用体积法计算粗、细集料用量时，应按式 (6-1-13) 计算。

$$\frac{m_{fo}}{\rho_f} + \frac{m_{co}}{\rho_c} + \frac{m_{go}}{\rho_g} + \frac{m_{so}}{\rho_s} + \frac{m_{wo}}{\rho_w} + 0.01\alpha = 1 \tag{6-1-13}$$

式中：ρ_f——掺和料密度，kg/m³；
　　　ρ_c——水泥密度，kg/m³，可取2900~3100kg/m³；

ρ_g——粗集料的表观密度,kg/m³;

ρ_s——细集料的表观密度,kg/m³;

ρ_w——水的密度,kg/m³,可取1000kg/m³;

α——混凝土的含气量百分数,在不使用引气剂或引气型外加剂时,α可取为1。

粗集料和细集料的表观密度应按我国行业标准《普通混凝土用砂、石质量及检验方法标准》(JGJ 52—2006)测定。在实际工程中,混凝土配合比设计通常采用质量法。

7. 计算配合比

$m_\mathrm{c}:m_\mathrm{f}:m_\mathrm{w}:m_\mathrm{s}:m_\mathrm{g}$ = 水泥用量:掺和料用量:水用量:细集料用量:粗集料用量。

二、试配、调整、校正

1. 试配

(1)试配材料。

试配混凝土所用的各种材料应采用工程中实际使用的原材料,并应满足国家现行标准的有关要求;粗、细集料的称量均以干燥状态为基准,细集料含水率应小于0.5%,粗集料含水率应小于0.2%。

混凝土试配应采用强制式搅拌机,搅拌机应符合《混凝土试验用搅拌机》(JG 244—2009)的规定,并与施工采用的搅拌方法相同。

试验室成型条件应符合现行国家标准《普通混凝土拌和物性能试验方法标准》(GB/T 50080—2002)的规定。

(2)每盘混凝土试配最小搅拌量应符合表6-1-10的规定,并不应小于搅拌机额定搅拌量的1/4。

混凝土试配的最小搅拌量　　　　表6-1-10

粗集料最大粒径(mm)	拌和物数量(L)	粗集料最大粒径(mm)	拌和物数量(L)
≤31.5	20	40.0	25

按应在计算配合比的基础上进行试拌,宜保持计算水胶比不变,以节约胶凝材料为原则,调整胶凝材料用量、用水量、外加剂用量和砂率等,直至混凝土拌和物性能符合设计和施工要求,然后修正计算配合比,提出试拌配合比。

(3)在试拌配合比的基础上应进行混凝土强度试验,并应符合下列规定:

①应采用三个不同的配合比,其中一个为按上述得出的试拌配合比,另外两个配合比的水胶比应较试拌配合比分别增加和减少0.05,与试拌配合比相同,砂率可分别增加和减少1%。

②进行混凝土强度试验时,拌和物性能符合设计和施工要求。

③进行混凝土强度试验时,每个配合比应至少制作一组(3块)试件,并应标准养护到28d或设计规定龄期时试压。

2. 调整

配合比调整应符合下列规定:

(1)根据混凝土试验强度结果,宜绘制强度与胶水比的线性关系图或插值法确定略大于配制强度对应的胶水比。

(2)在试拌配合比的基础上,用水量和外加剂用量应根据确定的水胶比作调整。

(3)胶凝材料的用量应以用水量乘以确定的胶水比计算得出。

(4)粗集料和细集料用量应根据用水量和胶凝材料用量进行调整。

3.校正

(1)应根据上述调整后的配合比,按式(6-1-14)计算混凝土拌和物的表观密度值。

$$m_c + m_f + m_g + m_s + m_w = \rho_{c,c} \tag{6-1-14}$$

式中:m_c——每立方米混凝土的水泥用量,kg;

m_f——每立方米混凝土的矿物掺和料用量,kg;

m_g——每立方米混凝土的粗集料用量,kg;

m_s——每立方米混凝土的细集料用量,kg;

m_w——每立方米混凝土的用水量,kg;

$\rho_{c,c}$——混凝土拌和物表观密度计算值,kg/m³。

(2)应按式(6-1-15)计算混凝土配合比校正系数 δ。

$$\delta = \frac{\rho_{c,t}}{\rho_{c,c}} \tag{6-1-15}$$

式中:$\rho_{c,t}$——混凝土拌和物表观密度实测值,kg/m³。

(3)当混凝土拌和物表观密度实测值与计算值之差的绝对值不超过计算值的2%时,按上述调整的配合比可维持不变;当两者之差超过2%时,应将配合比中每项材料用量均乘以校正系数。

(4)配合比调整后,应测定拌和物水溶性氯离子含量,试验结果应符合规范规定。

(5)对耐久性有设计要求的混凝土应进行相关耐久性试验验证。

(6)生产单位可根据常用材料设计出常用的混凝土配合比备用,并应在启用过程中予以验证或调整。遇下列情况之一时,应重新进行配合比设计:

①对混凝土性能有特殊要求时。

②水泥、外加剂、矿物掺和料等原材料品种、质量有显著变化时。

三、例题

【原始资料】

(1)已知混凝土设计强度等级为 C30,无强度历史统计资料,要求混凝土拌和物坍落度为 35~50mm,桥梁所在地区属寒冷地区。

(2)组成材料:可供应硅酸盐水泥,强度等级为 42.5,密度 $\rho_c = 2.98 \text{g/cm}^3$,富余系数 $\gamma_c = 1.16$;砂为中砂,表观密度 $\rho_s = 2.65 \text{g/cm}^3$,工地实测含水率为 3%;碎石最大粒径 $d_{max} = 40\text{mm}$,表观密度 $\rho_g = 2.70 \text{g/cm}^3$,工地实测含水率为 1%。

【设计要求】

(1)按题目给资料计算出初步配合比。

(2)按初步配合比在试验室进行试拌调整得出试验室配合比。

(3)根据工地实测含水率,计算施工配合比。

【设计步骤】

1.计算初步配合比

(1)确定混凝土配制强度。

按题意已知:$f_{cu,k} = 30\text{MPa}$,无强度统计资料,查表 6-1-1,标准差 = 5.0MPa。

$$f_{cu,o} = f_{cu,k} + 1.645\sigma = 30 + 1.645 \times 5 = 38.2(\text{MPa})$$

(2)计算水灰比。

①按强度要求计算水胶比。

$$f_{ce} = \gamma_c \times f_{ce,g} = 1.16 \times 42.5 = 49.3 (\text{MPa})$$

$$\frac{W}{B} = \frac{\alpha_a f_b}{f_{cu,o} + \alpha_a \alpha_b f_b} = \frac{0.53 \times 49.3}{38.2 + 0.53 \times 0.20 \times 49.3} = 0.60$$

②按耐久性要求校核水胶比。根据混凝土所处的环境条件属于寒冷地区,查表6-1-5,最大水胶比为0.55。故采用计算水胶比0.55。

(3)确定单位用水量。

根据所用碎石最大粒径$d_{max}=40$mm及混凝土坍落度为35~50mm的要求,查表6-1-7,得单位用水量m_{wo}为175kg。

(4)计算单位水泥用量。

①按强度要求计算水泥用量。

$$m_{co} = \frac{m_{wo}}{W/B} = \frac{175}{0.55} = 318 (\text{kg/m}^3)$$

②按耐久性要求校核单位水泥用量。查表6-1-8,最小水泥用量为280kg/m³,故采用单位水泥用量$m_{co}=318$kg/m³。

(5)确定砂率。

根据水胶比、碎石最大粒径,按表6-1-9选用砂率为33%。

(6)计算砂石用量。

采用体积法,由式(6-1-13)、式(6-1-11)得:

$$\frac{318}{2.98} + \frac{175}{1} + \frac{m_{go}}{2.70} + \frac{m_{so}}{2.65} + 10 \times 1 = 1000$$

$$\frac{m_{so}}{m_{go} + m_{so}} \times 100\% = 33\%$$

解方程组得:

$$m_{so} = 627 \text{kg/m}^3, m_{go} = 1274 \text{kg/m}^3$$

初步配合比:

$$m_{co} : m_{wo} : m_{so} : m_{go} = 318 : 175 : 627 : 1274$$

2.调整工作性,提出试拌配合比

(1)计算试拌材料用量。

根据集料最大粒径,查表6-1-10,得拌和物数量为25L,按照体积法的配合比计算材料用量。

水泥:

$$318 \times 0.025 = 7.95 (\text{kg})$$

水:

$$175 \times 0.025 = 4.38 (\text{kg})$$

砂:

$$627 \times 0.025 = 15.68 (\text{kg})$$

碎石:

$$1274 \times 0.025 = 31.85 (\text{kg})$$

(2)调整工作性。

将上述材料均匀拌和,测得坍落度为10mm,小于35~50mm的设计要求,为此,保持水灰比不变,增加5%的水泥浆。再经拌和测得坍落度为40mm,黏聚性和保水性亦良好,满足工作性要求,此时1m³混凝土中各种材料的用量为:

$$m_{ca} = 318 \times (1 + 5\%) = 334(kg)$$
$$m_{wa} = 175 \times (1 + 5\%) = 184(kg)$$
$$m_{sa} = 627(kg)$$
$$m_{ga} = 1274(kg)$$

(3)提出试拌配合比。

试拌配合比:

$$m_{ca} : m_{wa} : m_{sa} : m_{ga} = 334 : 184 : 627 : 1274$$

3. 检验强度,确定试验室配合比

(1)检验强度。

采用水胶比分别为$(W/B)_A = 0.50$,$(W/B)_B = 0.55$和$(W/B)_C = 0.60$拌制3组混凝土拌和物,试件成型后标准养护28d,按规定方法测其立方体抗压强度值,见表6-1-11。

不同水胶比的混凝土强度值　　　　表6-1-11

组别	水胶比(W/B)	胶水比(B/W)	28d立方体抗压强度$f_{cu,28}$(MPa)
A	0.50	2.00	40.6
B	0.55	1.82	38.4
C	0.60	1.67	36.2

根据表6-1-11试验结果,绘制混凝土28d立方体抗压强度($f_{cu,28}$)与胶水比(B/W)关系图,如图6-1-1所示。

由图6-1-1可知,相应混凝土配制强度$f_{cu,o} = 38.2$MPa的胶水比$B/W = 1.81$,即水胶比$W/B = 0.55$。

(2)确定试验室配合比。

按强度试验结果修正配合比,因水胶比与试拌配合比中水胶比相同,所以各材料用量仍为试配拌和比中的用量。

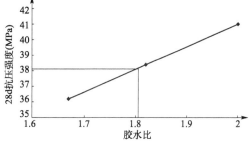

图6-1-1　混凝土28d抗压强度与胶水比关系曲线

因此,试验室配合比为$m_{cb} : m_{wb} : m_{sb} : m_{gb} = 334 : 184 : 627 : 1274$。

该混凝土实测表观密度为2400kg/m³,计算表观密度为2419kg/m³。因(2419 - 2400) ÷ 2419 = 0.79% < 2%,此配合比无须校正。

4. 换算施工配合比

根据工地实测,砂的含水率为3%;碎石的含水率为1%,计算各种材料的用量。

水泥用量:

$$m_c = 334(kg)$$

砂用量:

$$m_s = 627 \times (1 + 3\%) = 646(kg)$$

碎石用量:

$$m_g = 1274 \times (1+1\%) = 1287(\text{kg})$$

水用量：
$$m_w = 184 - (627 \times 3\% + 1274 \times 1\%) = 152(\text{kg})$$

施工配合比为：
$$m_c : m_w : m_s : m_g = 334 : 152 : 646 : 1287$$

四、注意事项

(1)本设计只适用于普通混凝土配合比设计。

(2)设计配合比需经初步计算、调试、校正后最终确定。

巩固提升

1. 何为混凝土？混凝土由哪些材料组成？
2. 混凝土配合比需满足哪些方面的要求？
3. 混凝土配合比有哪几种表示方法？
4. 混凝土配合比设计过程中，计算砂、石用量的方法有哪几种？各方法如何表示？
5. 混凝土配合比设计中需确定哪些参数？

学习活动2　水泥混凝土拌和物工作性试验

学习目标

1. 能描述水泥混凝土工作性的概念和测定方法、步骤；
2. 能选择并使用坍落筒、捣棒、镘刀等仪器设备；
3. 能按照水泥混凝土试验规程进行水泥混凝土拌和物稠度试验；
4. 能整理试验数据并评定结果。

情境导入

水泥混凝土广泛用于公路工程建设中，首先应进行各种原材料技术性能测定，各项指标合格后才能进行混凝土配合比设计及配制，对新拌制好的混凝土应具有一定的技术要求，水泥混凝土硬化后应具有一定的强度。

基础知识

一、水泥混凝土组成材料

1. 水泥

水泥可根据混凝土工程的特点、所处环境、施工气候和条件等因素进行选用。

水泥强度等级应与要求配制得水泥混凝土的强度等级相适应，充分利用水泥的活性。如水泥强度等级选用过高，则混凝土中水泥用量过少，影响混凝土的和易性和耐久性。反之，如水泥强度等级选用过低，则混凝土中水泥用量太多，非但不经济，而且降低混凝土的某些技术品质(如收缩率增大等)。

2. 细集料

混凝土用细集料应采用级配良好、质地坚硬、颗粒洁净的天然砂，也可使用机制砂，但一般采用天然砂。

对砂的要求:砂的颗粒级配符合要求,含泥量、泥块含量、云母、轻物质、有机物、硫化物及硫酸盐、氯盐含量等有害杂质含量不超标。

砂的粗细程度和颗粒级配应使所配制的混凝土达到设计强度等级和节约水泥的目的。

3. 粗集料

(1)主要为碎石和砾石。根据设计文件、施工要求等确定最大粒径。

(2)进行各项指标的检验:级配、含泥量、针片状颗粒含量、坚固性、压碎值等均应符合规范要求,表观密度、堆积密度、空隙率应符合规范规定。

(3)碱集料反应。水泥混凝土中水泥的碱与某些碱活性集料发生化学反应,可引起混凝土产生膨胀、开裂,甚至破坏,这种化学反应称为碱集料反应。

(4)水。采用饮用水。非饮用水需进行水分析试验。

二、水泥混凝土的技术性质

水泥混凝土的技术性质主要包括:新拌混凝土的工作性,硬性化后混凝土的力学性质和耐久性。

1. 新拌混凝土的工作性(和易性)

水泥混凝土在尚未凝结硬化以前,称为新拌混凝土或称混凝土拌和物。新拌混凝土的工艺性质,称为工作性(或称和易性)。

(1)新拌混凝土工作性的概念。水泥混凝土的工作性,也称和易性,是指混凝土拌和物易于施工操作(拌和、运输、浇筑、振捣)且成型后质量均匀、密实的性能。实际上,混凝土拌和物的和易性是一项综合技术性质,包括流动性、黏聚性和保水性三方面的含义。

①流动性是指混凝土拌和物在自重或机械振捣作用下,能产生流动,并均匀密实地填满模板的性能。流动性常用坍落度试验进行测定。

②黏聚性是指混凝土拌和物在施工过程中其组成材料之间有一定的黏聚力不致产生分层和离析现象。

③保水性是指混凝土拌和物在施工过程中,具有一定的保水能力,不致产生严重的泌水现象。

(2)新拌混凝土工作性的测定方法。混凝土拌和物工作性常用的测定方法有坍落度试验和维勃稠度试验两种。

①坍落度法适用于集料公称最大粒径不大于31.5mm,坍落度值不小于10mm的混凝土拌和物。

②维勃稠度法适用于集料公称最大粒径不大于31.5mm,坍落度值小于10mm的混凝土拌和物。

(3)新拌混凝土工作性(坍落度)的选择。

①根据坍落度的不同,可将混凝土拌和物分为:塑性混凝土(坍落度值10～90mm)、流动性混凝土(坍落度值100～150mm)、大流动性混凝土(坍落度值不小于160mm)。

②坍落度试验适用于坍落度值大于10mm、集料公称最大粒径不大于31.5mm的水泥混凝土的坍落度测定。

③新拌混凝土的坍落度,应根据结构物的断面尺寸、钢筋疏密和振捣方式来确定。当构件断面尺寸较小、钢筋较密或人工振捣时,选择较大的坍落度,易于浇捣密实,以保证施工质量。反之,对于构件断面尺寸较大,钢筋配置稀疏,采用机械振捣时,尽可能选择较小的坍落

度,以节约水泥。根据《公路桥涵施工技术规范》(JTG F50—2011)的规定,混凝土浇筑入模时的坍落度参考见表6-2-1。

公路桥涵用混凝土坍落度参考 表6-2-1

项次	结构种类	坍落度(mm)
1	小型预制块及便于浇筑捣实的混凝土结构	0~20
2	桥涵基础、墩台等无筋或少筋的结构	10~30
3	普通配筋率的钢筋混凝土结构	30~50
4	钢筋较密、断面较小的钢筋混凝土结构	50~70
5	钢筋极密、断面高而狭的钢筋混凝土结构	70~90

注:1. 本表建议的坍落度是未考虑掺用外加剂而产生的作用。
2. 水下混凝土的坍落度为180~220mm,泵送混凝土坍落度为100~140mm。
3. 用人工振岛时,坍落度宜增加20~30mm。
4. 浇筑较高结构物混凝土时,坍落度宜随混凝土浇筑高度上升而分段变动。

(4)影响新拌混凝土工作性的因素。影响新拌混凝土工作性的因素主要有:单位用水量、骨浆比、水胶比、砂率、组成材料的品种、环境温度、时间、外加剂等。

①单位用水量。增加用水量,可增大混凝土的流动性,但会使新拌混凝土产生分层、泌水现象,反而降低了工作性。同时,用水量过多,硬化后混凝土会产生较大的孔隙,从而降低了混凝土的强度及耐久性。因此,单位用水量应在保证混凝土的强度和耐久性的条件下,根据流动性要求来确定。

②骨浆比。骨浆比是指单位混凝土拌和物中,骨料与胶凝材料浆体体积的比值。

胶凝材料浆体体积在混凝土拌和物中,除了填充集料间的空隙外,还包裹骨料的表面,以减小骨料颗粒间的摩阻力,使拌和物具有一定的流动性。水胶比保持不变,浆体数量越多,骨浆比越小,拌和物的流动性越大。但浆体过多,会出现流浆、泌水、分层等不良现象。

③水胶比。水胶比是指混凝土中用水量与胶凝材料用量(水泥用量和矿物掺和料用量之和)的质量比。

在胶浆数量不变的情况下,水胶比越大,拌和物流动性也越大,但黏聚性和保水性却随之变差。在实际工作中,常采用保持水胶比不变,同时增加或减少水与胶凝材料用量的方法来调整工作性。

④砂率。砂率是指单位混凝土中,砂的质量占砂、石总量的百分率。

砂率的大小会影响混凝土集料的空隙率和总表面积。砂率过大时,集料的空隙率和总表面积增大,在水泥浆用量一定的条件下,拌和物流动性小。当砂率过小时,虽集料总表面积减小,但砂浆量不足,不能起润滑作用,流动性降低,因此,砂率应有一个最佳值。

最佳砂率是指在水泥浆用量一定时,使新拌混凝土既能获得较大流动性,又能保持良好黏聚性和保水性的砂率值。

⑤水泥特性。水泥的品种、细度、矿物组成及混合料的掺量都会影响需水量。不同品种的水泥达到标准稠度时的用水量不同,配制而成的混凝土拌和物具有不同的流动性。通常普通水泥比矿渣水泥和火山灰水泥混凝土拌和物的工作性好。

⑥骨料特性。表面粗糙、有棱角的碎石所拌制的混合料强度高;表面光滑、形状较圆、少棱角的卵石,所拌制的混合料流动性好,具有优良级配、集料最大粒径较大的混凝土拌和物工作性较好。

⑦温度、时间。温度升高会导致坍落度减小,混合料随放置时间延长而变得干稠。

⑧外加剂。在混凝土拌和物中加入少量的外加剂,可在不增加用水量和水泥用量的情况下,有效地改善其工作性,同时可提高混凝土的强度和耐久性。

(5)改善新拌混凝土工作性的主要措施。

①调节混凝土的材料组成。在保证混凝土强度、耐久性和经济性的前提下,适当调整混凝土配合比以提高工作性。

②掺加外加剂。如减水剂、引气剂等均能提高新拌混凝土的工作性,同时提高强度和耐久性,且节约水泥。

2.硬化后混凝土的力学性质

硬化后混凝土的力学性质包括抗压强度和抗拉强度。

三、技术要求

新拌混凝土工作性的好坏通过测定流动性、观察黏聚性、保水性、棍度、含砂情况来评定。

新拌混凝土用坍落度法测定其流动性的同时,可用目测方法评定混凝土拌和物的下列性质,并予以记录。

1.棍度

按插捣混凝土拌和物时难易程度评定,分"上"、"中"、"下"三级。"上":表示插捣容易;"中":表示插捣时稍有石子阻滞的感觉;"下":表示很难插捣。

2.含砂情况

按拌和物外观含砂多少而评定,分"多"、"中"、"少"三级。"多":表示用镘刀抹拌和物表面时,一两次即可使拌和物表面平整无蜂窝。"中":表示抹5~6次才可使拌和物表面平整无蜂窝。"少":表示抹面困难,不易抹平,有空隙及石子外露等现象。

3.黏聚性

观测拌和物各组分相互黏聚情况。评定方法是用捣棒在已坍落的混凝土锥体侧面轻打,如锥体在轻打后逐渐下沉,表示黏聚性良好;如锥体突然倒坍、部分崩裂或离析,即表示黏聚性不好。

4.保水性

指水分从拌和物中析出情况,分"多量"、"少量"、"无"三级评定。"多量":表示提起坍落筒后,有较多水分从底部析出。"少量":表示提起坍落筒后,有少量水分从底部析出。"无":表示提起坍落筒后,没有水分从底部析出。

技能实训

水泥混凝土拌和物稠度试验方法——坍落度仪法(T 0522—2005)

一、试验依据

《公路工程水泥及水泥混凝土试验规程》(JTG E30—2005)。

二、试验目的和适用范围

坍落度试验用于坍落度值大于10mm、集料公称最大粒径不大于31.5mm的水泥混凝土坍落度测定。

三、仪器设备

(1)坍落筒(集料公称最大粒径<31.5mm时的标准坍落筒尺寸:底面直径200mm±

2mm,顶面直径 100mm±2mm,高 300mm±2mm)。

(2)捣棒:直径 16mm、长约 600mm 并具有半球形端头的钢质圆棒。

(3)其他:小铲、木尺、小钢尺、馒刀和钢平板等。

四、试验步骤

1. 拌和试样、装料(图 6-2-1)

(1)试验前将坍落筒内外洗净,放在经水润湿过的平板上(平板吸水时应垫以塑料布),踏紧脚踏板。

(2)将代表样分三层装入筒内,每层装入高度稍大于筒高的 1/3,用捣棒在每一层的横截面上均匀插捣 25 次。插捣在全部面积上进行,沿螺旋线由边缘至中心,插捣底层时插至底部,插捣其他两层时,应插透本层并插入下层 20~30mm,插捣须垂直压下(边缘部分除外),不得冲击。在插捣顶层时,装入的混凝土应高出坍落筒口。随插捣过程随时添加拌和物。当顶层插捣完毕后,将捣棒用锯和滚的动作清除掉多余的混凝土。用馒刀抹平筒口,刮净筒底周围的拌和物。

图 6-2-1 混凝土工作性试验步骤一

2. 测坍落度(图 6-2-2)

(1)垂直地提起坍落筒,提筒在 5~10s 内完成,并使混凝土不受横向及扭力作用。从开始装料到提出坍落度筒整个过程应在 150s 内完成。

(2)将坍落筒放在锥体混凝土试样一旁,筒顶平放木尺,用小钢尺量出木尺底面至试样顶面最高点的垂直距离即为该混凝土拌和物的坍落度,精确至 1mm。

(3)当混凝土试件的一侧发生崩塌或一边剪切破坏,则应重新取样另测。如果第二次仍发生上述情况,则表示该混凝土和易性不好,应记录。

同时,观察拌和物的黏聚性、保水性、棍度、含砂情况。

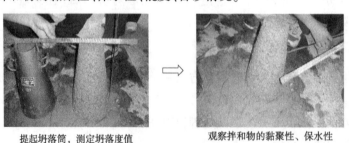

图 6-2-2 混凝土工作性试验步骤二

五、成果整理

1. 结果评定

根据施工要求判断工作性是否合格。

2. 试验记录表格(表6-2-2)

水泥混凝土拌和物工作性试验记录　　　　　　　表6-2-2

序号	坍落度(mm)	坍落扩展度(mm)		棍度	含砂情况	黏聚性	保水性
1	135	扩展后最大直径	—	中	中	良好	无
		扩展后最小直径	—				
		平均值	—				
结论	满足坍落度设计要求,混凝土工作性良好						

六、注意事项

(1)坍落度试验中除了坍落度值能够比较准确地被测出之外,黏聚性和保水性等内容难以定量描述。

(2)坍落筒中装填插捣时将捣棒垂直压下,而不能采用冲击的方式进行。

(3)当混凝土试件的一侧发生崩塌或一边剪切破坏,则应重新取样另测。如果第二次仍发生上述情况,则表示该混凝土和易性不好,应记录。

(4)当混凝土拌和物的坍落度大于220mm时,用钢尺测量混凝土扩展后最终的最大直径和最小直径,在这两个直径之差小于50mm的条件下,用其算术平均值作为坍落扩展度值;否则,此次试验无效。

(5)混凝土拌和物的坍落度和坍落扩展度值以毫米为单位,测量精确至1mm,结果修约至最接近的5mm。

巩固提升

1. 何为新拌混凝土的工作性?
2. 混凝土工作性的好坏通过哪几方面来评定?
3. 混凝土流动性的测定方法通常有哪几种?
4. 简述混凝土流动性测定方法。
5. 根据试验数据评定混凝土流动性是否满足设计要求,判断工作性是否合格。

学习活动3　水泥混凝土表观密度试验

学习目标

1. 能描述水泥混凝土表观密度的概念和试验方法、步骤;
2. 能选择并使用试样筒、台秤等仪器设备;
3. 能按照水泥混凝土试验规程进行水泥混凝土表观密度试验;
4. 能整理试验数据并评定结果。

情境导入

在公路建设中,经常用到水泥混凝土,首先要进行混凝土配合比设计,设计过程中常用到一些参数,混凝土表观密度就是参数之一。所以,测定混凝土表观密度是为配合比设计提供依据的,用于确定混凝土的材料配合比组成。

基础知识

一、水泥混凝土表观密度

水泥混凝土的表观密度是指混凝土拌和物在一定压实方法下的密度,其实质为水泥混凝土拌和物的毛体积密度,即水泥混凝土捣实后的单位体积的质量。

水泥混凝土拌和物的压实方法,根据坍落度不同而不同。

二、水泥混凝土拌和物表观密度

用于修正、核实混凝土配合比计算中的材料用量,假定拌和物表观密度见表6-3-1。

拌和物表观密度参考　　　　　表6-3-1

混凝土强度等级	C7.5~C15	C20~C30	C35~C40	>C40
假定拌和物表观密度(kg/m^3)	2300~2350	2350~2400	2400~2450	2450

技能实训

水泥混凝土表观密度试验(T 0525—2005)

一、试验依据

《公路工程水泥及水泥混凝土试验规程》(JTG E30—2005)。

二、试验目的和适用范围

本方法适用于测定水泥混凝土拌和物捣实后的密度,以备修正、核实水泥混凝土配合比计算中的材料用量。当已知所用原材料密度时,还可以计算出拌和物近似含气量。

三、仪器设备

(1)试样筒:对于集料公称最大粒径不大于31.5mm的拌和物采用5L的试样筒,其内径与内高均为186mm±2mm,壁厚为3mm。

(2)捣棒:直径16mm、长约600mm并具有半球形端头的钢质圆棒。

(3)振动台(图6-3-1):标准振动台,应符合《混凝土试验用振动台》(JG/T 245—2009)技术要求。

(4)其他:磅秤(量程100kg、感量50g)、直尺、馒刀、玻璃板等。

图6-3-1　振动台

四、试验步骤

1.称取试样筒的质量(m_1)、装料及捣实(图6-3-2)

(1)试验前用湿布将试样筒内外擦拭干净,称取质量(m_1),并准确至50g。

(2)当坍落度不小于70mm时,宜采用人工捣固:

①对于5L的试样筒,可将混凝土拌和物分两层装入,每层插捣次数为25次。

②对于大于5L的试样筒,每层混凝土的高度不应大于100mm,每层插捣次数应按每10000mm^2截面不少于12次计算。用捣棒从边缘到中心沿螺旋线均匀插捣,捣棒应垂直压下,不得冲击,捣底层时要达到筒底,捣上两层时,需插入其下一层20~30mm。每插毕一层,应在试样筒外壁拍打5~10次,直至拌和物表面不出现气泡为止。

(3)当坍落度小于70mm时,宜用振动台捣实,应将试样筒在振动台上夹紧,一次将拌和物装满试样筒,立即开始振动,振动过程中如果混凝土低于筒口,应随时添加混凝土,振动直至拌和物表面出现水泥浆为止。

称取试样筒的质量m_1　　　　　　　装料及捣实

图6-3-2　称试筒质量、装料及捣实

2.称混凝土试样和试样筒总质量m_2

用金属直尺齐筒口刮去多余混凝土,用镘刀抹平表面,并用玻璃板检验,而后擦净试样筒外部并称其质量m_2,准确至50g。

3.标定试样筒容积

将干净的试样筒和玻璃板合并称其质量,再将试样筒加满水,盖上玻璃板,勿使筒内存有气泡,擦干外部水分,称出水的质量,即为试样筒容积,如图6-3-3所示。

称混凝土试样和试样筒总质量m_2　　　　　　　标定试样筒容积

图6-3-3　称试样和试筒的总质量及标定试筒容积

五、成果整理

1.计算公式

拌和物表观密度ρ_h用式(6-3-1)计算,结果精确到10kg/m³。

$$\rho_h = \frac{m_2 - m_1}{V} \times 100\% \qquad (6\text{-}3\text{-}1)$$

式中:m_2——振实后混凝土和试样筒总质量,kg;

　　　m_1——筒质量,kg;

　　　V——筒容积,L。

2.精密度和允许差

以两次试验结果的算术平均值作为测定值,精确到10kg/m³,试样不得重复使用。

3.试验记录表格(表6-3-2)

混凝土表观密度试验记录表　　　　　　　　表6-3-2

试验次数	1	2
试样筒质量(kg)	1.189	1.189
试样筒和试样总质量(kg)	12.939	12.944

续上表

试验次数	1	2
试样质量(kg)	11.750	11.755
试样筒容积(L)	5	5
表观密度(kg/m³)	2350	2350
平均值(kg/m³)	2350	
结论	符合强度等级为 C7.5~C15 的混凝土的表观密度要求	

六、注意事项

(1)插捣时,捣棒应垂直压下,不得冲击。

(2)插捣时,每插毕一层,应在试样筒外壁拍打 5~10 次,直至拌和物表面不出现气泡为止。

(3)应经常校正试样筒的容积。

 巩固提升

1. 什么是水泥混凝土的表观密度?
2. 水泥混凝土试样装料时有何要求?
3. 水泥混凝土试样振捣时有何要求?
4. 写出水泥混凝土表观密度试验步骤。

学习活动 4　水泥混凝土试件制作

 学习目标

1. 能描述水泥混凝土试件的标准尺寸;
2. 能描述水泥混凝土试件制作原理、试验步骤;
3. 能选择并使用试模、捣棒、镘刀等仪器设备;
4. 能按照混凝土试验规程进行试件制作;
5. 能整理试验数据并评定结果。

 情境导入

标准的混凝土成型方法是进行混凝土力学强度测定的基本要求,通过试验掌握正确的混凝土试件制作方法和养护条件。

 基础知识

一、材料准备

(1)所有材料均应符合有关要求,拌和前材料应放在温度为 20℃±5℃ 的室内。

(2)为防止粗集料的离析,可将集料按不同粒径分开,使用时再按一定比例混合。试样从抽取至试验完毕过程中,不要风吹日晒,必要时应采取保护措施。

二、混合料拌和

(1)拌和时保持室温为 20℃±5℃。

(2)拌和物的总量至少应比所需量高20%以上。拌制混凝土的材料用量应以质量计。称量的精确度:集料为±1%,水、水泥、掺和料和外加剂为±0.5%。

(3)粗集料、细集料均以干燥状态为基准,计算用水量时应扣除粗集料、细集料的含水量。

注:干燥状态是指含水率小于0.5%的细集料和含水率小于0.2%的粗集料。

(4)外加剂的加入。

①对于不溶于水或难溶于水且不含潮解型盐类,应先和一部分水泥拌和,以保证充分分散。

②对于不溶于水或难溶于水但含潮解型盐类,应先和细集料拌和。

③对于水溶性液体,应先和水拌和。

(5)拌制混凝土所用各种用具,应预先用水润湿,使用完后必须清洗干净。

(6)使用搅拌机前,应先用少量砂浆进行涮膛,再刮出涮膛砂浆,以避免正式拌和混凝土时水泥砂浆黏附筒壁的损失。涮膛砂浆的水灰比及砂灰比,应与正式的混凝土配合比相同。

(7)搅拌机搅拌。拌和量宜在搅拌机公称容量的1/4~3/4之间。

加料顺序:粗集料→细集料→水泥→水(全部加料时间不宜超过2min。水全部加入后,继续拌和2min,拌和物倾出在铁板上,再经人工翻拌1~2min,务必使拌和物均匀一致)。

(8)人工拌和。加料顺序:砂→水泥→粗集料→水。

(9)从试样制备完毕到开始做各项性能试验不宜超过5min(不包括成型试件)。

(10)制作检验混凝土强度试验的试件时,应检验混凝土拌和物的坍落度、黏聚性、保水性及拌和物的表观密度,并以此结果作为代表相应配合比的混凝土拌和物的性能。

三、混凝土拌和物成型试件尺寸

试件尺寸见表6-4-1。

试 件 尺 寸　　　　　　　　　　　　　　表6-4-1

试 件 名 称	标准尺寸(mm×mm×mm)	非标准尺寸(mm×mm×mm)
立方体抗压强度试件	150×150×150(31.5)	100×100×100(26.5)、200×200×200(53)
圆柱抗压强度试件	150×300(31.5)	100×200(26.5)、200×400(53)
轴心抗压强度试件	150×150×300(31.5)	200×200×400(53)、100×100×300(26.5)
抗弯拉强度试件	150×150×600(31.5)、150×150×550(31.5)	100×100×400(26.5)

注:括号中的数字为试件中集料公称最大粒径,单位为毫米(mm)。

技能实训

水泥混凝土试件制作(T 0551—2005)

一、试验依据

《公路工程水泥及水泥混凝土试验规程》(JTG E30—2005)。

二、试验目的和适用范围

本方法规定了在常温环境中室内试验时水泥混凝土试件制作方法。轻质水泥混凝土、防水水泥混凝土、碾压混凝土等其他特种混凝土的制作方法可以参照本方法进行。

三、仪器设备

（1）搅拌机：自由式或强制式。

（2）振动台：应符合《混凝土试验用振动台》(JG/T 245—2009)中技术要求的规定。

（3）混凝土试模：试模应符合《混凝土试模》(JG 237—2008)中技术要求的规定。

（4）其他：捣棒、铁锹、镘刀等。

四、试验步骤

1. 装模、振捣（图6-4-1）

（1）成型前试模内壁涂一薄层矿物油。

（2）取拌和物的总量至少应比所需量高20%以上，并取出少量混凝土拌和物代表样，在5min内进行坍落度或维勃试验，认为品质合格后，应在15min内开始制作或做其他试验。

（3）对于坍落度小于25mm时，可采用直径25mm的插入式振捣棒成型。将混凝土拌和物一次装入试模，装料时应用抹刀沿各试模壁插捣，并使混凝土拌和物高出试模口；振捣时振捣棒距底板10～20mm，且不要接触底板。振捣直到表面出浆为止，且应避免过振，以防止混凝土离析，一般振捣时间为20s。振捣棒拔出时要缓慢，拔出后不得留有孔洞。用刮刀刮去多余的混凝土，在临近初凝时，用镘刀抹平。试件抹面与试模边缘高低差不得超过0.5mm。

（4）当坍落度大于25mm且小于70mm时，用标准振动台成型。将试模放在振动台上夹牢，防止试模自由跳动，将拌和物一次装满试模并稍有富余，开动振动台至混凝土表面出现乳状水泥浆为止，振动过程中随时添加混凝土使试模常满，记录振动时间（为维勃秒数的2～3倍，一般不超过90s）。振动结束后，用金属直尺沿试模边缘刮去多余的混凝土，用镘刀将表面初次抹平，待试件收浆后，再次用镘刀将试件仔细抹平，试件抹面与试模边缘的高低差不得超过0.5mm。

（5）当坍落度大于70mm时，用人工成型。拌和物分厚度大致相等的两层装入试模。捣固时按螺旋方向从边缘到中心均匀地进行。插捣底层混凝土时，捣棒应达到模底；插捣上层时，捣棒应贯穿上层后插入下层20～30mm处。插捣时应用力将捣棒压下，保持捣棒垂直，不得冲击，捣完一层后，用橡皮锤轻轻击打试模外端面10～15下，以填平插捣过程中留下的孔洞。每层插捣次数100cm²截面积内不得少于12次。试模表面与试模边缘高低差不得超过0.5mm。

装配好试模涂抹脱模剂　　　　　装填试模，振捣密实

图6-4-1　装模、振捣

2. 拆模、养护（图6-4-2）

（1）试件成型后，用湿布覆盖表面（或其他保持湿度办法），在室温20℃±5℃，相对湿度大于50%的环境下，静放一到两个昼夜，然后拆模并作第一次外观检查、编号，对有缺陷的试件应除去，或加工补平。

（2）将完好试件放入标准养护室进行养护，标准养护室温度为20℃±2℃，相对湿度在

95%以上,试件宜放在铁架或木架上,间距至少为10~20mm,试件表面应保持一层水膜,并避免用水直接冲淋。当无标准养护室时,将试件放入温度20℃±2℃的不流动的Ca(OH)$_2$饱和溶液中养护。

(3)标准养护龄期为28d(从搅拌加水开始)。非标准的龄期为1d、3d、7d、60d、90d、180d。

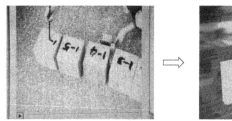

静置1~2d拆模检查,编号　　　　标准养护至规定龄期

图6-4-2　拆模、养护

五、成果整理

将每组试件编号放入养护箱。

六、注意事项

(1)检查试模尺寸是否达到标准要求

(2)取拌和物的总量至少应比所需量高20%以上,并取出代表样在5min内进行坍落度试验,品质合格后应在15min内开始制作试件。

(3)试件抹面与试模边缘高低差不得超过0.5mm(非圆柱体试件),试件表面略低于试模边缘1~2mm(圆柱体试件)。

(4)试件成型后,用湿布覆盖表面,拆模并做第一次外观检,对有缺陷的试件应除去或加工补平。

巩固提升

1.水泥混凝土抗压强度标准试件尺寸为多少?抗折强度标准试件尺寸为多少?

2.水泥混凝土试件的标准养护条件要求温度为多少?湿度为多少?

3.水泥混凝土试件成型时,要求非圆柱体试件试件表面与试模表面边缘高低差不得超过多少?

4.写出制作混凝土试件的步骤。

5.将完好试件放入标准养护室进行养护,当无标准养护室时,应将试件放入何处、多少度的温度下养护?

学习活动5　水泥混凝土抗压强度试验

学习目标

1.能描述水泥混凝土抗压强度的概念和试验原理、试验步骤;

2.能选择并使用压力机等仪器设备;

3.能按照混凝土试验规程进行抗压强度试验;

4.能整理试验数据并评定结果。

情境导入

在公路建设中,水泥混凝土硬化后会产生一定的强度,强度是否满足混凝土设计强度的要求,需通过测定抗压强度来确定。硬化后混凝土的力学性质包括抗压强度和抗弯拉强度两个方面。本学习活动介绍抗压强度的测定。

 基础知识

一、基本概念

混凝土强度是指混凝土硬化后所表现出的主要力学性质,我国《普通混凝土力学性能试验方法标准》(GB/T 50081—2002)规定,混凝土强度有抗压强度、轴心抗压强度、劈裂抗拉强度和抗折强度等,其中主要指标有抗压强度和抗折强度。

1. 立方体抗压强度

按标准制作方法制成边长为150mm的正立方体试件,在标准养护条件下(温度20℃±2℃、相对湿度95%以上),养护至28d,按标准方法测定的抗压强度值,即为混凝土立方体试件抗压强度(简称立方体抗压强度)。

2. 立方体抗压强度标准值

按标准的制作方法制成边长为150mm的正立方体试件,在标准养护条件下(温度20℃±2℃、相对湿度95%以上),养护至28d,用标准试验方法测得的具有95%保证率的抗压强度,以兆帕(MPa)计。

3. 立方体抗压强度等级

混凝土强度等级是按立方体抗压强度标准值来确定的,表示方法,是用符号"C"和"立方体抗压强度标准值"两项内容表示,如:"C30"即表示混凝土立方体抗压强度标准值 $f_{cu,k}=30\text{MPa}$。

按照《混凝土结构设计规范》(GB 50010—2010)规定,普通混凝土划分为14个等级,即:C15、C20、C25、C30、C35、C40、C45、C50、C55、C60、C65、C70、C75、C80。例如,强度等级为C30的混凝土是指 $30\text{MPa} \leq f_{cu,k} < 35\text{MPa}$。

二、影响混凝土强度的因素

1. 水泥强度和水胶比

试验表明,在配合比相同的条件下,水泥强度越高,制成的混凝土强度也越高。当水泥强度一定时,混凝土的强度主要取决于水胶比的大小,水胶比越小,水泥混凝土强度越高。

2. 骨料的品种、质量与数量

在其他条件相同的情况下,用碎石拌制的混凝土比卵石混凝土的强度高。

骨料强度过低、骨料中有害杂质含量过多,都会降低混凝土的强度。

骨浆比对混凝土特别对高强度混凝土强度有一定影响。在水胶比相同的条件下,达到最优骨浆比后,混凝土的强度随骨浆比的减小而降低。

3. 养护条件

混凝土在潮湿条件下养护强度高,在干燥条件下强度低。

4. 龄期

混凝土在标准养护条件下,其强度与龄期的对数成正比。

5.试验条件

相同材料组成、相同制备方法和相同的养护条件,其力学强度还取决于试验条件。影响混凝土力学强度的试验条件主要有:试件形状和尺寸、试件温度和湿度、支承条件和加载方式等。

三、提高水泥混凝土强度的措施

(1)选用高强度水泥和早强型水泥。
(2)降低水胶比和浆骨比以提高混凝土的密实度。
(3)采用蒸汽养护和蒸压养护以提高混凝土的早期强度。
(4)掺加外加剂和掺和料,采用机械搅拌和振捣。

 技能实训

水泥混凝土抗压强度试验(T 0553—2005)

一、试验依据

《公路工程水泥及水泥混凝土试验规程》(JTG E30—2005)。

二、试验目的和适用范围

通过混凝土抗压强度试验,以确定混凝土强度等级,作为评定混凝土品质的重要指标。本方法适用于各类水泥混凝土立方体试件的抗压强度试验。

三、仪器设备

压力机或万能试验机、球座、钢垫板等。

四、试验步骤

1.取样、安放试件(图6-5-1)

(1)至试验龄期时,自养护室取出试件,应尽快试验,避免其湿度变化。

(2)取出试件,检查其尺寸及形状,相对两面应平行。量出棱边长度,精确至1mm。试件受力截面积按其与压力机上下接触面的平均值计算。在破型前,保持试件原有湿度,在试验时擦干试件。

(3)以成型时侧面为上下受压面,试件中心应与压力机几何对中。

从标养地点取出试件　　　　将试件安放于压力试验机上

图6-5-1　取样、安放试件

2.开动压力机、加荷载(图6-5-2)

强度等级小于C30的混凝土取0.3MPa/s~0.5MPa/s的加荷速度;强度等级大于C30小于C60时,取0.5MPa/s~0.8MPa/s的加荷速度;强度等级大于C60的混凝土取0.8MPa/s~1.0MPa/s的加荷速度。当试件接近破坏而开始迅速变形时,应停止调整试验机油门,直至试件破坏,记录破坏极限荷载$F(N)$。

开动压力机连续均匀的加载　　　试件破坏时,记录破坏荷载

图 6-5-2　开动压力机、加荷载

五、数据处理与结果分析

1. 计算公式

$$f = \frac{F}{A} \tag{6-5-1}$$

式中：f——混凝土立方体试件抗压强度,MPa；

F——试件破坏荷载,N；

A——试件承压面积,mm^2。

2. 抗压强度值的确定

(1)三个试件测值的算术平均值作为该组试件的强度值(精确至 0.1MPa)。

(2)三个测值中的最大值或最小值中如有一个与中间值的差值超过中间值的 ±15% 时,则最大与最小值一并舍去,取中间值作为该组试件的抗压强度值。

(3)如最大值和最小值与中间值的差均超过中间值的 ±15%,则该组试件的试验结果无效。

(4)混凝土强度等级小于 C60 时,用非标准试件测得的强度值均应乘以尺寸换算系数；当混凝土强度等级大于等于 C60 时,宜用标准试件,使用非标准试件时,换算系数由试验确定。立方体抗压强度尺寸换算系数见表 6-5-1。

立方体抗压强度尺寸换算系数　　　表 6-5-1

试件尺寸(mm × mm × mm)	换算系数	试件尺寸(mm × mm × mm)	换算系数
200 × 200 × 200	1.05	100 × 100 × 100	0.95
150 × 150 × 150	1.00		

3. 试验记录表格(表 6-5-2)

水泥混凝土立方体抗压强度试验记录　　　表 6-5-2

代表部位	试样编号	制作日期	试验日期	龄期(d)	试件尺寸(mm)	尺寸换算系数	破坏荷载(kN)	抗压强度(MPa) 单值	抗压强度(MPa) 平均	换算强度(MPa)	设计标号
桥台	1-1	3.1	3.29	28	150 × 150 × 150	1.00	818.80	36.4			
桥台	1-2	3.1	3.29	28	150 × 150 × 150	1.00	824.40	36.6	36.6	36.6	32.5
桥台	1-3	3.1	3.29	28	150 × 150 × 150	1.00	825.90	36.7			
结论	测定结果符合设计要求										

六、注意事项

(1)试件从养护箱中取出后应尽快试验。

(2)试验时选择合适的压力机加载量程,要求达到的最大破坏荷载在所选量程的 20% ~ 80% 之间。

(3)试验时要求将加载速率的单位兆帕每秒(MPa/s)换算成千牛每秒(kN/s)。

巩固提升

1. 如何确定水泥混凝土抗压强度值?
2. 如何确定水泥混凝土抗压强度等级?
3. 混凝土抗压强度试验时,对加何速度有何要求?
4. 叙述混凝土抗压强度评定方法。
5. 根据试验数据对水泥混凝土立方体抗压强度值进行评定。

学习活动6　水泥混凝土抗弯拉强度试验

 学习目标

1. 能描述水泥混凝土抗弯拉强度的概念;
2. 能描述水泥混凝土抗弯拉强度试验的原理并描述试验步骤;
3. 能选择并使用压力机等仪器设备;
4. 能按照混凝土试验规程进行抗弯拉强度试验;
5. 能整理试验数据并评定结果。

 情境导入

在公路建设中,水泥混凝土路面强度是否满足设计要求,需进行混凝土抗弯拉强度(或称抗折强度)试验才能确定。道路路面或机场道面用水泥混凝土,以抗弯拉强度(或称抗折强度)为主要强度指标,抗压强度为参考强度指标。

基础知识

一、水泥混凝土抗弯拉强度

水泥混凝土抗弯拉强度是以标准制作方法制备成150mm×150mm×550mm的棱柱体试件,在标准养护条件(温度20℃±2℃,相对湿度95%以上)下,养护28d后,按三分点加荷方式测定其抗弯拉强度值,以兆帕(MPa)表示。

二、技术要求

根据我国《公路水泥混凝土路面设计规范》(JTG D40—2011)规定,水泥混凝土路面的设计强度应采用28d龄期的弯拉强度。

各交通荷载等级要求的水泥混凝土弯拉强度标准值不得低于表6-6-1的规定。

水泥混凝土弯拉强度标准值　　　　表6-6-1

交通荷载等级	极重、特重、重	中等	轻
水泥混凝土弯拉强度标准值(MPa)	≥5.0	4.5	4.0

 技能实训

水泥混凝土抗弯拉强度试验(T 0558—2005)

一、试验依据

《公路工程水泥及水泥混凝土试验规程》(JTG E30—2005)。

二、试验目的和适用范围

本方法规定了测定水泥混凝土抗弯拉极限强度的方法,以提供设计参数,检查水泥混凝土施工品质和确定抗弯拉弹性模量试验加荷标准。

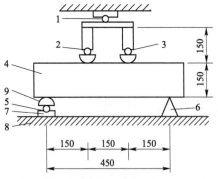

图 6-6-1 抗弯拉试验装置(尺寸单位:mm)
1、2-一个钢球;3、5-两个钢球;4-试件;6-固定支座;7-活动支座;8-机台;9-活动船形垫块

本方法适用于各类水泥混凝土棱柱体试件。

三、仪器设备

压力机或万能试验机,抗弯拉试验装置(即三分点处双点加荷和三点自由支承式混凝土抗弯拉强度与抗弯拉弹性模量试验装置),如图 6-6-1 所示。

四、试验步骤

1. 检查试件、安放试件(图 6-6-2)

(1)试件取出后,用湿毛巾覆盖并及时进行试验,保持试件干湿状态不变。在试件中部量出其宽度和高度,准确至 1mm。

(2)调整两个可移动支座,将试件安装在支座上,试件成型时的侧面朝上,几何对中后,务必使支座及承压面与活动船形垫块的接触面平稳、均匀,否则应垫平。

检查试件　　　　　　　安放试件

图 6-6-2 检查试件、安放试件

2. 加载,观察断裂位置(图 6-6-3)

(1)加载时应保持均匀、连续。当混凝土的强度等级小于 C30 时,加载速度为 0.02MPa/s ~ 0.05MPa/s;当混凝土的强度等级大于或等于 C30 且小于 C60 时,加载速度为 0.05MPa/s ~ 0.08MPa/s;当混凝土的强度等级大于或等于 C60 时,加载速度为 0.08MPa/s ~ 0.10MPa/s。当试件接近破坏而开始迅速变形时,不得调整试验机油门,直至试件破坏,记下破坏极限荷载 $F(N)$。

(2)记录最大荷载和试件下边缘断裂的位置。

施加荷载　　　　　　　观察断裂位置

图 6-6-3 加载,观察断裂位置

五、数据处理与结果分析

1. 计算公式

$$f_f = \frac{Fl}{bh^2} \tag{6-6-1}$$

式中：f_f——混凝土抗弯拉强度，MPa；

　　　F——试件破坏极限荷载，N；

　　　b——试件截面宽度，mm；

　　　h——试件截面高度，mm；

　　　l——支座间跨度，mm。

2. 抗弯拉强度值的确定

（1）若三个试件的断裂面均位于两个集中荷载之间，抗弯拉强度值按下列要求确定：

①三个试件测值的算术平均值作为该组试件的强度值（精确至 0.01MPa）。

②三个试件测值中的最大值或最小值中如有一个与中间值的差值超过中间值的 ±15% 时，则最大值与最小值一并舍去，取中间值作为该组试件的抗弯拉强度值。

③三个试件测值中的最大值和最小值与中间值的差值均超过中间值的 ±15% 时，则该组试件的试验结果无效。

（2）若三个试件中有一个断裂面位于两个集中荷载之外，则混凝土抗弯拉强度值按另两个试件的试验结果计算。若这两个测值的差值不大于这两个测值的较小值的 ±15% 时，则该组试件的抗弯拉强度值按这两个测值的平均值计算，否则，该组试件的试验无效。

（3）若有两个试件的下边缘断裂位置位于两个集中荷载作用线之外，则该组试件的试验无效。

（4）当试件尺寸为 100mm×100mm×400mm 非标准试件时，应乘以尺寸换算系数 0.85；当混凝土强度等级大于或等于 C60 时，宜采用标准试件。

3. 试验记录表格（表6-6-2）

水泥混凝土抗弯拉强度试验记录　　　　表6-6-2

试验日期 养护时间	试样编号	试件宽度（mm）	试件高度（mm）	受压面积（mm²）	支座间距（mm）	极限荷载（N）	断裂位置	试验有效否	换算系数	抗弯拉强度（MPa）			
										各测值	中间值	平均值	测定值
28d	1-1	150	150	22500	450	37530		有	1.0	5.00	5.00	4.90	4.90
	1-2	150	150	22500	450	34620		有	1.0	4.62			
	1-3	150	150	22500	450	38150		有	1.0	5.09			
结论	该混凝土抗弯拉强度满足设计要求（设计值为4.5MPa）												

六、注意事项

（1）试件从养护箱中取出后应尽快试验。

（2）试验时选择合适的压力机加载量程，要求达到的最大破坏荷载为所选量程的 20%~80%。

（3）试验时要求将加载速率的单位兆帕每秒（MPa/s）换算成千牛每秒（kN/s）。

（4）加载应保持均匀、连续。

巩固提升

1. 水泥混凝土抗弯拉度如何定义？

2. 水泥混凝土抗弯拉强度试验时，压力机加载量程要求达到的最大破坏荷载为所选量程的多少？

3. 写出水泥混凝土抗弯拉强度计算公式。

4. 如何确定加载速度？

学习任务7 砂浆试验

> **任务目标**
> 1. 能描述水泥砂浆配合比的计算步骤；
> 2. 能检测砂浆的稠度,合理判断砂浆拌和物的流动性；
> 3. 能检测砂浆的保水性,判断砂浆拌和物在运输及停放时内部组分的稳定性；
> 4. 能测定砂浆立方体的抗压强度,判断砂浆硬化后的强度等级。

任务描述

砂浆在建筑工程中是一项量大、用途广泛的建筑材料,在涵洞、桥梁等结构物的施工中,砂浆将单块的砖、石块、预制混凝土砌块等胶结起来,构成砌体。墙体接缝及结构物的表面都需要用砂浆抹面,起到保护结构和装饰的效果。为了保证砂浆的质量,试验检测人员必须对配置的砂浆进行稠度、保水率及抗压强度等指标的检测,在检测质量合格的情况下才应用于工程当中。

学习活动1 砂浆配合比设计

学习目标

1. 能描述砂浆配合比的计算步骤；
2. 能描述现场配置砂浆试配强度的计算方法；
3. 能描述现场配置每立方米砂浆需要的各种材料用量公式；
4. 能描述砌筑砂浆配合比的试配和调整方法。

情境导入

砌筑砂浆配合比设计应根据原材料的性能、砂浆的技术要求、块体种类及施工水平进行计算或查表选择,并应经过试配、调整后做出确定,之后才能广泛用于砂浆的生产中。故为了统一砌筑砂浆的技术条件和配合比设计方法,满足设计和施工要求,保证砌筑砂浆质量,做到技术先进、经济合理,本学习活动对砂浆配合比设计进行介绍。

基础知识

一、砂浆定义

砂浆是由水泥胶凝材料、细集料、掺和料和水配制而成的建筑工程材料,在工程中起黏结、衬垫和传递应力的作用。建筑砂浆主要用于工业与民用建筑物和构筑物的砌筑、抹灰、地面工程及其他用途的建筑砂浆。在道路和桥梁隧道工程中,用于砌筑挡土墙、桥涵或隧道等圬工砌体及砌体表面的抹面。

二、砂浆分类

(1)建筑砂浆按其用途分为砌筑砂浆和抹面砂浆。

(2)砌筑砂浆是指将砖、石、砌块等黏结成为砌体,其起着传递荷载的作用,是砌体的重要组成部分。砌筑砂浆按工艺的不同分为现场配制砂浆和预拌砌筑砂浆。

①现场配制砂浆是由水泥、细集料和水,以及根据需要加入的石灰、活性掺和剂或外加剂在现场配制成的砂浆,分为水泥砂浆和水泥混合砂浆。水泥砂浆是由水泥、细集料和水配制而成的砂浆;水泥混合砂浆是由水泥、细集料、掺和料和水配制而成的砂浆。

②预拌砌筑砂浆(又称商品砂浆)是由专业生产厂生产的湿拌砌筑砂浆和干混砌筑砂浆,它的工作性、耐久性优良,生产时不分水泥砂浆和水泥混合砂浆。

(3)抹面砂浆也称抹灰砂浆,则用于墙面、地面、屋面及梁柱结构等表面的抹灰,以达到防护和装饰等要求。按使用功能将砂浆分为普通抹面砂浆、防水砂浆、装饰砂浆和特殊用途砂浆(绝热、耐酸、吸声等)。

三、砌筑砂浆对组成材料的技术要求

砌筑砂浆所用原材料不应该对人体、生物与环境造成有害的影响,并应符合《建筑材料放射性核素限量》(GB 6566—2010)的规定。

1. 水泥

水泥是砂浆的主要胶凝材料,常用的水泥品种有普通水泥、矿渣水泥、火山灰水泥、粉煤灰水泥和复合水泥等,具有可根据设计要求、砌筑部位及所处的环境条件选择适宜的水泥品种。水泥标号应为砂浆强度等级的4~5倍,水泥标号过高,将使水泥用量不足而导致保水性不良。水泥宜采用通用硅酸盐水泥或砌筑水泥,且应符合国家标准《通用硅酸盐水泥》(GB 175—2007)和《砌筑水泥》(GB/T 3183—2003)的规定。水泥标号应根据砂浆品种及强度等级的要求进行选择。M15及以下强度等级的砌筑砂浆宜选用32.5级的通用硅酸盐水泥或砌筑水泥,M15以上强度等级的砌筑砂浆宜选用42.5级通用硅酸盐水泥。

2. 掺和料

为了提高砂浆的和易性,用于砌筑砂浆的胶凝材料除水泥外,还掺加各种掺和料如石灰膏、黏土和粉煤灰等作为结合料。石灰膏和熟石灰不仅是作为胶凝材料,更主要的是使砂浆具有良好的保水性。粉煤灰的品质指标和磨细生石灰的品质指标应符合国家标准《用于水泥和混凝土中的粉煤灰》(GB/T 1596—2005)及行业标准《建筑生石灰》(JC/T 479—2013)的要求。

砌筑砂浆中的水泥和石灰膏、电石膏等材料的用量可按表7-1-1选用。

砌筑砂浆的材料用量 表7-1-1

砂浆种类	材料用量(kg/m³)	砂浆种类	材料用量(kg/m³)
水泥砂浆	≥200	预拌砌筑砂浆	≥200
水泥混合砂浆	≥350		

注:1. 水泥砂浆中的材料用量是指水泥用量。
2. 水泥混合砂浆中的材料用量是指水泥和石灰膏、电石膏的材料总量。
3. 预拌砌筑砂浆中的材料用量是指胶凝材料用量,包括水泥和替代水泥的粉煤灰等活性矿物掺和料。

砌筑砂浆用石灰膏、电石膏应符合下列规定:

(1)生石灰熟化成石灰膏时,应用孔径不大于3mm×3mm的网过滤,熟化时间不得少于

7d;磨细生石灰粉的熟化时间不得少于2d。沉淀池中储存的石灰膏,应采用防止干燥、冻结和污染的措施。严禁使用脱水硬化的石灰膏。

(2)制作电石膏的电石渣应用孔径不大于3mm×3mm的网过滤,检验时应加热至70℃后至少保持20min,并应待乙炔挥发完后再使用。

(3)消石灰不得直接用于砌筑砂浆中。

(4)石灰膏和电石膏试配时的稠度,应为120mm±5mm。

3. 细集料

细集料主要是天然砂,所配制的砂浆称为普通砂浆。砂宜选用中砂,并符合行业标准《普通混凝土用砂、石质量及检验方法标准》(JGJ 52—2006)的规定,且应全部通过4.75mm的筛孔。砂的最大粒径应小于砂浆厚度的1/5~1/4,一般不大于2.5mm。作为勾缝和抹面用的砂浆,最大粒径不超过1.25mm,砂的粗细程度对水泥用量、和易性、强度和收缩性影响很大。

4. 外加剂

为使砂浆具有良好的和易性和其他施工性能,可以在砂浆中掺入外加剂如引气剂、早强剂、缓凝剂、防冻剂等,外加剂的品种和掺量及物理性能等都应通过试验确定。

5. 拌和用水

砂浆拌和用水与混凝土拌和水的要求相同,应符合《混凝土拌和用水标准》(JGJ 63—2006)的规定。

四、砌筑砂浆的技术性质

砌体工程对于新拌砂浆应保证有较好的和易性并且硬化后有足够的强度。其技术性质具体如下:

1. 和易性

砂浆的和易性是指其是否便于施工并保证质量的综合性质。砂浆的和易性根据其流动性和保水性两方面来综合评定。

(1)流动性。测定砂浆的流动性采用砂浆稠度试验来确定配合比或施工过程中控制砂浆的稠度,以达到控制用水量的目的。

(2)保水性。砂浆的保水性是指保持水分不流失的能力,也是表示各组成材料不易分离的性质。采用保水性试验以判断砂浆拌和物在运输及停放后内部组分的稳定性。

2. 硬化后砂浆的技术性质

(1)强度。建筑砂浆在砌体中要经受周围环境介质的作用,因此砂浆应具有一定的黏结强度、抗压强度和耐久性。其中砂浆抗压强度有多种检验方法,目前我国采用立方体抗压强度作为检验砂浆强度的标准方法,即砂浆的抗压强度作为测定砂浆性能的最主要指标,同时抗压强度也作为划分砂浆强度等级的主要技术指标。

砂浆的强度等级,用标准试验方法测得的28d龄期的抗压强度来确定。水泥砂浆及预拌砌筑砂浆的强度等级可分为M5、M7.5、M10、M15、M20、M25、M30;水泥混合砂浆的强度等级可分为M5、M7.5、M10、M15。

(2)黏结力。砌体是依靠砂浆的黏结成为整体,故要求基材和建筑砂浆之间应有一定的黏结力。其黏结力与强度密切相关,砂浆的强度越高,则黏结力越大,此外黏结力还与基材的表面状态、清洁程度、湿润状况及施工养护条件等有关系。

(3)抗冻性。有抗冻性要求的砌体工程,砌筑砂浆应进行冻融试验。砌筑砂浆的抗冻性应符合表7-1-2的规定,且当设计对抗冻性有明确要求时,还应符合设计规定。

砌筑砂浆的抗冻性　　　　　　　表7-1-2

使用条件	抗冻指标	质量损失率(%)	强度损失率(%)
夏热冬暖地区	F15	≤5	≤25
夏热冬冷地区	F25		
寒冷地区	F35		
严寒地区	F50		

五、合格砂浆的要求

所谓合格的砂浆是指砌筑砂浆的稠度、保水率、强度必须均合格。在进行砂浆配合比设计时,该三项为必检查的项目,同时测定砂浆表观密度的实测值与理论值进行校正砂浆配合比。

具体砌筑砂浆拌和物的表观密度应符合表 7-1-3 的规定。

砌筑砂浆拌和物的表观密度　　　　　　　表7-1-3

砂浆种类	表观密度(kg/m³)	砂浆种类	表观密度(kg/m³)
水泥砂浆	≥1900	预拌砌筑砂浆	≥1800
水泥混合砂浆	≥1800		

技能实训

砂浆配合比设计(JGJ/T 98—2010)

砂浆在不同的结构中可采用现场配制或预拌砌筑砂浆两种方法,使其承受不同的荷载。目前采用砂浆抗压强度作为设计计算的主要依据。建筑砂浆的强度对砌体强度(抗压、轴压、弯压、抗剪)有一定影响程度,故为了保证砂浆的工作性能,必须进行水泥砂浆配合比的试配、调整和确定。

不同的配制方式其配合比设计计算不同,现将现场配制砂浆和预拌砌筑砂浆这两种配合比设计的确定和要求详细叙述如下。

一、现场配制砌筑砂浆的试配要求

1. 现场配制水泥混合砂浆的试配规定

(1)配合比应按下列步骤进行计算:

①计算砂浆试配强度($f_{m,o}$)。

②计算每立方米砂浆中的水泥用量(Q_C)。

③计算每立方米砂浆中石灰膏用量(Q_D)。

④确定每立方米砂浆中的砂用量(Q_S)。

⑤按砂浆稠度选每立方米砂浆用水量(Q_W)。

(2)砂浆的试配强度应按式(7-1-1)计算:

$$f_{m,o} = k \cdot f_2 \tag{7-1-1}$$

式中:$f_{m,o}$——砂浆的试配强度,MPa,应精确至 0.1MPa;

f_2——砂浆强度等级值,MPa,应精确至 0.1MPa;

k——系数,按表 7-1-4 取值。

砂浆强度标准差 σ(单位:MPa)及 k 值　　　　　　　表 7-1-4

强度等级 施工水平	强度标准差 σ							k
	M5	M7.5	M10	M15	M20	M25	M30	
优良	1.00	1.50	2.00	3.00	4.00	5.00	6.50	1.15
一般	1.25	1.88	2.50	3.75	5.00	6.25	7.50	1.20
较差	1.50	2.25	3.00	4.50	6.00	7.50	9.00	1.25

(3)砂浆强度标准差的确定应符合下列规定:

①当有统计资料时,砂浆强度标准差应按式(7-1-2)计算。

$$\sigma = \sqrt{\frac{\sum_{i=1}^{n} f_{m,i}^2 - n\mu_{fm}^2}{n-1}} \qquad (7\text{-}1\text{-}2)$$

式中:$f_{m,i}$——统计周期内同品种砂浆第 i 组试件的强度,MPa;

μ_{fm}——统计周期内同品种砂浆第 n 组试件的强度的平均值,MPa;

n——统计周期内同品种砂浆试件的总组数,$n \geq 25$。

②当无统计资料时,砂浆强度标准差可按表 7-1-1 取值。

(4)水泥用量的计算应符合下列规定:

①每立方米砂浆中的水泥用量 Q_C 应按式(7-1-3)计算,精确至 1kg。

$$Q_C = \frac{1000(f_{m,o} - \beta)}{\alpha \cdot f_{ce}} \qquad (7\text{-}1\text{-}3)$$

式中:f_{ce}——水泥的实测强度,MPa,精确至 0.1MPa;

$\alpha \mathrel{\text{、}} \beta$——砂浆的特征系数,其中 α 取 3.03,β 取 -15.09。

注:各地区也可用本地区试验资料确定 $\alpha \mathrel{\text{、}} \beta$,统计用的试验组数不得少于 30 组。

②在无法取得水泥的实测强度值时,可按式(7-1-4)计算。

$$f_{ce} = \gamma_c \cdot f_{ce,k} \qquad (7\text{-}1\text{-}4)$$

式中:$f_{ce,k}$——水泥强度等级值,MPa;

γ_c——水泥强度等级值的富余系数,宜按实际统计资料确定,无统计资料时可取 1.0。

(5)石灰膏用量应按式(7-1-5)计算。

$$Q_D = Q_A - Q_C \qquad (7\text{-}1\text{-}5)$$

式中:Q_D——每立方米砂浆的石灰膏用量,kg,精确至 1kg,石灰膏使用时的稠度为 120mm ± 5mm;

Q_C——每立方米砂浆的水泥用量,kg,精确至 1kg;

Q_A——每立方米砂浆中水泥和石灰膏总量,精确至 1kg,可为 350kg。

(6)每立方米砂浆中的砂用量,应按干燥状态(含水率小于 0.5%)的堆积密度值作为计算值(kg)。

(7)每立方米砂浆中的用水量,可根据砂浆稠度等要求选用 210~310kg。

注:①混合砂浆中的用水量,不包括石灰膏中的水。

②采用细砂或粗砂时,用水量分别取上限或下限。

③稠度小于 70mm 时,用水量可小于下限。

④施工现场气候炎热或干燥季节,可酌量增加用水量。

2.现场配制水泥砂浆的试配规定

(1)水泥砂浆的材料用量按表 7-1-5 选用。

每立方米水泥砂浆材料用量(单位:kg/m³)　　　　表 7-1-5

强度等级	水泥	砂	用水量
M5	200~230	砂的堆积密度值	270~330
M7.5	230~260		
M10	260~290		
M15	290~330		
M20	340~400		
M25	360~410		
M30	430~480		

注:1. M15 及 M15 以下强度等级水泥砂浆,水泥强度等级为 32.5 级;M15 以上强度等级水泥砂浆,水泥强度等级为 42.5 级。
　2. 当采用细砂或粗砂时,用水量分别取上限或下限。
　3. 稠度小于 70mm 时,用水量可小于下限。
　4. 施工现场气候炎热或干燥季节,可酌量增加用水量。
　5. 试配强度应按砂浆试配强度公式计算。

(2)水泥粉煤灰砂浆材料用量按表 7-1-6 选用。

每立方米水泥粉煤灰砂浆材料用量(单位:kg/m³)　　　表 7-1-6

强度等级	水泥和粉煤灰总量	粉煤灰	砂	用水量
M5	210~240	粉煤灰掺量可占胶凝材料总量的 15%~25%	砂的堆积密度值	270~330
M7.5	240~270			
M10	270~300			
M15	300~330			

注:1. 表中水泥强度等级为 32.5 级。
　2. 当采用细砂或粗砂时,用水量分别取上限或下限。
　3. 稠度小于 70mm 时,用水量可小于下限。
　4. 施工现场气候炎热或干燥季节,可酌量增加用水量。
　5. 试配强度应按砂浆试配强度公式计算。

二、预拌砌筑砂浆的试配要求

(1)预拌砌筑砂浆应符合下列规定:
①在确定湿拌砌筑砂浆稠度时应考虑砂浆在运输和储存过程中的稠度损失。
②湿拌砌筑砂浆应根据凝结时间要求确定外加剂掺量。
③干混砌筑砂浆应明确拌制时的加水量范围。
④预拌砌筑砂浆的搅拌、运输、储存等应符合《预拌砂浆》(GB/T 25181—2010)的规定。
⑤预拌砌筑砂浆性能应符合《预拌砂浆》(GB/T 25181—2010)的规定。

(2)预拌砌筑砂浆的试配应满足下列性能要求:
为了保证预拌砌筑砂浆质量,规范预拌砂浆的配合比设计,预拌砌筑砂浆配合比设计需满足以下性能要求。
①由于在运输过程中湿拌砌筑砂浆稠度可能会有所降低,为了保证施工性能,生产时应对其损失有充分考虑。
②为保证不同湿拌砌筑砂浆凝结时间的需要,应根据要求确定外加剂掺量。

③不同材料的需水量不同,厂家应根据配置结果,明确砌筑砂浆的加水量范围,保证其施工性能。

④对预拌砌筑砂浆的搅拌、运输、储存提出要求。

⑤根据相关标准对干混、湿拌砌筑砂浆性能进行了规定,预拌砌筑砂浆性能规定见表7-1-7。

预拌砌筑砂浆性能　　　　　　表7-1-7

项目	干混砌筑砂浆	湿拌砌筑砂浆
强度等级	M5、M7.5、M10、M15、M20、M25、M30	M5、M7.5、M10、M15、M20、M25、M30
稠度(mm)	—	50、70、90
凝结时间(h)	3~8	≥8、≥12、≥24
保水率(%)	≥88	≥88

三、砌筑砂浆配合比试配、调整与确定

(1)砌筑砂浆试配时应考虑工程实际要求。

(2)按计算或查表所得配合比进行试拌时,应按《建筑砂浆基本性能试验方法标准》(JGJ/T 70—2009)测定砌筑砂浆拌和物的稠度和保水率。当稠度和保水率不能满足要求时,应调整材料用量,直到符合要求为止,然后确定为试配时的砂浆基准配合比。

(3)试配时至少应采用三个不同的配合比,其中一个配合比应为按规程得出的基准配合比,其余两个配合比的水泥用量应按基准配合比增加及减少10%,在保证稠度、保水率合格的条件下,可将用水量、石灰膏、保水增稠材料或粉煤灰等活性掺和料用量作相应调整。

(4)砌筑砂浆试配时稠度应满足施工要求,并应按《建筑砂浆基本性能够试验方法标准》(JGJ/T 70—2009)分别测定不同配合比砂浆的表观密度及强度;并应选定符合试配强度及和易性要求、水泥用量最低的配合比作为砂浆的试配配合比。

(5)砌筑砂浆试配配合比尚应按下列步骤进行校正:

①应根据(4)确定关系的砂浆配合比材料用量,按式(7-1-6)计算理论表观密度。

$$\rho_t = Q_C + Q_D + Q_S + Q_W \tag{7-1-6}$$

式中:ρ_t——砂浆的理论表观密度值,kg/m^3,精确至$10\ kg/m^3$。

②应按式(7-1-7)计算砂浆配合比校正系数δ。

$$\delta = \frac{\rho_c}{\rho_t} \tag{7-1-7}$$

式中:ρ_c——砂浆的实测表观密度值,kg/m^3,精确至$10\ kg/m^3$。

③当砂浆的实测表观密度值与理论表观密度之差的绝对值不超过理论值的2%时,可按(4)得出的试配配合比确定为砂浆设计配合比;当超过2%时,应将试配配合比中每项材料均乘以校正系数(δ)后,确定为砂浆设计配合比。

(6)预拌砌筑砂浆生产前应进行试配、调整与确定,并应符合《预拌砂浆》(GB/T 25181—2010)的规定。

四、例题

【资料】某高速公路砌筑工程采用混合砂浆,砂浆强度等级为M7.5级,稠度为70~100mm,采用32.5级普通水泥、堆积密度为1450kg/m³的中砂(自然状态含水率为2%),稠度120mm的石灰膏配制。施工水平一般,试进行砂浆配合比设计。

解：M7.5混合砂浆配合比设计步骤如下：

1. 确定砂浆的试配强度

$$f_{m,o} = kf_2 = 1.2 \times 7.5 = 9.0 \text{(MPa)}$$

2. 确定水泥用量

$$Q_C = \frac{1000(f_{m,o} - \beta)}{\alpha \cdot f_{ce}} = \frac{1000(9.0 + 15.09)}{3.03 \times 32.5} = 245 \text{(kg/m}^3\text{)}$$

3. 确定石灰膏用量

每立方米砂浆中水泥与掺加料的总量采用350kg/m³，即 $Q_A = 350$ kg/m³，则：

$$Q_D = Q_A - Q_C = 350 - 245 = 105 \text{(kg/m}^3\text{)}$$

4. 确定砂用量

根据《砌筑砂浆配合比设计规程》（JGJ/T 98—2010）中的要求，每立方米砂浆中的砂用量，应按干燥状态的堆积密度作为计算值。根据此砂堆积密度 $\rho_s = 1450$ kg/m³，确定单位用砂量：$Q_S = \rho_s = 1450$ kg/m³。

5. 确定用水量

现场采用为中砂，根据施工经验，用水量取 $Q_W = 300$ kg/m³。

6. 确定基准配合比

基准配合比设计见表7-1-8。

基准配合比设计 表7-1-8

各材料名称	水泥	石灰膏	砂	水
各材料每立方米用量(kg)	245	105	1450	300
各材料质量比	1.00	0.43	5.92	1.22

7. 确定试配配合比

将水泥用量分别减少或增加10%，即220kg、270kg，与原来水泥用量（245kg）配置3组砂浆，石灰用量相应调整为130kg、80kg。检验稠度和保水性，合格后进行28d强度试验，结果均合格。由于220kg水泥用量最少，所以，砂浆试配配合比为水泥:石灰膏:砂:水 = 220:130:1450:300。

8. 确定设计配合比

计算砂浆理论表观密度：

$$\rho_t = 220 + 130 + 1450 + 300 = 2130 \text{(kg/cm}^3\text{)}$$

测定砂浆表观密度为：

$$\rho_c = 2100 \text{(kg/cm}^3\text{)}$$

计算校正系数：

$$\delta = \frac{\rho_c}{\rho_t} = \frac{2100}{2130} = 98.6\%$$

由于 $1 - \delta = 1 - 98.6\% = 1.4\% < 2\%$，所以试配配合比即为设计配合比，即水泥:石灰膏:砂:水 = 220:130:1450:300。

9. 确定生产配合比

砂的含水率为2%。砂的用水量为：

$$Q'_S = 1450(1 + 0.02) = 1479 \text{(kg/cm}^3\text{)}$$

实际用水量为：

$$Q'_w = 300 - 1450 \times 0.02 = 271 \, (\text{kg/cm}^3)$$

施工配合比为：

水泥:石灰膏:砂:水 = 220:130:1479:271

五、注意事项

(1)水泥混合砂浆配合比的计算步骤,原行业标准《建筑砂浆力学性能试验方法》(JGJ 70—1990)规定砂浆强度试验底模为普通黏土砖,而现行行业标准《建筑砂浆力学性能试验方法标准》(JGJ/T 70—2009)标准规定砂浆强度试验底模为钢底模,因将钢底模实测值乘以系数换算成砖底模砂浆强度值,砂浆强度实际还是按砖底模确定的,故配合比计算步骤与原规程基本一致。

(2)砂浆现场强度标准差的确定方法,计算试配强度时,所需的标准差 σ 是根据现场多年来的统计资料汇总分析而得,凡施工水平优良的取 C_v 值为0.20;施工水平一般的取 C_v 值为0.25;施工水平较差的取 C_v 值为0.30。

(3)现场配制水泥砂浆提出新的水泥砂浆材料用量表7-1-5,该表为单纯使用水泥为胶凝材料的配合比材料用量表,当还掺入粉煤灰等其他活性混合材料时可按照表7-1-6选用。

(4)为了满足砂浆试配强度的要求,使用至少三个水泥用量,除基准配合比外,另外分别增、减10%的水泥用量,制作试件,测定强度。由于钢底模的使用,在满足施工要求的情况下,试配时稠度尽可能取下限,这样试块强度与砖底模更接近。

(5)预拌砌筑砂浆生产前也应该经过配合比试配、调整与确定,试配时稠度及性能应按《预拌砂浆》(GB/T 25181—2010)的要求进行。

巩固提升

1.在砂浆配合比设计中,砂浆的和易性常用哪些指标表示?各用什么方法测定?

2.在公路工程中,对砂浆的技术要求主要有哪些?

3.砂浆的保水性不良对工程质量有何影响?

4.配制砂浆时,除需加水泥外,常还需加入哪些胶结材料?

5.试设计某砌筑工程用水泥石灰混合砂浆的配合比。设计依据最新规范和标准,具体要求如下:

(1)已知砂浆强度等级为M5.0,稠度要求为7~10cm,施工水平一般。

(2)原材料:强度等级32.5的矿渣硅酸盐水泥,强度等级富余系数为1.03;石灰膏的稠度10cm;中砂的堆积密度1450kg/m³,含水率为2%。

学习活动2　砂浆稠度试验

学习目标

1.能描述砂浆试验前试样的制备步骤;

2.能描述砂浆稠度试验的目的和步骤;

3.能按照《建筑砂浆基本性能试验方法标准》(JGJ/T 70—2009)操作规程完成砂浆稠度试验;

4.能整理试验数据并评定结果。

情境导入

在某高速公路防护工程挡土墙施工中,为满足建筑砂浆的设计和施工要求,应在施工过程中控制砂浆稠度,即为了控制用水量,达到保证砂浆质量的目的。监理单位要求施工单位现场测定砂浆的稠度,便于检测建筑砂浆的配合比,以此来控制施工质量。

基础知识

在使用过程中,砂浆需要达到适宜的流动性才适宜施工。砂浆的流动性大小主要取决于用水量以及胶结材料的种类和用量、细集料的种类、颗粒形状及级配、搅拌时间等。砂浆的流动性采用稠度仪测定,并用沉入度(cm)表示,沉入度值越大表明砂浆的流动性越好。

一、砂浆稠度仪

图 7-2-1 稠度仪

稠度仪主要由支座(由底盘、支架、示值系统三部分组成)、标准试锥和盛料容器等组成,如图 7-2-1 所示。支座部分由底盘和支架滑配连接,并用顶丝紧固,表盘升降和试锥架分别用罗马和手柄固定在立柱上,松开手柄,旋拧罗马,两架即可沿立柱上下移动。标准试锥由钢材或铜材制成,试锥高度为 145mm,锥底直径为 75mm,试锥连同滑杆质量为 300g±2g。盛载砂浆容器由钢板制成,筒高 180mm,锥底内径为 150mm。稠度仪的沉入深度为 0~14.5cm,沉入体积为 0~229.3cm^3,最小刻度值(沉入深度)为 1mm。

二、技术要求

施工所采用的砂浆稠度,应根据砌体材料的种类、施工条件气候条件等因素来决定,可按表 7-2-1 所示的规定选用。

砌筑砂浆的施工稠度(单位:mm)　　　　表 7-2-1

砌 体 种 类	施工稠度
烧结普通砖砌体	70~90
混凝土砖砌体、普通混凝土小型空心砌块砌体砖、灰砂砖砌体	50~70
烧结多孔砖砌体、烧结空心砖砌体、轻集料混凝土小型空心砌块砌体、蒸压加气混凝土砌块砌体	60~80
石砌体	30~50

技能实训

砂浆稠度试验(JGJ/T 70—2009)

一、试验依据

《建筑砂浆基本性能试验方法标准》(JGJ/T 70—2009)。

二、目的和适用范围

本方法适用于确定配合比或施工过程中控制砂浆稠度,以达到控制用水量目的。

三、试验准备

为了确定建筑砂浆性能、检验或控制建筑砂浆的质量,应采用统一的试验方法,取样及试验准备工作如下。

1. 取样

(1)建筑砂浆试验材料应从同一盘砂浆或同一车砂浆中取样,取样量不应少于试验所需量的4倍。

(2)当施工过程中进行砂浆试验时,砂浆取样方法应按相应的施工验收规范执行,并宜在现场搅拌点或预拌砂浆卸料点至少3个不同部位及时取样。对于现场取得的试样,试验前应人工搅拌均匀。

(3)从取样完毕到开始进行各项性能试验不宜超过15min。

2. 试样准备

(1)在试验室制备砂浆过拌和物时,所用的材料应该提前24h运到室内,试验室的温度应保持在20℃±5℃。

(2)试验室所用材料与现场试验材料一致,砂应过公称粒径为5mm的筛。

(3)拌制砂浆材料用量应以质量计。称量精度:水泥、外加剂、掺和料等为±0.5%,砂为±1%。

(4)在试验室搅拌砂浆时应采用机械搅拌,搅拌机应符合《试验用砂浆搅拌机》(JG/T 3033—1996)的规定,搅拌的用量宜为搅拌机容量的30%~70%,搅拌时间不应少于120s。掺有掺和料和外加剂的砂浆,其搅拌时间不应该少于180s。

四、仪器设备

(1)砂浆稠度测度仪。

(2)砂浆搅拌机。

(3)其他:拌和铁板(大约1.5m×2m,厚度约3mm)、磅秤(称量50kg,感量50g)、台秤(称量10kg,感量5g)、拌铲、抹刀、量筒、盛器、钢制捣棒(直径10mm、长350mm,端部磨圆)、秒表等。

五、试验步骤

(1)用少量润滑油轻擦滑杆,再将滑杆上多余的油用吸油纸擦净,使滑杆能自由滑动。

(2)用湿布擦净盛浆容器和试锥表面,将砂浆拌和物一次装入容器,使砂浆表面低于容器口约10mm左右,用捣棒自容器中心向边缘插捣25次,然后轻轻地将容器摇动或敲击5~6下,使砂浆表面平整,然后将容器置于稠度仪的底座上,如图7-2-2和图7-2-3所示。

a)　　　　　　　　b)

图7-2-2　擦拭容器和试锥　　　图7-2-3　装模、插捣

(3)拧松制动螺旋,向下移动滑杆,当试锥尖端与砂浆表面刚接触时,拧紧制动螺钉,使齿条侧杆下端刚接触滑杆上端,读出刻度盘上的读数(精确至1mm),如图7-2-4所示。

(4)拧松制动螺钉,同时以秒表计时间,待10s时立即拧紧螺钉,将齿条侧杆下端接触滑杆上端,从刻度盘上读出下沉深度(精确至1mm),二次读数的差值即为砂浆稠度值,如图

7-2-5 所示。

(5)盛装容器内的砂浆,只允许测定一次稠度,重复测定时,应重新取样测定。

图 7-2-4　指针调零　　　　　图 7-2-5　释放试锥、读取下沉高度

六、成果整理

1. 精密度和允许差

(1)取两次试验结果的算术平均值,精确至 1mm。

(2)如两次试验值之差大于 10mm,应重新取样测定。

2. 试验记录表格(表 7-2-2)

试 验 记 录　　　　　　　　　　　表 7-2-2

试验条件	温度22℃,相对湿度67%		工程部位/用途	砌体工程
砂浆设计强度等级	M7.5		拌和方式	机械拌和
稠　　度				
试验次数	设计值(mm)	稠度测值(mm)	稠度测定值(mm)	
1	30~50	46	47	
2		48		
结论	砂浆稠度符合设计和规范要求			

七、注意事项

(1)试验操作之前应对稠度仪进行如下检查:

①核实贯入滑动部件质量。

②检查并调平、调稳仪具底座,确保贯入滑动部件及升降齿轮处于自由状态。

(2)往盛浆容器中装入砂浆试样前,一定要将砂浆翻拌均匀,干稀一致。

(3)试验时应将刻度盘牢牢固定在相应位置,不得有松动,以免影响检测精度。

(4)到工地检查砂浆稠度时,如砂浆稠度仪不便携带,可携下试锥,在工地找其他容器装置砂浆做简易测定,用钢尺量测砂浆稠度(注意应垂直量测)。

巩固提升

1. 砂浆的基本性能试验包括哪些什么?

2. 砂浆试验的平均值的数据处理方法是什么?

3. 叙述砂浆稠度试验的意义。

4. M15 及以下强度等级的砌筑砂浆宜选用多少级的通用硅酸盐水泥或砌筑水泥? M15 以上强度等级的砌筑砂浆宜选用多少级通用硅酸盐水泥?

5. 砌筑砂浆砂宜选用中砂,应通过多大尺寸的筛?

6. 砂浆的和易性包括哪些方面的含义?

学习活动3 砂浆的保水性试验

学习目标

1. 能描述保水率的含义；
2. 能描述砂浆保水性试验的意义和步骤；
3. 能按照建筑砂浆基本性能试验方法完成砂浆保水性试验；
4. 能整理和分析试验数据。

情境导入

在某高速公路防护工程挡土墙施工中，为满足建筑砂浆的设计和施工要求，保证砂浆拌和物在运输到工地、停放、使用过程中，内部组分的保水能力即离析、泌水等内部组分的稳定性，监理单位要求施工单位现场测定砂浆的保水性试验来评定砂浆质量，以便控制施工质量。

基础知识

一、保水性定义

保水性是指新拌砂浆在运输和施工过程中保持水分不流失和各组成材料不离析的能力。保水性优良的砂浆不仅在使用过程中不宜产生离析现象，而且在铺筑后仍能保持必要的水分，以保证胶凝材料在硬化过程中所需的水分。保水性不好的砂浆，其塑性差，储运过程中水分容易离析，砌筑时水分易被基材吸收，施工困难，对砌体质量将会带来不利影响。砂浆保水性用保水率(%)表示。

(1)砂浆保水率就是吸水处理后砂浆中保留的水的质量，并用原始水量的质量百分数来表示。

(2)试验中测定砂浆含水率的操作步骤为：称取100g砂浆拌和物试样，置于一干燥并已称重的盘中，在105℃±5℃的烘箱中烘干至恒重，砂浆含水率应按式(7-3-1)计算，精确至0.1%。

$$\alpha = \frac{\text{烘干后砂浆样本损失的质量(g)}}{\text{砂浆样本的总质量(g)}} \times 100\% \qquad (7\text{-}3\text{-}1)$$

二、测定保水性的方法

我国目前砂浆的品种日益增多，一些新品种砂浆用分层度试验来衡量砂浆的各组分的稳定性或保持水分能力已不适宜。《砌筑砂浆配合比设计规程》(JGJ/T 98—2010)明确提出"保水率是衡量砂浆的保水性能指标"，同时取消了"分层度指标"。该保水性试验适宜于测定大部分预拌砂浆保水性能，来判断砂浆拌和物在运输及停放后内部组分的稳定性。

三、影响保水性的因素

影响保水性的主要因素是胶结材料的种类、用量和用水量，以及砂的品种、细度和用量等。掺有石灰膏和黏土的混合砂浆具有较好的保水性。

四、试验条件

标准试验条件：空气温度为23℃±2℃，相对湿度为45%~70%。

五、技术要求

砌筑砂浆的保水率应符合表 7-3-1 规定。

砌筑砂浆的保水率(%)　　　表 7-3-1

砂浆种类	保水率	砂浆种类	保水率
水泥砂浆	≥80	预拌砌筑砂浆	≥88
水泥混合砂浆	≥84		

 技能实训

砂浆保水性试验(JGJ/T 70—2009)

一、试验依据

《建筑砂浆基本性能试验方法》(JGJ/T 70—2009)。

二、目的和适用范围

本方法适用于测定砂浆保水性,以判定砂浆拌和物在运输及停放时内部组分的稳定性。

三、仪器设备

(1)金属或硬塑料圆环试模(内径 100mm、内部高度 25mm)。

(2)超白滤纸:符合《化学分析滤纸》(GB/T 1914—2007),中速定性滤纸,直径 110mm,200g/m²。

(3)两片金属或玻璃的方形或圆形不透水片(边长或直径大于 110mm)可密封的取样容器(清洁、干燥)。

(4)其他:2kg 的重物、医用棉纱(尺寸为 110mm×110mm,宜选用纱线稀疏,厚度较薄的棉纱)、天平(量程 200g,感量 0.1g;量程 2000g,感量 1g)、烘箱等。

四、试验步骤

(1)称量底部不透水片与干燥试模质量 m_1 和 15 片中速定性滤纸质量 m_2。

(2)将砂浆拌和物一次性填入试模,并用抹刀插捣数次,当填充砂浆略高于试模边缘时,用抹刀以 45°角一次性将试模表面多余的砂浆刮去,然后再用抹刀以较平的角度在试模表面反方向将砂浆刮平。

(3)抹掉试模边的砂浆,称量试模、底部不透水片与砂浆总质量 m_3。

(4)用金属滤网覆盖在砂浆表面,再在滤网表面放上 15 片滤纸,用上部不透水片盖在滤纸表面,以 2kg 的重物把不透水片压住。

(5)静止 2min 后移走重物及上部不透水片,取出滤纸(不包括滤网),迅速称量滤纸质量 m_4。

(6)按照砂浆的配比及加水量计算砂浆的含水率。若无法计算时,可按照标准规定测定砂浆的含水率。

五、成果整理

1. 砂浆保水率 W 计算

$$W = \left[1 - \frac{m_4 - m_2}{\alpha \cdot (m_3 - m_1)}\right] \times 100 \quad (7\text{-}3\text{-}2)$$

式中:W——砂浆保水率,%;

m_1——底部不透水片与干燥试模质量,g,精确至 1g;

m_2——15 片滤纸吸水前的质量,g,精确至 0.1g;

m_3——试模、底部不透水片与砂浆总质量,g,精确至1g;
m_4——15片滤纸吸水后的质量,g,精确至0.1g;
α——砂浆含水率,%。

2. 精度要求

取两次试验结果的平均值作为结果,精确至0.1%。且第二次试验应重新取样测定。如两个测定值之差超过2%时,则此组试验结果无效。

3. 试验记录表格(表7-3-2)

试 验 记 录   表7-3-2

工程部位/用途		砌体工程	拌和方式	机械拌和
砂浆设计强度等级		M7.5	试验条件	温度23℃,相对湿度67%
砂浆含水率测定 $a(\%)$	试验次数	1		2
	砂浆样本的总质量 $m_6(g)$	105		103
	烘干后砂浆样本的质量 $m_5(g)$	90		89
	砂浆含水率(%)	14.3		13.6
平均值		14.0		
试验次数		1		2
不透水片和干燥试模质量 $m_1(g)$		688		688
15片中速定性滤纸质量 $m_2(g)$		12.6		12.8
试模、不透水片及砂浆总质量 $m_3(g)$		1080.7		1081.2
试验后滤纸湿质量 $m_4(g)$		20.1		20.3
砂浆保水率 $W(\%)$	单值	86.4		86.4
	平均值	86.4		
结论		所检砂浆试样的保水率为86.4%		

六、注意事项

(1)标准试验条件:为空气温度23℃±2℃,相对湿度45%~70%。
(2)可密封的取样容器,在准备盛载砂浆试样时必须保持清洁和干燥。

巩固提升

1. 水泥砂浆、水泥混合砂浆和预拌砂浆的保水率各是多少?
2. 目前你知道测定砂浆拌和物在运输及停放时内部组分的稳定性试验有几种?分别叫什么?
3. 本试验为什么采用了金属或硬塑料圆环试模?
4. 阐述测定砂浆含水率的方法。
5. 阐述测定砂浆保水性的方法。

学习活动4　砂浆的立方体抗压强度试验

学习目标

1. 能描述砂浆强度等级;
2. 能描述测定砂浆立方体抗压强度试验的意义和步骤;

3. 能按照建筑砂浆基本性能试验方法标准完成砂浆立方体抗压强度试验;
4. 能整理和分析试验数据。

情境导入

砂浆抗压强度是评定水泥砂浆品质的主要指标。在某高速公路防护工程中,为满足建筑砂浆的设计和施工要求,保证砂浆拌和物在硬化后具有足够的强度,监理单位要求施工单位现场取样测定砂浆的抗压强度,经过28d养护后,试验测定砂浆的极限抗压强度,以确定建筑砂浆的强度等级。

基础知识

一、砂浆硬化后的性质

砂浆在硬化后的主要性质有:抗压强度、黏结性和耐久性。由于砌体中的砂浆起黏结和传布压力的作用,故砂浆本身应具有一定的强度。砂浆的抗压强度是确定其强度等级的重要依据,故用砂浆的抗压强度作为划分砂浆标号的标准,并作为结构设计计算的主要依据。

二、砂浆抗压强度

砂浆抗压强度有多种检验方法,目前我国采用立方体抗压强度作为检验砂浆强度的标准方法。砂浆强度等级是以 70.7mm × 70.7mm × 70.7mm 的标准立方体试块按照标准条件养护至 28d 的抗压强度值确定,如图 7-4-1 所示。

砌筑水泥砂浆的强度不仅与水泥标号、水泥用量有关,还与砌筑材料的吸水性有关。影响砂浆抗压强队的因素较多,其组成材料的种类也较多,故很难用简单的公式准确计算出抗压强度。实际工作中,采用试配的办法经过试验来确定抗压强度。对于普通水泥配制的砂浆可参考式(7-4-1)和式(7-4-2)计算其抗压强度。

图 7-4-1 标准试块

(1)用于不吸水底面(如密实的石材)的砂浆,其抗压强度主要取决于水泥强度和水灰比。其抗压强度按式(7-4-1)计算:

$$R_{28} = 0.29 R_C \left(\frac{C}{W} - 0.4 \right) \tag{7-4-1}$$

式中:R_{28}——砂浆 28d 的抗压强度,MPa;

R_C——水泥强度,MPa;

C/W——灰水比。

(2)用于吸水底面(如砖等)时,即使砂浆的用水量不同,但由于砂浆的保水性能,经过底面吸水后,保留在砂浆中的水分几乎是相同的。因此,砂浆的抗压强度主要取决于水泥强度及水泥用量,而与水灰比没有关系。其抗压强度按式(7-4-2)计算:

$$R_{28} = K \cdot R_C \cdot \frac{Q_C}{1000} \tag{7-4-2}$$

式中:R_C——水泥强度,MPa;

Q_C——每立方体砂中水泥用量,kg;

K——经验系数。

三、公路圬工桥涵结构物所使用砂浆材料的最低强度

圬工材料的最低强度等级应符合表 7-4-1 的规定。

圬工材料的最低强度等级 表 7-4-1

结构物种类	材料最低强度等级	砌筑砂浆最低强度等级
拱圈	MU50 石材 C25 混凝土(现浇) C30 混凝土(预制块)	M10(大、中桥) M7.5(小桥涵)
大、中桥墩台及基础、轻型桥台	MU40 石材 C25 混凝土(现浇) C30 混凝土(预制块)	M7.5
小桥涵墩台、基础	MU40 石材 C20 混凝土(现浇) C25 混凝土(预制块)	M5

技能实训

砂浆的立方体抗压强度试验(JGJ/T 70—2009)

一、试验依据

《建筑砂浆基本性能试验方法标准》(JGJ/T 70—2009)。

二、目的和适用范围

本方法适用于测定砂浆立方体的抗压强度。

三、仪器设备

(1)试模:尺寸为 70.7mm × 70.7mm × 70.7mm 的带底试模。

(2)钢制捣棒:直径为 10mm,长为 350mm,端部应磨圆。

(3)压力试验机:精度为 1%,试件破坏荷载应不小于压力机量程的 20%,且不大于全量程的 80%。

(4)其他:垫板、振动台等。

四、立方体抗压强度试件的制作及养护

1.试件制作(图 7-4-2)

(1)立方体抗压试件,每组试件应为 3 个。

(2)应采用黄油等密封材料涂抹试模的外接缝,试模内涂刷薄层机油或隔离剂,将拌制好的砂浆一次性装满砂浆试模,成型方法应根据稠度而确定。当稠度不小于 50mm 时采用人工振捣成型,当稠度小于 50mm 时采用振动台振实成型。

①人工振捣:用捣棒均匀地由边缘向中心按螺旋方式插捣 25 次,插捣过程中如砂浆沉落低于试模口,应随时添加砂浆,可用油灰刀插捣数次,并用手将试模一边抬高 5～10mm 各振动 5 次,使砂浆高出试模顶面 6～8mm。

②机械振动:将砂浆一次装满试模,放置到振动台上,振动时试模不得跳动,振动 5～10s 或持续到表面出浆为止,不得过振。

(3)待表面水分稍干后,将高出试模部分的砂浆沿试模顶面刮去并抹平。

图 7-4-2 试件制作

2. 试件养护(图 7-4-3)

(1)试件制作后应在温度为20℃±5℃的环境下静置24h±2h,当气温较低时,可适当延长时间,但不应超过两昼夜,然后对试件进行编号、拆模。试件拆模后应立即放入温度为20℃±2℃、相对湿度为90%以上的标准养护室中养护。养护期间,试件彼此间隔不小于10mm,混合砂浆试件上面应覆盖以防有水滴在试件上。

(2)从搅拌加水开始计时,标准养护龄期应为28d,也可根据相关标准要求增加7d或14d。

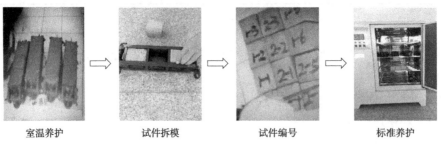

图 7-4-3 试件养护

五、试验步骤

(1)试件从养护地点取出后应及时进行试验。试验前应将试件表面擦拭干净,测量尺寸,并检查其外观,并据此计算试件的承压面积。如实测尺寸与公称尺寸之差不超过1mm时,可按照公称尺寸进行计算。

(2)将试件安放在试验机的下压板(或下垫板)上,试件的承压面应与成型时的顶面垂直,试件中心应与试验机下压板(或下垫板)中心对准。开动试验机,当上压板与试件(或上垫板)接近时,调整球座,使接触面均衡受压。承压试验应连续而均匀地加荷,加荷速度应为0.25~1.5kN/s(砂浆强度不大于2.5MPa时,宜取下限)。当试件接近破坏而开始迅速变形时,停止调整试验机油门,直至试件破坏,然后记录破坏荷载。

砂浆抗压强度操作流程如图7-4-4所示。

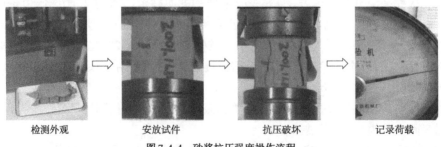

图 7-4-4 砂浆抗压强度操作流程

六、成果结果

1. 砂浆立方体抗压强度计算

$$f_{m,cu} = K \cdot \frac{N_u}{A} \tag{7-4-3}$$

式中：$f_{m,cu}$——砂浆立方体抗压强度，MPa，应精确至 0.1MPa；

N_u——试件破坏荷载，N；

A——试件承压面积，mm²；

K——换算系数，取 1.35。

砂浆立方体抗压强度应精确至 0.1MPa，以三个试件测值的算术平均值作为该组试件的砂浆立方体试件抗压强度平均值。

2. 精密度和允许差

当三个测值的最大值或最小值中如有一个与中间值的差值超过中间值的 15% 时，则把最大值及最小值一并舍除，取中间值作为该组试件的抗压强度值；如有两个测值与中间值的差值均超过中间值的 15% 时，则该组试件的试验结果无效。

3. 试验记录表格（表 7-4-2）

试 验 记 录　　　　　　　　　　　　　　　　　表 7-4-2

工程部位/用途		砌体工程		养护条件		标准养护：温度20℃±2℃ $R \cdot H = 90\%$			
样品名称		水泥砂浆		试验环境		温度22℃，相对湿度67%			
砂浆强度等级		M7.5			砂浆种类	水泥砂浆			
试件编号	强度等级	成型如期	试验日期	龄期(d)	试件尺寸(mm×mm×mm)	极限荷载(kN)	抗压强度测值(MPa)	抗压强度测定值(MPa)	达到设计强度的百分比(%)
1-1	M7.5	2013.5.26	2013.6.23	28	70.7×70.7×70.7	34.67	9.4	9.3	124.0
1-2					70.7×70.7×70.7	35.28	9.5		
1-3					70.7×70.7×70.7	33.85	9.1		
2-1	M7.5	2013.5.26	2013.6.23	28	70.7×70.7×70.7	34.12	9.2	8.8	117.3
2-2					70.7×70.7×70.7	32.16	8.7		
2-3					70.7×70.7×70.7	31.87	8.6		
2-1	M7.5	2013.5.26	2013.6.23	28	70.7×70.7×70.7	39.25	10.6	10.4	138.7
2-2					70.7×70.7×70.7	38.67	10.4		
2-3					70.7×70.7×70.7	37.79	10.2		
结论		砂浆立方体抗压强度为9.3MPa，满足设计和规范要求							

七、注意事项

（1）本试验平行试验每组 3 个试件。

（2）当砂浆强度等级或配合比有变更时，应另做试验。每一取样单位还应制作同条件养护十块且不少于一组。

（3）试样要有代表性，每组试块的试样必须取自同一次拌制的砌筑砂浆拌和物。

（4）试件在加荷过程中，若发生停电或设备故障时，所施加荷载远未达到破坏荷载时，则卸下荷载，记录加荷值，保存试件，待恢复后继续试验（但不能超过规定的龄期），如施工荷载已接近破坏荷载,则试件作废,检测结果无效;如施加荷载已达到或超过破坏荷载(试件破裂,度盘已退针),则检测结果有效。

巩固提升

1. 同一验收批中,砌筑砂浆任意一组砂浆试块的强度不得低于设计强度标准值的多少?
2. 砂浆硬化后的主要技术性质有哪些?
3. 砂浆抗压强度试验数据的处理方法是什么?
4. 砂浆强度等级如何确定?
5. 影响砂浆强度的因素有哪些?
6. 叙述测定砂浆抗压强度的具体步骤。

学习任务 8　沥青混合料试验

> **任务目标**
> 1. 能描述沥青混合料的组成结构、技术性质、组成材料和技术要求；
> 2. 能描述热拌沥青混合料配合比设计方法；
> 3. 能描述沥青混合料制作方法以及密度、马歇尔稳定度、沥青含量的测定方法。

任务描述

沥青混合料路面是公路工程中普遍应用的一种路面结构形式，具有行车平稳、噪声小以及维护简单的优点，特别是在高速公路的建设中，沥青混合料路面占有很重要的地位。沥青混合料主要的原材料为沥青和矿质混合料。矿质混合料的技术性能、级配、沥青用量等因素对混合料的力学性能、稳定性及耐久性影响重大，本学习任务主要学习沥青混合料技术性质、配比设计及设计过程中所涉及的常规试验。

学习活动 1　沥青与粗集料黏附性试验

学习目标

1. 能描述沥青混合料概念、分类及对各组成材料的技术要求；
2. 能描述沥青与矿料黏附性试验的概念及工程意义；
3. 能描述沥青与矿料黏附性试验的方法；
4. 能按照土工试验规程进行试验操作；
5. 能整理试验数据并评定结果。

情境导入

沥青混合料组成材料的技术性质对沥青混合料性能影响较大，为保证沥青混合料的技术性质必须选择符合质量要求的组成材料。沥青与粗集料的黏附性直接影响沥青路面的使用质量和耐久性，在选择原材料的过程中，沥青与粗集料的黏附性应满足规范要求，否则需采用抗剥离措施使沥青混合料的水稳定性检验达到要求。

基础知识

一、沥青混合料的概念

沥青混合料是沥青混凝土混合料和沥青碎石混合料的总称。

1. 沥青混凝土混合料

沥青混凝土混合料是由适当比例的粗集料、细集料及填料与沥青在严格控制条件下拌和的沥青混合料。

2.沥青碎石混合料

沥青碎石混合料是由适当比例的粗集料、细集料及填料(或不加填料)与沥青拌和的沥青混合料。

二、沥青混合料的分类

1.按结合料分类

(1)石油沥青混合料:以石油沥青为结合料的沥青混合料,包括黏稠石油沥青、乳化石油沥青及液体石油沥青。

(2)煤沥青混合料:以煤沥青为结合料的沥青混合料。

2.按施工温度分类

(1)热拌热铺沥青混合料(简称热拌沥青混合料):沥青与矿料在热态拌和、热态铺筑的混合料。

(2)常温沥青混合料:以乳化沥青或稀释沥青与矿料在常温状态下拌制、铺筑的混合料。

3.按矿质集料级配类型分类

(1)连续级配沥青混合料:沥青混合料中的矿料是按级配原则,从大到小各级粒径都有,按比例相互搭配组成的混合料。

(2)间断级配沥青混合料:连续级配沥青混合料矿料中缺少一个或两个档次粒径的沥青混合料。

4.按混合料密实度分类

(1)密级配沥青混凝土混合料:按密实级配原则设计的连续型密级配沥青混合料,但其粒径递减系数较小,剩余空隙率小于10%。

(2)开级配沥青混凝土混合料:按级配原则设计的连续型级配混合料,但其粒径递减系数较大,剩余空隙率大于15%。

(3)半开级配沥青混合料:按级配原则设计的连续型级配混合料,其粒径递减系数适中,剩余空隙率在10%~15%之间。

5.按最大粒径分类

(1)粗粒式沥青混合料:集料最大粒径等于或大于26.5mm的沥青混合料。

(2)中粒式沥青混合料:集料最大粒径为16mm或19mm的沥青混合料。

(3)细粒式沥青混合料:集料最大粒径为9.5mm或13.2mm的沥青混合料。

(4)砂粒式沥青混合料:集料最大粒径等于或小于4.75mm的沥青混合料。

三、沥青混合料的组成结构

1.沥青混合料组成结构的现代理论

(1)表面理论。按传统的理解,沥青混合料是由粗集料、细集料和填料经人工组配成密实的级配矿质骨架,此矿质骨架由稠度较稀的沥青胶结材料分布其表面,而将其胶结成为一个具有强度的整体。

(2)胶浆理论。胶浆理论认为沥青混合料是一种多级空间网状结构的分散系。它是以粗集料为分散相而分散在沥青砂浆的介质中的一种粗分散系;同样,砂浆是以细集料为分散相而分散在沥青胶浆介质中的一种细分散系;而胶浆则是以填料为分散相而分散在高稠度沥青介质中的一种微分散系。

上述两种理论的主要区别是:表面理论主要突出矿质骨料的骨架作用,强度的关键是矿质骨料的强度与密实度;而胶浆理论重视沥青胶结物在混合料中的作用,它的组成结构决定沥青混合料的高温稳定性和低温变形能力。这与沥青路面结构物的热稳定性的重要性相一致,突出沥青与填充料之间的关系。

2. 沥青混合料的组成结构类型

(1)悬浮—密实结构。当采用连续型密级配(如图8-1-1中曲线 a 所示)矿质混合料与沥青组成的沥青混合料时可以获得很大的密实度,但是粗集料较少,不能直接靠拢而形成骨架。这种结构的沥青混合料虽具有较高的黏聚力,但摩阻角较低,因此高温稳定性较差[混合料结构如图8-1-2a)所示]。

(2)骨架—空隙结构。当采用连续型开级配(如图8-1-1中曲线 b 所示)矿质混合料与沥青组成的沥青混合料时,粗集料所占的比例较高,细集料则很小,甚至没有。按此组成的沥青混合料,粗集料可以互相靠拢形成骨架;但由于细集数量过小,不足以填满粗料之间的空隙,因此形成骨架—空隙结构。这种结构的沥青混合料虽然具有较高的内摩阻角,但黏聚力较低[混合料结构如图8-1-2b)所示]。

(3)骨架—密实结构。当采用间断型密级配(如图8-1-1中曲线 c 所示)矿质混合料与沥青组成的沥青混合料时,由于这种矿质混合料断去了中间尺寸粒径的集料,既有较多数量的粗集料可形成空间骨架,同时又有相当数量的细集料可填密骨架的空隙,因此形成骨架—密实结构。这种结构的沥青混合料不仅具有较高的黏聚力,而且具有较高的内摩阻角,是理想的结构类型[混合料结构如图8-1-2c)所示]。

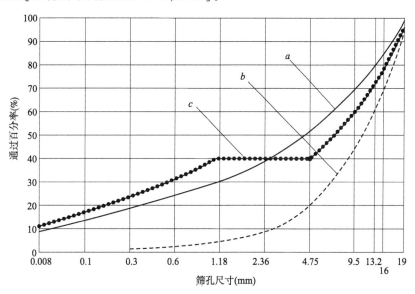

图8-1-1 三种类型矿质混合料级配曲线
a-连续型密级配;b-连续型开级配;c-间断型密级配

四、沥青混合料组成材料技术要求

沥青混合料的技术性质与组成材料的性质,材料的配合比,混合料的制备工艺等因素有关。因此,在制备沥青混合料时,对材料的选择、配合比的确定等要严格按规定进行。

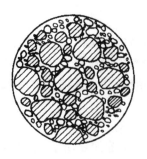
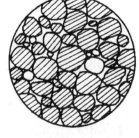

a)悬浮—密实结构　　　　b)骨架—空隙结构　　　　c)骨架—密实结构

图 8-1-2　三种典型沥青混合料结构组成示意图

1. 沥青

沥青路面面层用的沥青标号,应根据气候条件、施工季节、路面类型、施工方法和矿料类型等选用。其他各层的沥青可采用相同的标号,也可采用不同的标号。通常是面层的上层宜采用较稠的沥青,下层或连接层宜采用较稀的沥青。对于渠化交通的道路,宜采用较稠的沥青。当沥青标号不符合使用要求时,可采用不同标号的沥青掺配,但掺配后的技术指标应符合要求。

一般情况下,寒冷地区选用稠度较小、延度较大的沥青,以免冬季裂缝;较热地区选用稠度较大、软化点高的沥青,这样夏季不易泛油、发软。

2. 粗集料

(1)粗集料的质量要求。

沥青混合料用粗集料应洁净、干燥、无风化、不含杂质。在力学方面,压碎值和洛杉矶磨耗率应符合相应的道路等级的要求。

对用于抗滑表层沥青混合料用的粗集料,应选用坚硬、耐磨、韧性好的碎石或碎砾石,矿渣及软质集料不得用于防滑表层。对于坚硬石料来源缺乏的情况下,允许掺加一定比例普通集料作为中等或小颗粒的粗集料,但掺加比例不应超过粗集料总量的 40%。破碎砾石的技术要求与碎石相同,但破碎砾石用于高速公路、一级公路、城市快速路、主干路沥青混合料时,5mm 以上的颗粒中有一个以上的破碎面的含量不应少于 50%,质量应符合沥青混合料用粗集料技术要求,见表 2-5-1。

高速公路、一级公路沥青路面的表面层(或磨耗层)的粗集料磨光值、与沥青的黏附性应符合表 8-1-1 要求。对于酸性岩石的石料用于高速公路、一级公路、城市快速路、主干路时,应使用针入度较小的沥青,并采用抗剥离措施,使其对沥青的黏附性符合表 8-1-1 的要求。

粗集料与沥青黏附性、磨光值的技术要求　　　表 8-1-1

雨量气候区	1(潮湿区)	2(湿润区)	3(半干区)	4(干旱区)
年降雨量(mm)	>1000	1000~500	500~250	<250
粗集料的磨光值 PSV,不小于高速公路、一级公路表面层	42	40	38	36
粗集料与沥青黏附性,不小于高速公路、一级公路表面层,高速公路、一级公路的其他层次及其他等级公路的各个层次	5 4	4 4	4 3	3 3

(2)粗集料的级配要求。

粗集料的粒径规格应按我国行业标准《公路沥青路面施工技术规范》(JTG F40—2004)

规定的沥青混合料用粗集料规格选用。如粗集料不符合表2-6-2规格时,可采取与其他采料配合使用,但配合后的级配必须符合各类沥青混合料矿料级配要求。

3. 细集料

沥青混合料中的细集料,可采用天然砂、人工砂或石屑。细集料应洁净、干燥、无风化、不含杂质,并有适当的级配范围,对细集料质量的技术要求见表2-1-1。

沥青混合料的细集料宜采用优质的天然砂或人工砂,在缺砂地区,也可使用石屑,但用于高速公路、一级公路,城市快速路,主干路沥青混合料面层及抗滑表层的石屑用量不应超过砂的用量。

细集料的级配,天然砂宜按表2-2-2的规格选用,石屑宜按表8-1-2的规格选用。细集料的级配在沥青混合料中的适用性,应以其与粗集料和填料配制成的混合料是否符合矿质混合料的级配要求来决定。当一种细集料不能满足级配要求时,可采用两种或两种以上的细集料掺和使用。

沥青混合料用石屑规格 表8-1-2

规格	公称粒径(mm)	水洗法通过各筛孔(方孔筛)的质量百分率(%)							
		9.5	4.75	2.36	1.18	0.6	0.3	0.15	0.075
S15	0~5	100	90~100	60~90	40~75	20~55	7~40	2~20	0~10
S16	0~3		100	80~100	50~80	25~60	8~45	0~25	0~15

4. 填料

沥青混合料中的填料采用石灰岩或岩浆岩中的强基性岩石,经磨细得到的矿粉。原石料不含其他杂质,且泥土含量小于3%。矿粉要求干燥、洁净,其质量应符合表8-1-3的技术要求。

当采用水泥、石灰、粉煤灰作填料时,其用量不宜超过矿料总量的2%。粉煤灰作为填料使用时,烧失量应小于12%,塑性指数应小于4%,其余质量要求与矿粉相同,粉煤灰的用量不宜超过填料总量的50%,并经试验确认后方可使用。

沥青混合料用矿粉质量技术要求 表8-1-3

项 目	单位	高速公路、一级公路	其他公路	试验方法
表观密度,不小于	t/m³	2.50	2.45	T 0352
含水率,不大于	%	1	1	T 0103 烘干法
粒度范围 <0.6mm	%	100	100	T 0351
<0.15mm	%	90~100	90~100	
<0.075mm	%	75~100	70~100	
外观		无团粒结块		
亲水系数		<1		T 0353
塑性指数		<4		T 0354
加热安定性		实测记录		T 0355

五、沥青与集料黏附性

1. 沥青与矿料黏附性的基本概念

沥青与粗集料的黏附性是路用沥青混合料重要性能之一,其直接影响沥青路面的使用质量和耐久性。

沥青与粗集料的黏附性是指沥青裹覆集料后的抗水性(即抗剥离性),不仅与沥青的性质有密切关系,而且与集料性质有关。

2. 抗剥离性与集料的关系

当采用一种固定的沥青时,不同矿物成分的石料的剥落度也有所不同。从碱性、中性直至酸性石料,随着 SiO_2 含量的增加,剥落度亦随之增加。

3. 沥青与集料的黏附性等级

沥青与集料的黏附性等级见表8-1-4。

沥青与集料的黏附性等级　　　　　　　　　　　表8-1-4

试验后石料表面上沥青膜剥落情况	黏附性等级
沥青膜完全保存,剥离面积百分率接近与0	5
沥青膜少部为水所移动,厚度不均匀,剥离面积百分率少于10%	4
沥青膜局部明显地为水所移动,基本保留在石料表面上,剥离面积百分率少于30%	3
沥青膜大部为水所移动,局部保留在石料表面上,剥离面积百分率大于30%	2
沥青膜完全为水所移动,石料基本裸露,沥青全浮于水面上	1

技能实训

沥青与粗集料的黏附性试验(T 0616—1993)

一、试验依据

《公路工程沥青及沥青混合料试验规程》(JTG E20—2011)。

二、试验目的和适用范围

用本方法检验沥青与粗集料的黏附性,评价粗集料的抗水剥离性。对最大粒径大于13.2mm的集料采取水煮法,其余采用水浸法。同一料源中既有大于13.2mm又有小于13.2mm的集料时,取大于13.2mm水煮法试验为标准。对细粒式沥青混合料应以水浸法试验为标准。

三、仪器设备

(1)黏附性试验仪。

(2)其他:恒温水槽、天平、烘箱(能控温在105℃±5℃)、砂浴或电炉、浅盘等。

四、试验步骤

1. 水煮法(图8-1-3)

(1)过筛:将集料过13.2mm和19mm的筛,取粒径在两筛之间的形状接近立方体的规则集料5个。

(2)洗净:将5个集料用水洗净,用细线系牢并置于温度105℃±5℃的烘箱中烘干备用。

(3)加热:沥青进行脱水加热(石油沥青130~150℃,煤沥青100~110℃)。

(4)浸泡:将集料浸入热沥青中45s后,充分裹覆沥青并取出。

(5)冷却:将裹覆沥青的集料在室温下冷却15min。

(6)浸煮:将集料在微沸的水中浸煮3min。

(7)评定:观察集料上沥青膜的剥落程度,进行黏附性等级判定。

2. 水浸法(图8-1-4)

(1)过筛:将集料过9.5mm和13.2mm的筛,取粒径在两筛之间的形状规则集料200g。

(2)洗净:将200g集料用水洗净,置于温度105℃±5℃的烘箱中烘干备用。

(3)加热:沥青进行脱水加热(石油沥青130~150℃,煤沥青100~110℃)。

(4)拌和:四分法取100g集料,按每100g集料加入5.5g±0.2g沥青,进行拌和1~1.5min。

(5)冷却:立即取裹覆沥青的集料20个,置于玻璃板上,室温冷却1h。

(6)浸煮:将放有集料的玻璃板在80℃±1℃的水中浸煮30min。

(7)评定:取出玻璃板,在冷水中观察集料上沥青膜的剥落程度,进行黏附性等级判定。

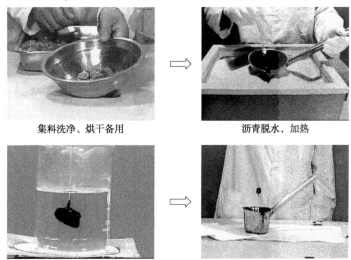

图8-1-3 水煮法基本操作过程

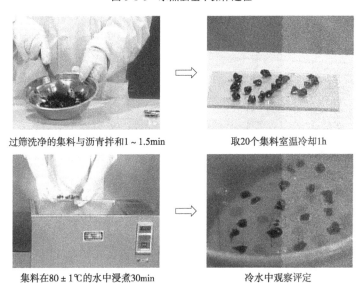

图8-1-4 水浸法基本操作过程

五、成果整理

1. 结果评定

由两名以上经验丰富的试验人员分别目测,评定剥离面积的百分率,评定后取平均值表示。

2. 水煮法试验记录(表8-1-5)

六、注意事项

(1)沥青加热温度宜控制在软化点上60~70℃。

(2)取样必须进行四分法。

(3)沥青试样要注意脱水处理。

沥青黏附性试验记录(水煮法) 表8-1-5

试件编号	粒径(mm)	煮后剥落情况	黏附性等级		结 论
			单值	综合评定	
1	13.2~19.0	沥青膜完全保存,剥离面积百分率接近与0	5	5	符合《公路沥青路面施工技术规范》(JTG F40—2004)中潮湿区高速路粗集料黏附性不小于5级的要求
2	13.2~19.0	沥青膜完全保存,剥离面积百分率接近与0	5		
3	13.2~19.0	沥青膜少部为水所移动,厚度不均匀,剥离面积百分率少于10%	4		
4	13.2~19.0	沥青膜完全保存,剥离面积百分率接近与0	5		
5	13.2~19.0	沥青膜少部为水所移动,厚度不均匀,剥离面积百分率少于10%	4		

 巩固提升

1. 沥青混合料如何分类?
2. 沥青混合料典型的结构组成有哪几类?
3. 解释沥青与矿料黏附性的概念。
4. 沥青与集料的黏附性等级如何评定?
5. 简述水煮法的试验步骤。

学习活动2 沥青混合料配合比设计

 学习目标

1. 能描述沥青混合料配合比设计基本步骤;
2. 能用图解法进行矿质混合料的配比组成设计;
3. 能确定沥青最佳用量;
4. 能进行配合比设计检验。

 情境导入

随着我国社会和国民经济的发展,我国交通运输业特别是公路运输业显现出突飞猛进的态势,公路交通量越来越大,轴载迅速增长,车速不断提高,严重影响了沥青路面的使用质量,缩短了沥青路面的使用寿命;同时,沥青路面的病害现象(如泛油、裂缝、坑槽、局部沉陷、松散、车辙等)的普遍性和严重性,对路面的正常使用已构成了严重的威胁。这给沥青路面的使用性能提出了愈来愈高的要求,而影响沥青面层使用性能的关键是沥青混合料配合比的设计。

基础知识

一、沥青混合料配合比设计概述

在组成沥青混合料的原材料选定后,沥青混合料的技术性质,在很大程度上取决于混合料的配合比。沥青混合料由于组成材料的比例不同,可以形成不同的组成结构。因此,正确设计沥青混合料的组成是保证沥青混合料技术质量的重要一环。

二、沥青混合料配合比设计的阶段

(1)试验室配合比设计阶段(目标配合比设计阶段)。
(2)生产配合比设计阶段。
(3)生产配合比验证阶段(试拌试铺配合比调整)。

三、沥青混合料目标配合比设计的内容

(1)矿质混合料配合组成设计。
(2)确定沥青最佳用量。
(3)配合比设计检验。

 技能实训

沥青混合料配合比设计(JTG F40—2004)

一、矿质混合料的配合组成设计

1. 确定沥青混合料类型

根据道路等级、路面类型、所处结构层位,沥青混合料类型按表8-2-1进行选定。

沥青混合料类型　　　　　　　　　　　　　表8-2-1

结构层次	高速公路、一级公路、城市快速路、主干路		其他等级公路		一般城市道路及其他道路工程	
	三层式沥青混凝土路面	两层式沥青混凝土路面	沥青混凝土路面	沥青碎石路面	沥青混凝土路面	沥青碎石路面
上面层	AC-13 AC-16 AC-20	AC-13 AC-16	AC-13 AC-16	AC-13 —	AC-5 AC-10 AC-13	AM-5 AM-10
中面层	AC-20 AC-25	—	—	—	—	—
下面层	AC-25	AC-20 AC-25 AC-30	AC-20 AC-25 AC-30 AM-25 AM-30	AM-25 AM-30	AC-20 AM-25 AM-25 AM-30	AC-25 AM-30 AM-40

2. 确定矿质混合料的级配范围

由粗集料、细集料和填料组成的矿质混合料,应保证具有足够的密实度和初始内摩擦角。密级配沥青混凝土混合料矿料级配范围应符合我国行业标准《公路沥青路面施工技术规范》(JTG F40—2004)规定的范围(表8-2-2)。

3. 矿质混合料配合比确定

根据现场取样,对粗集料、细集料和矿粉进行筛分试验,按筛分结果分别绘出各组成材料的筛分曲线。同时并测出各组成材料的相对密度,以供计算物理常数备用。

密级配沥青混凝土混合料矿料级配范围　　　　　表 8-2-2

级配类型		通过下列筛孔(方孔筛,mm)的质量百分率(%)											
		31.5	26.5	19	16	13.2	9.5	4.75	2.36	1.18	0.6	0.3	0.15	0.075
粗粒式	AC-25	100	90~100	75~90	65~83	57~76	45~65	24~52	16~42	12~33	8~24	5~17	4~13	3~7
中粒式	AC-20		100	90~100	78~92	62~80	50~72	26~56	16~44	12~33	8~24	5~17	4~13	3~7
	AC-16			100	90~100	76~92	60~80	34~62	20~48	13~36	9~26	7~18	5~14	4~8
细粒式	AC-13				100	90~100	68~85	38~68	24~50	15~38	10~28	7~20	5~15	4~8
	AC-10					100	90~100	45~75	30~58	20~44	13~32	9~23	6~16	4~8
砂粒式	AC-5						100	90~100	55~75	35~55	20~40	12~28	7~18	5~10

组成材料的配合比计算有试算法(适用于 2～3 种矿料组成)和图解法(适合多种矿料组成)两种,下面就简便常用的图解法进行介绍。图解法设计步骤如下：

(1)绘制级配曲线图。

①计算要求级配范围通过率的中值。

②绘制一长方形(15cm×10cm),连接对角线。纵坐标按算术标尺,标出通过百分率(0～100%)。根据级配范围中值,从纵坐标引平行线与对角线相交,再从交点作垂线与横坐标相交,其交点即对应的筛孔尺寸(图 8-2-1)。

③在坐标图上绘制各种集料的级配曲线,见图 8-2-2。

(2)确定各种集料的用量比例,见图 8-2-2。

①两相邻级配曲线重叠。在两级配曲线重叠的部分引一条使 $a = a'$ 的垂线,在通过垂线 AA' 与对角线 OO' 的交点 M 作一水平线交纵坐标于 P 点,$O'P$ 即为集料 A 的用量比例。

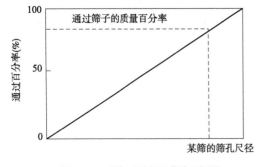

图 8-2-1　图解法用级配曲线坐标图

②两相邻级配曲线相接。将一集料级配曲线的末端与另一集料级配的首端相连,过其与对角线 OO' 的交点 N 作一水平线交纵坐标于 Q 点,PQ 即为集料 B 的用量比例。

③两相邻级配曲线相离。一集料级配曲线的末端与另一集料级配的首端相离一段距离,作一垂线平分此距离即 $b = b'$,再过其与对角线的交点 R 作一水平线交纵坐标于 S 点,QS 即为集料 C 的用量比例。

剩余部分 ST 即为集料 D 的用量比例。

(3)校核配合比。计算得到的合成级配应根据下列要求作必要的配合比调整：

①通常情况下,合成的级配曲线宜尽量接近设计级配中限,尤其应使 0.075mm、2.36mm 和 4.75mm 筛孔的通过量尽量接近设计级配范围的中限。

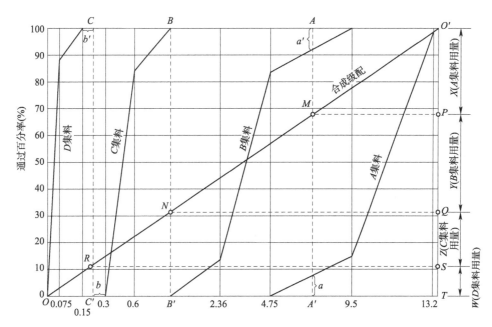

图 8-2-2 组成集料级配曲线和要求合成级配曲线图

②对高速公路、一级公路、城市快速路、主干路等交通量大、轴载重的道路,宜偏向级配范围的下限。对一般道路,中小交通量或人行道路等宜偏向级配范围的上限。

③合成级配曲线应接近连续的或合理的间断级配,但不应过多的参差交错。当经过再三调整,仍有两个以上的筛孔超出级配范围时,必须对原材料进行调整或更换原材料重新试验。

二、确定沥青最佳用量

沥青最佳用量的确定采用实验的方法,目前最常用的是马歇尔法,该法确定沥青最佳用量按下列步骤进行。

1.制备马歇尔试件

以预估的油石比(由工程实践经验及)为中值,按一定间隔(对密级配沥青混合料,通常为0.5%;对沥青碎石混合料,为0.3%~0.4%)取 5 个或 5 个以上不同的油石比分别成型马歇尔试件。一组试件个数一般为 4~6 块。

2.测定沥青混合料的物理指标

为了确定沥青混合料中沥青的最佳用量,需测定沥青混合料的下列物理指标。

(1)视密度(表观密度):沥青混合料的视密度是指压实沥青混合料试件在常温干燥条件下单位体积所具有的质量,以 g/cm³ 表示。

(2)理论最大密度:沥青混合料试件的理论密度,指压实沥青混合料试件全部为矿料和沥青所组成的最大密度;以 g/cm³ 表示。

(3)空隙率 VV:压实沥青混合料试件的空隙率,是空隙的体积占试件总体积的百分率。

(4)沥青体积百分率 VA:压实沥青混合料试件中,沥青的体积与试件总体积的百分率称为沥青体积百分率,以%表示。

(5)矿料间隙率 VMA:压实沥青混合料试件内矿料部分以外体积占试件总体积的百分率,以%表示。

(6)沥青饱和度 VFA:压实沥青混合料试件中,沥青部分的体积占矿料骨架以外的空隙部分体积的百分率,以%表示。

3. 沥青混合料的力学指标测定

为确定沥青混合料中沥青的最佳用量,需测定沥青混合料的以下力学指标。

(1)马歇尔稳定度。按标准方法制备试件,在60℃的条件下,保温45min,然后将试件放置于马歇尔稳定仪上,以50mm/min ± 5mm/min 的变形速度加荷,直至试件破坏时的最大荷载(以 kN 计),称为马歇尔稳定度。

(2)流值。在测定稳定度的同时,测定试件的流动变形,当达到最大荷载的瞬间试件所产生的垂直流动变形(以0.1mm 计)称为流值。

(3)马歇尔模数。通常用马歇尔稳定度与流值之比值表示沥青混合料的视劲度,称为马歇尔模数,用 kN/mm 表示。

4. 马歇尔试验结果分析

(1)绘制沥青用量与物理—力学指标关系图,以沥青用量为横坐标,以视密度、空隙率、饱和度、稳定度和流值为纵坐标,将试验结果绘制成沥青用量与各项指标的关系曲线,如图8-2-3 所示。

(2)根据试验曲线,确定沥青混合料的最佳沥青用量初始值 OAC_1。

①求取相应于密度最大值、稳定度最大值、目标空隙率(或中值)、沥青饱和度范围的中值的沥青用量 a_1、a_2、a_3、a_4,按式(8-2-1)进行计算。

$$OAC_1 = \frac{a_1 + a_2 + a_3 + a_4}{4} \tag{8-2-1}$$

②若在所选择的沥青用量范围未能涵盖沥青饱和度的要求范围,则按式(8-2-2)进行计算。

$$OAC_1 = \frac{a_1 + a_2 + a_3}{3} \tag{8-2-2}$$

(3)确定沥青混合料的最佳沥青用量初始值 OAC_2。按图8-2-3 求出各指标符合沥青混合料技术标准的沥青用量范围 $OAC_{min} \sim OAC_{max}$,其中值为 OAC_2,见式(8-2-3)。

$$OAC_2 = \frac{(OAC_{min} + OAC_{max})}{2} \tag{8-2-3}$$

(4)确定最佳沥青用量 OAC。通常情况下取 OAC_1 及 OAC_2 的中值作为计算的最佳沥青用量,见式(8-2-4)。

$$OAC = \frac{OAC_1 + OAC_2}{2} \tag{8-2-4}$$

(5)根据实践经验和公路等级、气候条件、交通情况,调整确定 OAC。

①调查当地各项条件相接近的工程的沥青用量及使用效果,论证适宜的最佳沥青用量。检查计算得到的最佳沥青用量是否相近,如相差甚远,应查明原因,必要时重新调整级配,进行配合比设计。

②对炎热地区公路以及高速公路、一级公路的重载交通路段,山区公路的长大坡度路段,预计有可能产生较大车辙时,宜在空隙率符合要求的范围内将计算的最佳沥青用量减小0.1% ~0.5% 作为设计沥青用量。

③对寒区公路、旅游公路、交通量很少的公路,最佳沥青用量可以在 OAC 的基础上增加0.1% ~0.3%,以适当减小设计空隙率,但不得降低压实度要求。

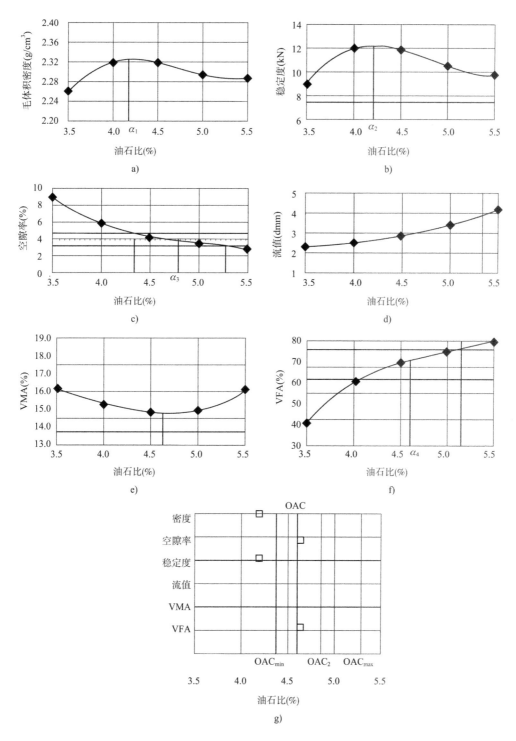

图 8-2-3 沥青用量与马歇尔稳定度试验物理—力学指标关系图

三、配合比设计检验

1. 水稳定性检验

按最佳沥青用量 OAC 制作马歇尔试件进行浸水马歇尔试验,检验其残留稳定度是否合格,技术要求见表 8-2-3。如不符合要求,应重新进行配合比设计。

沥青混合料水稳定性检验技术要求　　　　表8-2-3

年降雨量(mm)	>1000	500~1000	250~500	<250
气候分区	1.潮湿区	2.湿润区	3.半干区	4.干旱区
技术指标	浸水马歇尔试验残留稳定度(%),不小于			
普通沥青混合料	80		75	
改性沥青混合料	85		80	

2.抗车辙能力检验

按最佳沥青用量 OAC 制作车辙试验试件,在 60 ℃条件下用车辙试验机对设计的沥青用量检验其动稳定度,技术要求见表8-2-4。根据试验结果对 OAC 进行适当的调整,如不符合要求,应重新进行配合比设计。

沥青混合料车辙试验动稳定度技术要求　　　　表8-2-4

七月平均最高气温(℃)及气候分区	相应于下列气候分区所要求的动稳定度(次/mm)							
	>30				20~30			<20
	夏炎热区				夏热区			夏凉区
	1-1	1-2	1-3	1-4	2-1	2-2	2-3	2-4	3-2
普通沥青混合料,不小于	800		1000		600		800		600
改性沥青混合料,不小于	2400		2800		2000		2400		1800

矿料级配和沥青用量,经反复调整及综合以上试验结果,并参考以往工程实践经验综合决定矿料级配和沥青的最佳用量。

生产配合比设计阶段:目标配合比确定之后,进入第二个设计阶段,应用实际施工拌和机进行试拌,以确定施工配合比。采用目标配合比设计的最佳沥青用量,按照 OAC – 0.3%、OAC、OAC + 0.3% 等三个沥青用量进行马歇尔试验和试拌,通过室内试验及从拌和机取样试验综合确定生产配合比的最佳沥青用量,由此确定的最佳沥青用量与目标配合比设计的结果的差值不宜大于 ±2%。

生产配合比验证阶段:生产配合比验证阶段,即试拌试铺阶段。按照规范规定的试验段铺设要求,进行各种试验,当全部满足要求时,便可进入正常生产阶段。

巩固提升

1.沥青混合料配合比设计包括哪些阶段?
2.沥青目标配合比设计包含哪些内容?
3.如何确定最佳沥青含量?
4.配合比设计检验内容是什么?
5.试解释稳定度、流值的概念。

学习活动3　沥青混合料试件的制作

学习目标

1.能描述沥青混合料试件制作的工程意义和试验步骤;
2.能描述沥青混合料马歇尔试件要求;

3.能描述沥青与矿料的加热、拌和温度、拌和时间要求;
4.能按照沥青混合料试验规程制作沥青混合料试件。

情境导入

沥青混合料配比设计中确定最佳沥青含量及配合比验证过程都需要测定沥青混合料试件物理常数和力学性质,以评价沥青混合料的路用技术指标。沥青混合料试件制作过程和结果合格与否决定了物理常数和力学性质测定的准确性,是沥青混合料配比设计得以准确确定的基础,所以沥青混合料试件的制作试验尤为重要。

基础知识

一、沥青混合料试件的尺寸

沥青混合料试件的尺寸有两种:标准试件(直径为101.6mm、高为63.5mm),适用于公称粒径不大于26.5mm的集料;大型试件(直径为152.4mm、高为95.3mm)适用于公称粒径不大于37.5mm的集料。一组试件的数量不得少于4个,必要时宜增加至5~6个。

二、沥青混合料加热、拌和及压实温度

拌和与压实温度根据表8-3-1选用,并根据沥青品种和标号作适当调整。针入度小、稠度大的沥青取高限,针入度大、稠度小的沥青取低限,一般取中值。对改性沥青适当提高。

沥青混合料拌和及压实温度参考表　　表8-3-1

沥青结合料种类	拌和温度(℃)	压实温度(℃)
石油沥青	140~160	120~150
煤沥青	90~120	80~110
改性沥青	160~175	140~170

沥青加热温度按规范要求进行(采用烘箱或电炉加热),但不得超过175℃。

矿粉需单独加热至沥青拌和温度以上约15℃(采用石油沥青通常为163℃,采用改性沥青通常为180℃)备用。

粗细集料置于105℃±5℃的烘箱中烘干至恒重(一般不少于4~6h),并同矿粉一样加热至相同温度备用。

技能实训

沥青混合料试件制作方法(击实法)(T 0702—2011)

一、试验依据

《公路工程沥青及沥青混合料试验规程》(JTG E20—2011)。

二、试验目的和适用范围

(1)本方法适用于采用标准击实法或大型击实法制作沥青混合料试件,以供试验室进行沥青混合料物理力学性质试验使用。

(2)标准击实法适用于标准马歇尔试验、间接抗拉试验(劈裂法)等所使用的 ϕ101.6mm×63.5mm圆柱体试件的成型。大型击实法适用于大型马歇尔试验和 ϕ152.4mm×95.3mm大型圆柱体试件的成型。

(3)沥青混合料试件制作时的条件及试件数量应符合下列规定:

①当集料公称最大粒径小于或等于 26.5mm 时,采用标准击实法。一组试件数量不少于 4 个。

②当集料公称最大粒径大于 26.5mm 时,宜采用大型击实法。一组试件数量不少于 6 个。

三、仪器设备

(1)马歇尔击实仪,如图 8-3-1 所示。

(2)沥青混合料拌和机(容量不小于 10L),如图 8-3-2 所示。

(3)电动脱模器,如图 8-3-3 所示。

(4)其他:试模、烘箱(控温在 105℃ ±5℃)、天平或电子天平(感量不大于 0.1g)、插刀或大螺钉刀、温度计(0 ~300℃)、滤纸、棉纱等。

图 8-3-1　马歇尔击实仪　　图 8-3-2　沥青混合料拌和机　　图 8-3-3　电动脱模器

四、试验准备

试验准备基本操作过程,如图 8-3-4 所示。

(1)沥青、粗细集料、矿粉按规定要求加热备用。

(2)各种粗细集料按沥青混合料配合比组成分别称其质量,并在一金属盘中混合均匀。总量按一组试件(4 ~6 个)备料。

(3)矿粉按配合比单独称量。

(4)将沾有少许黄油的棉纱擦净试模、套筒及击实底座等,并置于 100℃ 左右的烘箱中加热 1h 备用。

粗细集料称量、混合、加热备用　　试模、套筒、底座涂油　　试模、套筒、底座加热

图 8-3-4　试验准备过程

五、试验步骤

(1)混合料的拌制混合料的拌制基本操作过程如图 8-3-5 所示。

①将沥青混合料拌和机预热至拌和温度 10℃ 以上。

②将预热的粗细集料置于拌和机中,用小铲混合后加入需要的沥青,沥青称量方法采用减量法。

③开动拌和机拌和 1 ~1.5min→暂停→加矿粉继续拌和 1 ~1.5min,对试验室试验研

究、配合比设计及采用机械拌和施工的工程,严禁采用人工炒拌法热拌沥青混合料。

④总拌和时间为3min。

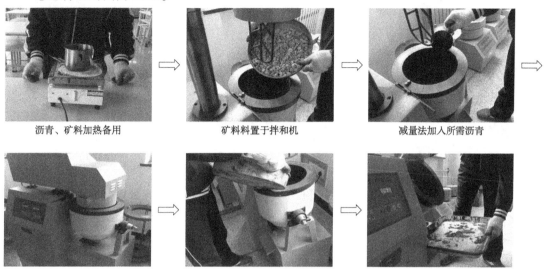

图8-3-5 混合料的拌制基本过程

(2)试件成型 试件成型基本操作过程如图8-3-6所示。

①分料:将拌和好的混合料均匀分成几份,试验时分别取用。

②称料:称取拌和好的一份试样约1200g(经验数字)。

③垫纸:把从烘箱中取出的试模、套筒及底座安装好,并垫一张圆形的吸油性小的纸。

④装料:按四分法从四个方向将混合料铲入试模。

⑤插捣:用插刀沿周边插捣15次,中间10次,并整平成凸弧面,对大型马歇尔试件,装模时混合料分两次加入,每次插捣次数同上。

⑥测温度:检查混合料温度是否符合压实温度。

⑦击实:将试模及混合料置于击实仪上进行单面击实,落距为457mm,击实次数为75次或50次。

⑧反击:取下试模,垫纸后反转另一面,进行相同次数的击实。

⑨取纸:击实结束后,应立即用镊子将纸取下。

⑩量高度:用游标卡尺量取试件离试模口的高度,并由此计算试件高度。

⑪调整:若试件高度不符合要求(63.5mm±1.3mm),试件应作废,并按式(8-3-1)调整混合料用量,并重新击实成型。

$$m = m_0 \cdot \frac{63.5}{h_0} \tag{8-3-1}$$

式中:m——调整后沥青混合料用量,g;

m_0——初始制备试件的沥青混合料用量,g;

h_0——制备试样的实际高度,mm。

⑫脱模:试件横向放置冷却至室温(不少于12h),置于脱模机上脱出试件。用于作现场马歇尔指标检验的试件,在施工质量检验过程中如急需试验,允许采用电风扇吹冷1h或浸水冷却3min以上的方法脱模,但浸水脱模法不能用于测量密度、空隙率等各项物理指标。

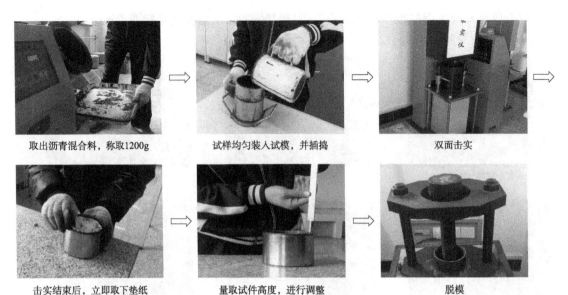

图 8-3-6　试件成型基本操作过程

六、注意事项

(1) 沥青称量方法采用减量法。

(2) 对试验室试验研究、配合比设计及采用机械拌和施工的工程,严禁采用人工炒拌法热拌沥青混合料。

(3) 击实前必须检查混合料温度是否符合压实温度。

巩固提升

1. 沥青混合料试件的尺寸有何要求?
2. 沥青混合料加热、拌和及压实温度是如何规定的?
3. 试件制作标准击实法和大型击实法的适用范围是什么?
4. 如何调整混合料的用量使试件高度满足要求?
5. 简述马歇尔击实试验步骤。

学习活动 4　沥青混合料密度试验

学习目标

1. 能描述不同密度沥青混合料试验方法的适用条件;
2. 能描述沥青混合料毛体积密度、表观密度的概念;
3. 能描述沥青混合料密度试验步骤;
4. 能根据沥青混合料试验规程测定沥青混合料密度;
5. 能整理和分析试验数据。

情境导入

在马歇尔试验中,测定沥青混合料毛体积相对密度和毛体积密度并计算沥青混合料试件的空隙率、矿料间隙率等各项体积指标,以满足沥青混合料配合比设计阶段确定最佳沥青含量过程的需要。

基础知识

一、沥青混合料表观密度、毛体积密度、吸水率的概念

(1)沥青混合料表观密度ρ_a,是指单位表观体积(含混合料实体体积与不吸收水分的内部闭口孔隙体积之和)压实沥青混合料的干质量,又称视密度,取3位小数,由水中重法测定,计算式见式(8-4-1)。

$$\rho_a = \gamma_a \rho_w \text{ 或 } \rho_a = \frac{m_a}{m_a - m_w}\rho_w \tag{8-4-1}$$

式中:γ_a——试件的表观相对密度,无量纲;

ρ_w——常温水的密度,取1g/cm^3。

m_a——干燥试件的空气中质量,g;

m_w——试件的水中质量,g。

(2)沥青混合料毛体积密度ρ_f,是指单位毛体积体积(含混合料实体体积与不吸收水分的内部闭口孔隙体积之和)压实沥青混合料的干质量,取3位小数,由表干法、蜡封法、体积法测定,计算公式见式(8-4-2)。

$$\rho_f = \gamma_f \rho_w \text{ 或 } \rho_f = \frac{m_a}{m_f - m_w}\rho_w \tag{8-4-2}$$

式中:γ_f——试件的毛体积相对密度,无量纲。

(3)沥青混合料吸水率S_a,是指试件吸水体积占沥青混合料毛体积的百分率,取1位小数,计算公式见式(8-4-3)。

$$S_a = \frac{m_f - m_a}{m_f - m_w} \times 100\% \tag{8-4-3}$$

式中:m_f——试件的表干质量,g。

二、沥青混合料密度测定的方法

根据沥青混合料试件的吸水率选择不同的试验方法。

(1)水中重法:适用于测定几乎不吸水的密实的Ⅰ型沥青混凝土试件。

(2)表干法:适用于测定吸水率不大于2%的各种沥青混合料试件,包括Ⅰ型或较密实的Ⅱ型沥青混凝土、抗滑表层混合料、沥青玛蹄脂碎石混合料。

(3)蜡封法:适用于测定吸水率大于2%的Ⅰ沥青混凝土或沥青碎石混合料试件。

(4)体积法:适用于不能用表干法、蜡封法测定空隙率较大的沥青碎石混合料及大空隙透水性开级配沥青混合料(OGFC)等。

技能实训

压实沥青混合料密度试验——表干法(T 0705—2011)

一、试验依据

《公路工程沥青及沥青混合料试验规程》(JTG E20—2011)。

二、试验目的和适用范围

适用于测定吸水率不大于2%的各种沥青混合料试件,包括密级配沥青混凝土、沥青玛

蹄脂碎石混合料（SMA）和沥青稳定碎石等沥青混合料试件的毛体积相对密度和毛体积密度。标准温度为25℃±0.5℃。

三、仪器设备

（1）浸水天平：网篮、溢流水槽、试件悬吊装置，感量不大于0.1g。

（2）其他：毛巾、烘箱（控温在105℃±5℃）等。

四、试验步骤

表干法基本操作过程如图8-4-1所示。

（1）称空中质量（m_a）：除去试件表面的浮粒，称取干燥试件的空中质量（m_a），准确至0.1g。

（2）天平调零：组装好浸水天平，挂上网篮，浸入溢流水槽中，调节水位至溢流口，将天平调零。

（3）称水中质量（m_w）：把试件置于网篮中（注意不要晃动水）浸入水中3~5min，称取试件水中质量（m_w），准确至0.1g。

（4）称表干质量（m_f）：从水中取出试件，用洁净柔软的拧干湿毛巾轻轻擦去试件的表面水（不得吸走空隙内的水），称取试件的表干质量（m_f），准确至0.1g。

除去浮粒，称取空气中质量　　　天平调零，称取水中质量　　　称取表干质量

图8-4-1　表干法基本操作过程

五、成果整理

沥青混合料密度试验记录（表干法）见表8-4-1。

沥青混合料密度试验记录（表干法）　　　表8-4-1

试件编号	试件高度(cm)					空气中质量(g)	水中质量(g)	表干质量(g)	表观密度(g/cm³)	毛体积密度(g/cm³)	吸水率(%)
	1	2	3	4	平均值						
1	63.4	63.5	64.5	63.8	63.8	1148.8	648.8	1177.0	2.298	2.175	43.5
2	64.0	63.9	63.1	64.0	63.8	1150.5	650.7	1173.4	2.302	2.201	43.4
3	63.5	63.5	64.2	64.6	64.0	1147.7	649.9	1171.3	2.306	2.201	43.4
4	63.6	63.5	64.0	64.1	63.8	1149.0	650.6	1173.3	2.305	2.198	43.4
5	64.2	63.5	63.6	63.0	63.6	1151.0	652.3	1174.8	2.308	2.203	43.3
平均值	—	—	—	—	—	—	—	—	2.304	2.196	43.4
结论	经测定该沥青混合料表观密度为2.304 g/cm³，毛体积密度2.196 g/cm³，吸水率为43.4%										

六、注意事项

（1）若天平读数持续变化，不能很快达到稳定，说明试件吸水较严重，不适用于此法测定，应改用蜡封法测定。

（2）对从路上钻取的非干燥试件可先取水中质量（m_w），然后用电风扇将试件吹干至恒重（一般不少于12h，当不需要进行其他试验时，也可用60℃±5℃烘箱烘干至恒重），再称取空中质量（m_a）。

（3）旧路面钻取芯样试样的混合料缺乏材料密度及配合比时，沥青混合料理论最大相对密度应采用真空法或溶剂法求得。

 巩固提升

1. 简述沥青混合料表观密度、毛体积密度、吸水率的概念。
2. 如何选择不同的试验方法测定沥青混合料试件的吸水率？
3. 简述表干法测定沥青混合料密度的试验方法。
4. 简述测定试件水中质量的步骤。
5. 沥青混合料密度测定的方法有哪些？

学习活动5　沥青混合料马歇尔稳定度试验

 学习目标

1. 能理解沥青混合料的技术性质和技术标准；
2. 能描述沥青混合料马歇尔稳定度试验的操作方法；
3. 能正确使用马歇尔稳定度仪；
4. 能整理和分析试验数据。

 情境导入

沥青混合料的技术性质关系到其在路面使用过程中的安全性、舒适性、耐久性，沥青混合料作为路面面层直接承受车辆荷载的作用，首先要具备有一定的力学强度；由于还受各种自然因素的影响，也必须具备抵抗自然因素的耐久性；为了保证行车安全、舒适，还要具备良好的抗滑性；最后为了便利施工还应具备施工和易性。

基础知识

一、沥青混合料的技术性质

1. 高温稳定性

（1）定义：沥青混合料的高温稳定性，是指沥青混合料在夏季高温（通常为60℃）条件下，经车辆荷载长期重复作用后，不产生车辙和波浪等病害的性能。

（2）评价方法：评价沥青混合料高温稳定性的试验方法很多，我国《公路沥青路面施工技术规范》（JTG F40—2004）规定，采用马歇尔稳定度试验（包括稳定度、流值、马歇尔模数）来评价沥青混合料高温稳定性；对高速公路、一级公路、城市快速路、主干路用沥青混合料，还应通过动稳定度试验检验其抗车辙能力。

（3）马歇尔试验三项指标：马歇尔稳定度、流值和马歇尔模数。

①稳定度（MS）：指标准试件在规定温度（60℃）和加荷速度（50mm/min）下，在马歇尔仪中最大的破坏荷载。单位：kN。

②流值（FL）：达到最大破坏荷重时试件的垂直变形，单位：mm。

③马歇尔模数（T）：稳定度除以流值的商。作用：可以间接地反映沥青混合料的抗车辙能力。单位：kN/mm。

（4）车辙试验指标：动稳定度（DS）。将沥青混合料制成300mm×300mm×50mm的标准试件，在60℃的温度条件下，以一定荷载的轮子（轮压0.7MPa），在同一轨迹上作一定时间的反复行走,形成一定的车辙深度,计算试件变形1mm所需试验车轮行走的次数——动稳定度,次/mm。

2. 低温抗裂性

沥青混合料不仅应具备高温稳定性,同时还必须具有低温的抗裂性,以保证沥青混合料路面在冬季低温时不产生裂缝。沥青混合料路面在低温时的裂缝与沥青混合料的抗疲劳性能有关。

3. 耐久性

沥青混合料路面的耐久性,是衡量路面技术性能的重要指标之一。沥青混合料的耐久性,就是满足修筑成路面后,在设计年限内,能维持正常使用而无须大修的条件。

影响沥青混合料耐久性的因素很多,如沥青的化学性质、矿料的矿物成分、沥青混合料的组成结构等。

4. 抗滑性

沥青混合料路面的抗滑性与混合料的级配组成、矿质集料的微表面性质及沥青用量等因素有关,为保证行车的安全性,必须保证沥青混合料路面具有足够的抗滑性,应从以下几个方面多加注意。

(1)配料时应注意粗集料的耐磨光性,选择硬质有棱角的石料。

(2)沥青用量超过最佳用量0.5%时,会使抗滑系数明显降低。

(3)含蜡量对沥青混合料路面的抗滑性也有明显的影响,我国《公路沥青路面施工技术规范》(JTG F40—2004)中提出,含蜡量应不大于3%,在沥青来源确有困难时,对下面层路面可放至4%~5%。

5. 施工和易性

沥青混合料除了具备上述性质外,还应具备适宜的施工和易性。影响沥青混合料的施工和易性的因素很多,如当地气温、施工条件及混合料性质等。

二、沥青混合料马歇尔稳定度的技术标准

我国《公路沥青路面施工技术规范》(JTG F40—2004)对密级配沥青混凝土、沥青碎石、沥青玛蹄脂混合料等的技术标准作了明确要求,具体见表8-5-1及表8-5-2。

密级配沥青混凝土混合料马歇尔稳定度试验技术标准　　表8-5-1

试验指标	单位	高速、一级公路				其他等级公路	行人道路
		夏炎热区		夏热、夏凉区			
		中轻交通	重交通	中轻交通	重交通		
稳定度	kN	≥8				≥5	≥3
流值	mm	2~4	1.5~4	2~4.5	2~4	2~4.5	2~5

沥青稳定碎石混合料马歇尔稳定度试验技术标准　　表8-5-2

试验指标	单位	密级配基层(ATB)	半开级配面层(AM)	排水式开级配磨耗层(OGFC)	排水式开级配基层(ATPB)
稳定度	kN	≥7.5	≥3.5	≥3.5	—
流值	mm	1.5~4	—	—	—

注:以上标准均以公称最大粒径小于26.5mm的沥青混合料为准。

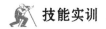
技能实训

沥青混合料马歇尔稳定度试验(T 0709—2011)

一、试验依据
《公路工程沥青及沥青混合料试验规程》(JTG E20—2011)。

二、试验目的和适用范围
本方法适用于马歇尔稳定度试验和浸水马歇尔稳定度试验,以进行沥青混合料的配合比设计或沥青路面施工质量检验。浸水马歇尔稳定度试验(根据需要,也可进行真空饱水马歇尔试验)供检验沥青混合料受水损害时抵抗剥落的能力时使用,通过测试其水稳定性检验配合比设计的可行性。

三、仪器设备
(1)马歇尔稳定度试验仪,如图 8-5-1 所示。

(2)其他:恒温水槽、烘箱(控温在 105℃ ±5℃)、天平(感量不大于 0.1g)、温度计、游标卡尺(精度 0.1mm)等。

图 8-5-1 马歇尔稳定度试验仪

四、试验步骤
1.标准马歇尔试验方法

标准马歇尔试验方法基本操作过程,如图 8-5-2 所示。

(1)量测试件的直径及高度:用卡尺测量试件中部的直径,用马歇尔试件高度测定器或用卡尺在十字对称的 4 个方向量测离试件边缘 10mm 处的高度,准确至 0.1mm,并以其平均值作为试件的高度。如试件高度不符合 63.5mm ±1.3mm 或 95.3mm ±2.5mm 的要求或两侧高度差大于 2mm,此试件应作废。

(2)将恒温水槽调节至要求的试验温度,对黏稠石油沥青或烘箱养生过的乳化沥青混合料为 60℃ ±1℃,对煤沥青混合料为 33.8℃ ±1℃,对空气养生的乳化沥青或液体沥青混合料为 25℃ ±1℃。

(3)将试件置于已达规定温度的恒温水槽中保温,保温时间对标准马歇尔试件需 30 ~40min,对大型马歇尔试件需 45 ~60min。试件之间应有间隔,底下应垫起,距水槽底部不小于 5cm。

(4)将马歇尔试验仪的上下压头放入水槽或烘箱中达到同样温度。将上下压头从水槽或烘箱中取出擦拭干净内面。为使上下压头滑动自如,可在下压头的导棒上涂少量黄油。再将试件取出置于下压头上,盖上上压头,然后装在加载设备上。

(5)在上压头的球座上放妥钢球,并对准荷载测定装置的压头。

①当采用自动马歇尔试验仪时,将自动马歇尔试验仪的压力传感器、位移传感器与计算机或 X - Y 记录仪正确连接,调整好适宜的放大比例,压力和位移传感器调零。

②当采用压力环和流值计时,将流值计安装在导棒上,使导向套管轻轻地压住上压头,同时将流值计读数调零。调整压力环中百分表,对零。

(6)启动加载设备,使试件承受荷载,加载速度为 50mm/min ±5mm/min。计算机或 X -Y 记录仪自动记录传感器压力和试件变形曲线并将数据自动存入计算机。

(7)当试验荷载达到最大值的瞬间,取下流值计,同时读取压力环中百分表读数及流值计的流值读数。

(8)从恒温水槽中取出试件至测出最大荷载值的时间,不得超过 30s。

| 量测试件直径及高度 | 试件、压头恒温30~40min | 测定数据 |

图 8-5-2　标准马歇尔试验方法基本操作过程

2.浸水马歇尔试验方法

浸水马歇尔试验方法与标准马歇尔试验方法的不同之处在于,试件在已达规定温度恒温水槽中的保温时间为48h,其余步骤均与标准马歇尔试验方法相同。

3.真空饱水马歇尔试验方法

试件先放入真空干燥器中,关闭进水胶管,开动真空泵,使干燥器的真空度达到97.3kPa(730mmHg)以上,维持15min;然后打开进水胶管,靠负压进入冷水流使试件全部浸入水中,浸水15min后恢复常压,取出试件再放入已达规定温度的恒温水槽中保温48h。其余均与标准马歇尔试验方法相同。

五、成果整理

1.计算公式

$$T = \frac{\text{MS}}{\text{FL}} \tag{8-5-1}$$

式中:T——试件的马歇尔模数,kN/mm;

　　MS——试件的稳定度,kN,准确至0.01kN;

　　FL——试件的流值,mm,准确至0.1mm。

2.精密度和允许差

当一组测定值中某个测定值与平均值之差大于标准差的k倍时,该测定值应予舍弃,并以其余测定值的平均值作为试验结果。当试件数目n为3、4、5、6个时,k值分别为1.15、1.46、1.67、1.82。

3.试验记录表格(表8-5-3)

沥青混合料马歇尔稳定度试验记录　　　表8-5-3

试件编号	试件厚度(cm)					稳定度(kN)	流值(mm)	马歇尔模数(kN/mm)
	1	2	3	4	平均			
1	63.4	63.5	64.5	63.8	63.8	11.15	3.2	3.54
2	64.0	63.9	63.1	64.0	63.8	11.28	3.2	3.59
3	63.5	63.5	64.2	64.6	64.0	11.13	2.9	3.68
4	63.6	63.5	64.0	64.1	63.8	11.07	2.9	3.79
平均值	—	—	—	—	—	11.16	3.0	3.65
结论	符合《公路沥青路面施工技术规范》(JTG F40—2004)中对夏炎热区中轻交通密级配沥青混凝土混合料稳定度≥8kN和流值为2~4mm的要求							

由表8-5-3中数据计算稳定度的平均值:

$$\overline{\mathrm{MS}} = \frac{1}{4}\sum_{i=1}^{4}\mathrm{MS}_i = 11.16(\mathrm{kN})$$

计算稳定度标准差:

$$\sigma = \sqrt{\frac{\sum_{i=1}^{4}(\mathrm{MS}_i - \overline{\mathrm{MS}})^2}{4-1}} = 0.09(\mathrm{kN})$$

因为本组试件数目 $n=4$ 则 $k=1.46$, $k\sigma=0.13$;因为 $|\mathrm{MS}_i - \overline{\mathrm{MS}}|_{max} = |11.28 - 11.16| = 0.12 \le 0.13$,故无可疑值舍去,以平均值 11.16kN 作为稳定度试验结果。

流值的计算过程同上可得为 3.0mm;马歇尔模数为 3.65kN/mm。

六、注意事项

(1)一组试件的数量最少不得少于 4 个,并符合规范规定。

(2)量测试件时,用游标卡尺测量试件中部的直径,用游标卡尺在十字对称的 4 个方向量测离试件边缘 10mm 处的高度,准确至 0.1mm,并以其平均值作为试件的高度。

(3)将试件置于恒温水浴中保温,试件之间应有间隔,底下应垫起,离容器底部不小于 5cm。

(4)上下压头从水浴中取出要擦拭干净内面。为使上下压头滑动自如,可在下压头的导棒上涂少量黄油,再将试件取出置于下压头上,盖上上压头,然后装在加载设备上。

巩固提升

1. 沥青混合料的技术性质有哪些?
2. 如何评价沥青混合料的高温稳定性?
3. 简述马歇尔稳定度试验步骤。
4. 解释流值、稳定度的定义。
5. 如何提高沥青混合料路面抗滑性?

学习任务9　无机结合料稳定材料试验

> **任务目标**
> 1. 能描述无机结合料的组成结构、技术性质、组成材料和技术要求；
> 2. 能描述无机结合料试验在公路施工中的作用；
> 3. 能写出无机结合料配合比设计流程；
> 4. 能严格按照无机结合料稳定材料试验规程进行试验操作；
> 5. 能整理和分析试验数据。

任务描述

某二级公路路面施工时底基层、基层设计资料要求：底基层采用石灰稳定土，厚度为30cm；基层采用水泥稳定碎石，厚度为30cm。现阶段路基已完成施工并验收合格，下一步要进行路面施工，为了保证施工中底基层、基层的强度和耐久性，从而获得更好的稳定效果，就需要对无机结合料稳定材料进行氧化钙和氧化镁含量灰剂量、最佳含水率和最大干密度、无侧限抗压强度等试验来控制，从而保证施工的质量。

学习活动1　石灰有效氧化钙和氧化镁含量试验

 学习目标

1. 能描述石灰的类别、等级及技术要求；
2. 能制备试剂、采用四分法取样；
3. 能选择并使用分析天平、电子天平、酸式滴定管、电炉、烘箱等仪器设备；
4. 能按照无机结合料稳定材料试验规程进行石灰有效氧化钙和氧化镁含量试验；
5. 能整理试验数据并评定结果。

 情境导入

在某公路施工中，底基层采用石灰稳定土，石灰中的有效氧化钙和氧化镁含量决定了石灰的活性，若其含量低，石灰的黏结性差，石灰土的强度就达不到要求。因此，要严格检验新购石灰的有效氧化钙和氧化镁含量。

 基础知识

一、胶凝材料

1. 定义

能以自身的物理化学作用将松散材料（如砂、石）胶结成为具有一定强度的整体结构材料,统称为胶凝材料。

2. 分类

按其化学成分不同分为有机胶凝材料和无机胶凝材料,无机胶凝材料按其硬化条件不同又分为气硬性胶凝材料和水硬性胶凝材料。气硬性胶凝材料只能在空气中硬化、保持或继续提高强度。水硬性胶凝材料既能在空气中硬化,又能在水中硬化,并且在水中或适宜的环境中保持并继续提高强度。胶凝材料分类如图9-1-1所示。

胶凝材料 { 有机胶凝材料:沥青、树脂 ; 无机胶凝材料 { 气硬性胶凝材料:石灰、石膏 ; 水硬性胶凝材料:水泥 } }

图9-1-1 胶凝材料分类

二、石灰的分类

(1)石灰俗称白灰,根据成品加工方法的不同,可分为以下两种:

①块状生石灰:由原料煅烧而成的原产品,主要成分为 CaO。

②消石灰(熟石灰):生石灰中加水消化而得,其主要成分为 $Ca(OH)_2$。

(2)按氧化镁含量不同可分为钙质石灰和镁质石灰。

三、石灰的生产工艺

(1)原料:富含氧化钙的岩石(如石灰石、白云石、贝壳等),或用含有氧化钙和部分氧化镁的岩石经过高温煅烧(通常需加热至900℃以上),逸出 CO_2 气体,得到白色或灰白色的块状材料即为生石灰,其化学反应式为:

$$CaCO_3 \xrightarrow{\text{大于900℃}} CaO + CO_2 \uparrow \tag{9-1-1}$$

优质的石灰:色质洁白或略带灰色,质量较轻,块状石灰堆积密度为800~1000kg/m³,具有多孔结构。

(2)在烧制过程中技术掌握不好会生产出两种有害石灰:欠火石灰和过火石灰。

①欠火石灰:颜色发青,内部有未烧透的内核,使用时不能完全消化,有效氧化钙和氧化镁含量低,缺乏黏结力。造成原因:烧制过程中出现石灰石原料的尺寸过大或窑中温度不均匀等。

②过火石灰:表面出现裂缝或玻璃状的外壳,体积收缩明显,颜色呈灰黑色,块体密度大,消化缓慢,用于建筑结构物中仍能继续消化,以致引起体积膨胀,导致产生裂缝等破坏现象,危害极大。造成原因:烧制的温度或时间过长等。

注意:过火石灰比欠火石灰危害大,过火石灰可以使用但需要在使用前陈伏半个月。

四、石灰的消化

烧制成的生石灰在使用时必须加水使其"消化"成为粉末状的"消石灰"这一过程也称为"熟化",故消石灰也称为"熟石灰"。消石灰的主要化学成分为氢氧化钙 $Ca(OH)_2$。其化学反应式为:

$$CaO + H_2O \rightarrow Ca(OH)_2 + Q(64.9 \text{J/mol}) \tag{9-1-2}$$

五、石灰的硬化

石灰的硬化过程包括干燥硬化和碳酸化两部分。

1. 干燥硬化(结晶作用)

石灰浆在干燥过程中水分逐渐蒸发，或被周围砌体吸收，$Ca(OH)_2$从饱和溶液中结晶析出，固体颗粒互相靠拢黏紧，强度也随之提高。

2. 碳酸化(碳化作用)

$Ca(OH)_2$与空气中的二氧化碳作用生成碳酸钙晶体，其化学反应式为：

$$Ca(OH)_2 + CO_2 + H_2O \rightarrow CaCO_3 + 2H_2O \tag{9-1-3}$$

石灰浆体的硬化以上两个过程同时进行，即表层以碳化为主，内部以结晶为主。

六、技术要求

1. 有效氧化钙和氧化镁含量

石灰中产生黏结性的有效成分是活性氧化钙和氧化镁，其含量是评价石灰质量的首要指标。

2. 技术标准

根据我国行业标准《公路路面基层施工技术细则》(JTG/T F20—2015)规定，生石灰和消石灰技术要求如表9-1-1和表9-1-2所示。

生石灰技术要求　　　　表9-1-1

指标	钙质生石灰 I	钙质生石灰 II	钙质生石灰 III	镁质生石灰 I	镁质生石灰 II	镁质生石灰 III	试验方法
有效氧化钙加氧化镁含量(%)	≥85	≥80	≥70	≥80	≥75	≥65	T 0813
未消化残渣含量(%)	≤7	≤11	≤17	≤10	≤14	≤20	T 0815
钙镁石灰的分类界限，氧化镁含量(%)	≤5			>5			T 0812

消石灰技术要求　　　　表9-1-2

指标		钙质生石灰 I	钙质生石灰 II	钙质生石灰 III	镁质生石灰 I	镁质生石灰 II	镁质生石灰 III	试验方法
有效氧化钙加氧化镁含量(%)		≥65	≥60	≥55	≥60	≥55	≥50	T 0813
含水率(%)		≤4	≤4	≤4	≤4	≤4	≤4	T 0801
细度	0.60mm 方孔筛的筛余(%)	0	≤1	≤1	0	≤1	≤1	T 0814
	0.15mm 方孔筛的筛余(%)	≤13	≤20	—	≤13	≤20	—	T 0814
钙镁石灰的分类界限，氧化镁含量(%)		≤4			>4			T 0812

注：1. 高速公路和一级公路用石灰应不低于Ⅱ级技术要求，二级公路用石灰应不低于Ⅲ级技术要求，二级以下公路宜不低于Ⅲ级技术要求。
　　2. 高速公路和一级公路的基层，宜采用磨细消石灰。
　　3. 二级以下公路使用等外石灰时，有效氧化钙含量应在20%以上，且混合料强度应满足要求。

 技能实训

石灰有效氧化钙和氧化镁含量试验(T 0813—1994)

一、试验依据

《公路工程无机结合料稳定材料试验规程》(JTG E51—2009)。

二、试验目的和适用范围

测定氧化镁含量在5%以下的低镁石灰中有效氧化钙和氧化镁含量,以评定石灰等级。

三、仪器设备

(1)分析天平:感量0.0001g。

(2)酸式滴定管、滴定台。

(3)试剂:盐酸、乙醇、甲基橙、酚酞管。

(4)其他:天平(感量0.01g)、烧杯、锥形瓶、凡士林、50ml量筒、0.15mm筛、玻璃珠、电炉、研钵、滴瓶、钥匙、烘箱、蒸馏水等。

四、试剂制备

(1)0.1%甲基橙水溶液:称取0.05g甲基橙溶于50mL蒸馏水中。

(2)1%酚酞指示剂:称取0.5g酚酞溶于50mL 95%乙醇中。

(3)1N盐酸标准液:取83mL浓盐酸(相对密度1.19)用蒸馏水稀释至1000mL。

五、试验准备

石灰试样准备如图9-1-2所示。

图9-1-2 石灰试样准备

六、试验步骤

1.标定盐酸的当量浓度

(1)称取碳酸钠、加蒸馏水,如图9-1-3所示。

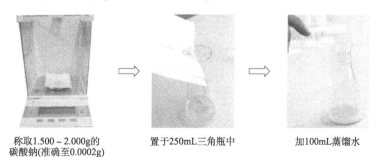

图9-1-3 称取碳酸钠、加蒸馏水

(2)盐酸滴定、加热煮沸,如图9-1-4所示。

加入2~3滴甲基橙指示剂　　盐酸滴定,溶液由　　加热至沸,并保持微沸3min
　　　　　　　　　　　　　　黄色变为橙红色

图9-1-4　盐酸滴定、加热煮沸

(3)冷却,如图9-1-5所示。

→ 冷却至室温。如此时橙红色变为黄色,则再用盐酸标准溶液滴定,至溶液出现稳定橙红色为止,记录盐酸消耗量V(mL)

图9-1-5　冷却

(4)盐酸标准溶液的当量浓度N按式(9-1-4)计算,单位mol/L。

$$N = \frac{m_0}{0.053V} \tag{9-1-4}$$

式中:m_0——称取碳酸钠质量,g;

V——盐酸消耗量,mL;

0.053——与1.00mL盐酸标准溶液相当的以克表示的无水碳酸钠的质量。

2.测定石灰的有效氧化钙和氧化镁含量

(1)称取石灰、加蒸馏水,如图9-1-6所示。

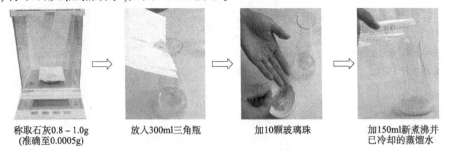

称取石灰0.8~1.0g　　放入300ml三角瓶　　加10颗玻璃珠　　加150ml新煮沸并
(准确至0.0005g)　　　　　　　　　　　　　　　　　　　　已冷却的蒸馏水

图9-1-6　称取石灰、加蒸馏水

(2)加热、冷却,如图9-1-7所示。

插一短颈漏斗　　　　迅速冷却　　　　加酚酞指示剂2滴呈现粉红色
加热5min,勿使沸腾

图9-1-7　加热、冷却

· 224 ·

(3)盐酸滴定,如图 9-1-8 所示。

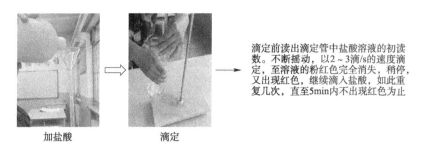

图 9-1-8　盐酸滴定

(4)读数,如图 9-1-9 所示。

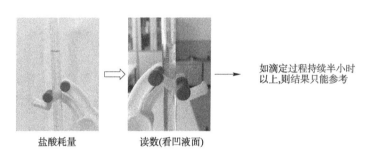

图 9-1-9　读数

七、成果整理

1. 有效氧化钙和氧化镁含量计算

按式(9-1-5)计算,精确至 0.1%。

$$X = \frac{0.028VN}{m} \times 100\% \quad (9-1-5)$$

式中:X——有效氧化钙和氧化镁含量,%;

　　V——滴定消耗盐酸标准溶液的体积,mL;

　　N——盐酸标准溶液的摩尔浓度,mol/L;

　　m——样品质量,g;

0.028——氧化钙的毫克当量。因氧化镁含量甚少,并且两者的毫克当量相差不大,故有效 CaO + MgO 的毫克当量都以 CaO 的毫克当量计算。毫克当量:每消耗 1mL 的盐酸所能中和的氧化钙的克数。

2. 精密度和允许差

对同一石灰样品至少应做两次平行测定,取两次测定结果的平均值作为最终结果。

3. 试验记录表格(表9-1-3)

八、注意事项

(1)盐酸对皮肤具有腐蚀性,将其稀释时要佩戴橡胶手套。

(2)滴定管的清洗:先用蒸馏水清洗,再用溶液洗。

(3)滴定管的检查:滴定管使用之前先检查活塞是否漏水,即向滴定管中加水检查活塞是否能拧紧。

有效氧化钙和氧化镁含量测定记录　　　　表 9-1-3

试样品种	试样干质量 m(g)	盐酸溶液当量浓度 N	盐酸溶液消耗量 V(mL)		(CaO+MgO) 含量 X(%)	平均值 (%)
钙质生石灰粉	1	1	初读数 0.5	16.1	45.1	45.0
			终读数 16.6			
	1	1	初读数 1.0	16.0	44.8	
			终读数 17.0			
结论	该钙质生石灰有效氧化钙镁含量不符合技术规范要求					

注：表中盐酸溶液消耗量＝终读数－初读数。

（4）微沸状态应以看到有小气泡，但还未达到沸腾状态即可。

（5）滴定注意事项。

①操作滴定架注意动作要规范，即左手拧滴定活塞（大拇指在上，食指、中指在下），右手拿三角瓶（锥形瓶），滴定速度为 2~3 滴/s。

②滴定时右手拿锥形瓶要距滴定台高度为 1~2cm，锥形瓶口超过滴定管尖 0.5cm 左右，进行滴定。随时调节滴定速度，因为变色会在一瞬间完成，快到变色点时速度要放慢，随时注意变色现象。

（6）生石灰试样需要过筛，消石灰试验无须过筛，有大颗粒需要碾碎。

（7）盐酸读数精确至 0.1mL。

巩固提升

1. 什么是胶凝材料？石灰属于什么胶凝材料？
2. 气硬性胶凝材料与水硬性胶凝材料有何区别？
3. 生产石灰的原料是什么？在烧制过程中会出现两种有害石灰分别是什么？它们在施工中有何危害？还能继续在施工中使用吗？
4. 试验的过程中放玻璃珠的作用是什么？
5. 如何用目测、手感方法判断过火石灰和欠火石灰？

学习活动 2　水泥或石灰稳定材料中水泥或石灰剂量的测定

学习目标

1. 能描述灰剂量的概念、能进行混合料组成的计算；
2. 能选择并使用洗耳球、大肚移液管、酸式滴定管等仪器设备；
3. 能按照无机结合料稳定材料试验规程进行灰剂量测定；
4. 能绘制出标准曲线；
5. 能根据标准曲线确定灰剂量。

情境导入

灰剂量是影响稳定类土的强度和稳定性的关键因素，在施工过程中控制是非常严格的。

在某高速公路基层施工过程中为了检测混合料拌和和摊铺的均匀性,使用 EDTA 滴定法快速测定水稳层的灰剂量。

基础知识

一、石灰稳定土

石灰稳定土是指在粉碎的或原来的松散的土(包括粗、中、细粒土)中,掺入足量的石灰后经过拌和、压实及养生后,得到的具有较高后期强度、整体性和水稳定性均较好的材料。

1. 石灰剂量

石灰剂量是指石灰稳定土中石灰的质量占全部粗细土颗粒干质量的百分率。即:

$$石灰剂量 = \frac{石灰质量}{干土质量}$$

2. 石灰剂量对石灰稳定土强度的影响

(1)当石灰剂量较低时(小于 3% ~4%),石灰主要起稳定作用,使土的塑性、膨胀性、吸水性降低,具有一定的水稳定性。

(2)随着剂量的增加,石灰稳定土的强度和稳定性均提高。

(3)当剂量超过一定范围时,过多石灰在土中以自由灰形式存在,将导致稳定土的强度下降。

因此,石灰稳定土中的石灰存在一个最佳剂量,其最佳剂量随土质不同而异,同时亦与养生龄期有关。

二、水泥稳定土

水泥稳定土是指在粉碎的或原来的松散的土(包括粗、中、细粒土)中,掺入足量的水泥后经过拌和、压实及养生后,得到的具有较高后期强度、整体性和水稳定性均较好的材料。

1. 水泥剂量

水泥剂量水泥稳定土中水泥的质量占全部粗细土颗粒干质量的百分率。即:

$$水泥剂量 = \frac{水泥质量}{干土质量}$$

2. 水泥剂量对水泥稳定土强度的影响

水泥稳定土的强度随着水泥剂量的增加而增长,过多使用水泥虽获得强度增加,同时也使温缩和干缩现象增多,在经济上也不一定合理。水泥剂量控制在 5% ~10% 较为合理。

三、二灰土

用石灰、粉煤灰稳定中粒土或粗粒土等而得到的混合料,称为二灰土。

四、混合料组成的计算

1. 公式

$$干料质量 = \frac{湿料质量}{1 + 含水率} \tag{9-2-1}$$

2. 计算步骤

(1)干混合料质量 = 湿混合料质量/(1 + 最佳含水率)。

(2)干土质量 = 干混合料质量/(1 + 石灰或水泥剂量)。

(3)干石灰(或水泥)质量 = 干混合料质量 - 干土质量。

(4)湿土质量 = 干土质量 × (1 + 土的风干含水率)。

(5)湿石灰质量 = 干石灰质量 × (1 + 石灰的风干含水率)。

(6)石灰土中应加入的水 = 300 - 湿土质量 - 湿石灰质量。

技能实训

水泥或石灰稳定材料中水泥或石灰剂量的测定方法——EDTA 滴定法
(T 0809—2009)

一、试验依据

《公路工程无机结合料稳定材料试验规程》(JTG E51—2009)。

二、试验目的和适用范围

本方法适用于工地快速测定水泥和石灰稳定材料中水泥和石灰的剂量,并可用以检查拌和的均匀性。本方法也可用以测定水泥和石灰综合稳定材料中结合料的剂量。

三、仪器设备

(1)大肚移液管:10mL。

(2)洗耳球。

(3)其他:滴定台、酸式滴定管、烧杯、锥形瓶、量筒、天平(量程2000g,感量0.01g)、凡士林、搪瓷杯、洗瓶、聚乙烯桶、pH试纸、搅拌棒、浅盘。

(4)试剂:乙醇、氯化铵、EDTA 二钠、氢氧化钠、硫酸钾、钙试剂羧酸钠、钙红指示剂、三乙醇胺等。

四、试剂制备

(1)0.1mol/m³ 乙二胺四乙酸二钠(简称 EDTA 二钠)标准液:EDTA 二钠37.226g,用微热的无二氧化碳蒸馏水溶解,待全部溶解并冷却至室温后,定容至1000mL。

(2)10% 氯化铵溶液:500g 氯化铵放在聚乙烯筒中,加蒸馏水4500mL,充分振荡,使氯化铵完全溶解。

(3)1.8% 氢氧化钠溶液:18g 氢氧化钠放入洁净干燥的1000mL 烧杯中,加1000mL 蒸馏水,使其全部溶解,待溶液冷却至室温后,加入2mL 三乙醇胺,搅拌均匀后储于塑料筒中。

(4)钙红指示剂:0.2g 钙试剂羟酸钠与20g 预先在105℃烘箱中烘1h 的硫酸钾混合后,一起放入研钵中,研成极细粉末,储于棕色广口瓶中,以防吸潮。

五、试验准备

1. 准备试样

(1)测定试样风干含水率,如图9-2-1 所示。

图9-2-1 测定试样风干含水率

(2)准备5种灰剂量,每种两份样品,如为水泥稳定中、粗粒土,每个样品取1000g左右(如为细粒土,则可称取300g左右),准备试验。

(3)土的含水率按工地预期达到的最佳含水率,土中所加的水应与工地所用的水相同(剂量为0、2%、4%、6%、8%为例)。

2.确定混合料中各材料用量

混合料中各材料用量记录见表9-2-1。

混合料中各材料用量记录　　　表9-2-1

	灰剂量(%)	干土质量(g)	水泥质量(g)	加水量(g)
配料	0	265.49	0	34.51
	2	260.28	5.21	34.51
	4	255.28	10.21	34.51
	6	250.46	15.03	34.51
	8	245.82	19.67	34.51

注:1.工地预期达到的土的最佳含水率假定为13.0%,混合假定为细粒土取300g,假设土的风干含水率=0,水泥含水率=0,干混合料质量为265.49g。

2.在此,准备标准曲线的水泥剂量可为0、2%、4%、6%、8%。如水泥剂量较高或较低,应保证工地实际所用水泥或石灰的剂量位于标准曲线所用剂量的中间。

六、试验步骤

1.做标准曲线(以表9-2-1假定为例)

(1)取样、称量,如图9-2-2所示。

加水拌匀试样

称2份300g的湿试样

分别放在两个搪瓷杯内

图9-2-2　取样、称量

(2)加氯化铵、搅拌、沉淀,如图9-2-3所示。

加入600mL10%氯化铵溶液

搅拌3min,每分钟搅110~120次

放置沉淀10min

图9-2-3　加氯化铵、搅拌、沉淀

(3)转移上清液,如图9-2-4所示。

(4)移液、加氢氧化钠,如图9-2-5所示。

(5)用pH试纸测试、加钙红指示剂,如图9-2-6所示。

将上清液转移到300mL烧杯内　　　加盖表面皿待测

图 9-2-4　转移上清液

用移液管吸取液面以下　　　放入250mL的三角瓶中　　　加50mL氢氧化钠溶液
1~2cm悬浮液10mL

图 9-2-5　移液、加氢氧化钠

 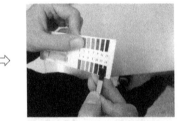 

用玻璃棒蘸取到pH试纸上　　　此时溶液pH值为12.5~13.0与对比卡对比　　　加钙红指示剂，质量约为0.2g 溶液呈玫瑰红

图 9-2-6　用 pH 试纸测试、加钙红指示剂

(6)滴定、读数，如图 9-2-7 所示。

加EDTA二钠标准溶液　　　滴定到由玫红色变为纯蓝色　　　记录消耗量精确至0.1mL

图 9-2-7　滴定、读数

(7)对其他几个搪瓷杯内中的试样，用同样的方法进行试验，并记录各自的 EDTA 二钠标准溶液的耗量，如表 9-2-2 所示。

(8)绘制标准曲线，如图 9-2-8 所示。

以同一剂量的混合料消耗 EDTA 二钠毫升数的平均值为纵坐标，以水泥或石灰剂量为横坐标绘图。标准曲线应是一条顺滑的曲线。

标准曲线数据记录表　　　　　　　　　　表9-2-2

	剂量	平行试样	滴定管初读数 V_1（mL）	滴定管终读数 V_2（mL）	实际EDTA消耗量（mL）	灰剂量（%）	EDTA消耗量平均值（mL）	灰剂量平均值（%）
试验结果	0	a	0	2.0	2.0	0	2.0	0
		b	0.2	2.2	2.0	0		
	2	a	0	5.0	5.0	2.0	5.0	2
		b	0.1	5.1	5.0	2.0		
	4	a	0	7.0	7.0	4.0	7.0	4
		b	0.1	7.1	7.0	4.0		
	6	a	0	9.0	9.0	6.0	9.0	6
		b	0.2	9.2	9.0	6.0		
	8	a	0	11.0	11.0	8.0	11.0	8
		b	0.2	11.2	11.0	8.0		

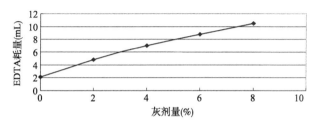

图9-2-8　EDTA标准曲线

2．测定盲样中的灰剂量

（1）取样、加氯化铵溶液，如图9-2-9所示。

取水泥或石灰稳定细粒土300g　　　加10%氯化铵溶液600mL
两份分别放入搪瓷杯　　　　　　　用上面方法步骤进行试验

图9-2-9　取样、加氯化铵溶液

注：若为中、粗粒土可直接称取1000g左右，加入10%氯化铵溶液2000mL。

（2）利用绘制的标准曲线，根据EDTA二钠标准溶液消耗量，确定混合料中水泥或石灰剂量。

七、成果整理

1．精密度和允许差

根据现场工程设计文件要求，判断灰剂量是否满足要求。对同一石灰样品应进行两次平行测定，取算术平均值，精确至0.1mL。允许重复性误差不得大于均值的5%，否则，重新进行试验。

2.试验记录表格(表9-2-3)

灰剂量的测定试验记录　　　　表9-2-3

平行试样	滴定管初读数（mL）	滴定管终读数（mL）	实际EDTA消耗量（mL）	灰剂量（%）	EDTA消耗量平均值（mL）	灰剂量平均值（%）
1	0.1	6.0	5.9	2.7	5.9	2.8
2	1.0	6.8	5.8	2.75		
结论	在标准曲线图中找出EDTA消耗量为5.9mL,所对应的灰剂量为2.8%					

八、注意事项

(1)湿料质量为300g,氯化铵溶液为600mL,湿料质量为1000g,氯化铵溶液为2000mL。

(2)混合料为300g,搅拌3min,每分钟110~120次,混合料为1000g,搅拌5min。

(3)每个样品搅拌时间、速度和方式应力求相同,以增加试验的精度。

(4)做标准曲线时,如工地实际水泥剂量较大,素集料和低剂量水泥试样可以不做,而直接用较高的剂量做试验,但应有两种剂量大于实际剂量,以及两种剂量小于实际剂量。

(5)若沉淀10min后仍为浑浊悬浮液,则应增加放置沉淀时间,直到出现无明显悬浮颗粒的悬浮液为止,并记录所需时间。以后所有样品试验均应以同一时间为准。

(6)配制的氯化铵溶液最好当天用完,不要放置过久,以免影响试验的精度。

(7)实际测定和制作标准曲线时每种灰剂量取两份试样,标准曲线图中的EDTA耗量和灰剂量都是平均值。

(8)实际工作中应使工地实际所用水泥或石灰的剂量位于准备标准曲线时所用剂量的中间。

(9)操作过程中注意安全,实验完毕清理实验室。

 巩固提升

1.什么是水泥稳定材料?
2.灰剂量对石灰稳定土的强度有何影响?
3.灰剂量试验操作中应注意哪些事项?
4.如何绘制标准曲线?
5.实际应用中有哪些具体的稳定材料?试举例说明。

学习活动3　无机结合料稳定类材料组成设计

学习目标

1.能描述无机结合料稳定材料的基本概念、分类;
2.能描述无机结合料稳定材料组成设计的概念和必须遵循的原则;
3.能描述材料组成设计应包括的技术内容、应符合的技术标准;
4.能进行无机结合料稳定材料配合比设计。

情境导入

某地区一级公路路面底基层设计为30cm厚石灰稳定土,要求7d无侧限抗压强度为

0.8MPa；基层设计为30cm厚水泥稳定碎石，7d无侧限抗压强度要求值不低于0.4MPa。施工时采用集中厂拌法，分两层铺筑，为了便于施工就地取材，采用当地的石灰、水泥、碎石等材料进行施工，此时材料的组成设计很重要，既要在经济上合理，又要在技术上可靠，且必须达到设计强度的标准，从而保证路面的强度和耐久性。

 基础知识

一、无机结合料稳定材料的基本概念

采用一定的技术措施，在粉碎的或原来松散的土中，掺入适量的无机结合料（如水泥、石灰等）和水，经拌和均匀、压实和养生后得到的一种强度或耐久性符合规定要求的复合混合料，称为无机结合料稳定材料，又称无机结合料稳定土。

(1)无机结合料稳定的材料，通常按照材料中单个颗粒（包括碎石、砾石和砂颗粒，不包括土块或土团）的粒径大小和组成，将材料分为下列三种：

①细粒材料：公称最大粒径小于16mm的材料。

②中粒材料：公称最大粒径不小于16mm，且小于26.5mm的材料。

③粗粒材料：公称最大粒径不小于26.5mm的材料。

(2)无机结合料稳定材料的分类。

①根据无机结合料的种类分为：石灰稳定材料、水泥稳定材料、综合稳定材料、工业废渣稳定材料等。

②根据土的粒径大小和组成分为：无机结合料稳定土（细粒土）、无机结合料稳定粒料（粒料包括：中粒土、砂砾和粗粒土、碎石）。

二、无机结合料稳定材料组成设计

无机结合料稳定材料组成设计是根据对某种材料规定的技术要求，选择合适的原材料，确定结合料的种类和数量及混合料的最佳含水率。通过设计，使铺筑的路面在技术上可靠，经济上合理。

三、无机结合料稳定材料组成设计的内容

包括原材料检验、混合料的目标配合比设计、混合料的生产配合比设计和施工参数确定四部分内容。

四、无机结合料稳定材料的组成设计流程

无机结合料稳定材料的组成设计流程见图9-3-1。

五、无机结合料稳定材料组成设计原则

(1)具有合适的强度和耐久性。
(2)用作高等级道路路面基层时，具有小的收缩变形和强抗冲刷能力。
(3)就地取材，便于施工。
(4)技术可行，经济合理。

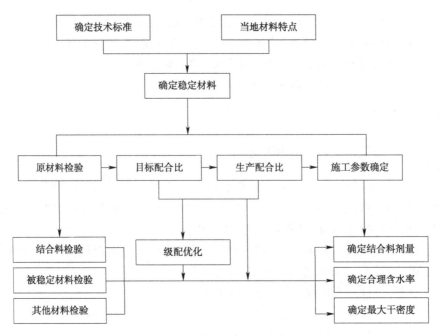

图 9-3-1 无机结合料稳定材料的组成设计流程

技能实训

无机结合料稳定类材料配合比设计（JTG/T F20—2015）

一、原材料检验技术要求

1. 主要原材料检验

土质：对于粗粒土和中粒土应做筛分或压碎值试验，以检验材料的颗粒组成和颗粒强度。

水泥：主要测定强度等级及终凝时间。

石灰：技术要求应符合表 9-1-1 和表 9-1-2 的规定。

其他材料：应符合相应的技术规范要求。

2. 混合料推荐级配及技术要求

（1）采用水泥稳定，被稳定材料的液限应不大于 40%，塑性指数应不大于 17。塑性指数大于 17 时，宜采用石灰稳定或用水泥和石灰综合稳定。但如果被稳定材料中含有一定的碎石或砾石，且小于 0.6mm 的颗粒含量在 30% 以下时，塑性指数可大于 17，且土的均匀系数应大于 5。其级配范围可采用表 9-3-1 推荐的级配范围。并符合下列规定：

①用于高速公路和一级公路的底基层时，被稳定材料的公称最大粒径应不大于 31.5mm，级配宜符合表 9-3-1 中 C-A-1 或 C-A-2 的规定，被稳定材料中不宜含有黏性土或粉性土。

②用于二级公路的基层时，级配宜符合表 9-3-1 中 C-A-1 的规定，被稳定材料中不宜含有黏性土或粉性土。

③用于二级以下公路的基层时，级配宜符合表 9-3-1 中 C-A-3 的规定，被稳定材料的公称最大粒径应不大于 37.5mm。

④用于二级及二级以下公路的底基层时，级配宜符合表 9-3-1 中 C-A-4 的规定，被稳定材料的公称最大粒径应不大于 37.5mm。

水泥稳定材料的推荐级配范围(%) 表9-3-1

筛孔尺寸 (mm)	高速公路和一级公路的底基层或二级公路基层	高速公路和一级公路的底基层	二级以下公路的基层	二级及二级以下公路的底基层
	C-A-1	C-A-2	C-A-3	C-A-4
53	—	—	100	100
37.5	100	100	90~100	—
31.5	90~100	—	—	—
26.5	—	—	66~100	—
19	67~90	—	54~100	—
9.5	45~68	—	39~100	—
4.75	29~50	50~100	28~84	50~100
2.36	18~38	—	20~70	—
1.18	—	—	14~57	—
0.6	8~22	17~100	8~47	17~100
0.075	0~7	0~30	0~30	0~50

注：表中水泥稳定材料不包括水泥稳定级配碎石或砾石。

(2)水泥稳定级配碎石或砾石的级配可采用表9-3-2中推荐的级配范围,并符合下列规定：

①用于高速公路和一级公路时,级配宜符合表9-3-2中C-B-1、C-B-2的规定。混合料密实时也可采用C-B-3级配。C-B-1级配宜用于基层和底基层,C-B-2级配宜用于基层。

②用于二级及二级以下公路时,级配宜符合表9-3-2中C-C-1、C-C-2、C-C-3的规定。C-C-1级配宜用于基层和底基层,C-C-2和C-C-3级配宜用于基层,C-B-3级配宜用于极重、特重交通荷载等级下的基层。

③被稳定材料的液限宜不大于28%。

④用于高速公路和一级公路时,被稳定材料的塑性指数宜不大于5;用于二级及二级以下公路时,宜不大于7。

水泥稳定级配碎石或砾石的推荐级配范围(%) 表9-3-2

筛孔尺寸 (mm)	高速公路和一级公路			二级及二级以下公路		
	C-B-1	C-B-2	C-B-3	C-C-1	C-C-2	C-C-3
37.5	—	—	—	100	—	—
31.5	—	—	100	100~90	100	—
26.5	100	—	—	94~81	100~90	100
19	86~82	100	68~86	83~67	87~73	100~90
16	79~73	93~88	—	78~61	82~65	92~79
13.2	72~65	86~76	—	73~54	75~58	83~67
9.5	62~53	72~59	38~58	64~45	66~47	71~52
4.75	42~35	45~35	22~32	50~30	50~30	50~30
2.36	31~22	31~22	16~28	36~19	36~19	36~19
1.18	22~13	22~13	—	26~12	26~12	26~12

续上表

筛孔尺寸（mm）	高速公路和一级公路			二级及二级以下公路		
	C-B-1	C-B-2	C-B-3	C-C-1	C-C-2	C-C-3
0.6	15～8	15～8	8～15	19～8	19～8	19～8
0.3	10～5	10～5	—	14～5	14～5	14～5
0.15	7～3	7～3	—	10～3	10～3	10～3
0.075	5～2	5～2	0～3	7～2	7～2	7～2

（3）级配碎石或砾石的推荐级配范围如表9-3-3所示，宜符合下列规定：

①用于高速公路和一级公路基层时，级配宜符合表9-3-3中C-A-4、C-A-5的规定。

②用于高速公路和一级公路底基层时，级配宜符合表9-3-3中C-A-3或C-A-4的规定。

③用于二级及二级以下公路底基层、底基层时，级配可符合表9-3-3中C-A-1或C-A-2的规定。

级配碎石或砾石的推荐级配范围（%） 表9-3-3

筛孔尺寸（mm）	C-A-1	C-A-2	C-A-3	C-A-4	C-A-5
37.5	100	—	—	—	—
31.5	100～90	100	100	—	—
26.5	93～80	100～90	95～90	100	100
19	81～64	86～70	84～72	88～79	100～95
16	75～57	79～62	79～65	82～70	89～82
13.2	69～50	72～54	72～57	76～61	79～70
9.5	60～40	62～42	62～47	64～49	63～53
4.75	45～25	45～25	45～30	40～30	40～30
2.36	31～16	31～16	28～19	28～19	28～19
1.18	22～11	22～11	20～12	20～12	20～12
0.6	15～7	15～7	14～8	14～8	14～8
0.3	—	—	10～5	10～5	10～5
0.15	—	—	7～3	7～3	7～3
0.075	5～2	5～2	5～2	5～2	5～2

注：对无塑性的混合料，小于0.075mm的颗粒含量宜接近高限。

（4）二级及二级以下公路底基层采用未筛分碎石、砾石时，宜采用表9-3-4中推荐的级配范围。

未筛分碎石、砾石的推荐级配范围（%） 表9-3-4

筛孔尺寸（mm）	C-B-1	C-B-2	筛孔尺寸（mm）	C-B-1	C-B-2
53	100	—	4.75	10～30	17～45
37.5	85～100	100	2.36	8～25	11～35
31.5	69～88	83～100	0.6	6～18	6～21
19.0	40～65	54～84	0.075	0～10	0～10
9.5	19～43	29～59			

(5)用于底基层的天然砾石、砾石土宜采用表9-3-5中推荐的级配范围。

天然砾石、砾石土的推荐级配范围　　　表9-3-5

筛孔尺寸(mm)	53	37.5	9.5	4.75	0.6	0.075
通过质量百分率(%)	100	80100	40100	2585	845	015

(6)级配碎石或砾石、未筛分碎石、天然砾石和砾石土等材料应符合下列规定：

①液限宜不大于28%。

②在潮湿多雨地区塑性指数宜小于6，其他地区宜小于9。

二、目标配合比设计技术要求

(1)选定不同的石灰(或水泥)剂量。根据《公路路面基层施工技术细则》(JTG/T F20—2015)建议的剂量如表9-3-6～表9-3-8所示。

水泥稳定材料配合比试验推荐水泥试验剂量表　　　表9-3-6

被稳定材料	条　件		推荐试验剂量(%)
有级配的碎石或砾石	基层	$R_d \geqslant 5.0$MPa	5、6、7、8、9
		$R_d < 5.0$MPa	3、4、5、6、7
土、砂、石屑等		塑性指数<12	5、7、9、11、13
		塑性指数≥12	8、10、12、14、16
有级配的碎石或砾石	底基层	—	3、4、5、6、7
土、砂、石屑等		塑性指数<12	4、5、6、7、8
		塑性指数≥12	6、8、10、12、14

石灰稳定材料配合比试验推荐石灰试验剂量表　　　表9-3-7

层位	土　类	推荐试验剂量(%)
基层	碎石土和砂砾土	3、4、5、6、7
	塑性指数<12的黏性土	10、12、13、14、16
	塑性指数≥12的黏性土	5、7、9、11、13
底基层	塑性指数<12的黏性土	8、10、11、12、14
	塑性指数≥12的黏性土	5、7、8、9、11

水泥的最小剂量(%)　　　表9-3-8

被稳定材料类型	拌和方法	
	路拌法	集中厂拌法
中、粗粒材料	4	3
细粒材料	5	4

注：水泥剂量少于表中的最小剂量时，应按表采用最小剂量。

(2)在目标配合比设计中，应选择不少于5个结合料剂量，分别确定各剂量条件下混合料的最佳含水率和最大干密度。

(3)应根据试验确定的最佳含水率、最大干密度及压实度要求成型标准试件，试件数量应符合表9-3-9的规定，如试验结果的变异系数大于表中规定的值，应重做试验或增加试件数量。

平行试验最少的试件数量　　　　　　　　　　　　　　　　　表 9-3-9

材料类型	试件尺寸(mm)	变异系数要求		
		<10%	10%~15%	15%~20%
细粒材料(公称最大粒径<16mm)	φ100×100	6	9	—
中粒材料(公称最大粒径>16mm,且<26.5mm)	φ150×150	6	9	13
粗粒材料(公称最大粒径>26.5mm)	φ150×150	—	9	13

(4)试件的强度试验。

①试件在温度为20℃±2℃,相对湿度95%以上的条件下养生6d,浸水1d,然后进行无侧限抗压强度试验。根据无机结合料稳定材料的抗压强度标准(表9-3-10~表9-3-13),选择合适的结合料剂量。此剂量的试件室内试验结果的强度代表值 R_d^0 应符合式(9-3-1)的要求,若 $R_d^0 < R_d$,应重新进行配合比设计。

$$R_d^0 = \overline{R}(1 - Z_a C_V) \geqslant R_d \tag{9-3-1}$$

式中:R_d——强度标准值,MPa;

　　　$\overline{R}$——组试验的强度平均值,MPa;

　　　C_V——组试验的强度变异系数,%;

　　　Z_a——标准正态分布表中随保证率(或置信度α)而变的系数,高速公路和一级公路应取保证率95%,此时 $Z_a = 1.645$;二级及二级以下公路应取保证率90%,此时 $Z_a = 1.282$。

②无机结合料稳定材料的强度标准。《公路路面基层施工技术细则》(JTG/T F20—2015)中规定,采用7d龄期无侧限抗压强度作为无机结合料稳定材料施工质量控制的主要指标。各无机结合料稳定材料的7d龄期无侧限抗压强度标准如表9-3-10~表9-3-13所示。

水泥稳定材料的7d龄期无侧限抗压强度标准 R_d(单位:MPa)　　表 9-3-10

结构层位	公路等级	极重、特重交通	重交通	中、轻交通
基层	高速公路和一级公路	5.0~7.0	4.0~6.0	3.0~5.0
	二级和二级以下公路	4.0~6.0	3.0~5.0	2.0~4.0
底基层	高速公路和一级公路	3.0~5.0	2.5~4.5	2.0~4.0
	二级和二级以下公路	2.5~4.5	2.0~4.0	1.0~3.0

注:1.公路等级高或交通荷载等级高或结构安全性要求高时,推荐取上限强度标准。

　　2.表中强度标准指的是7d龄期无侧限抗压强度的代表值,以下各表同。

石灰粉煤灰稳定材料的7d龄期无侧限抗压强度标准 R_d(单位:MPa)　　表 9-3-11

结构层位	公路等级	极重、特重交通	重交通	中、轻交通
基层	高速公路和一级公路	≥1.1	≥1.0	≥0.9
	二级和二级以下公路	≥0.9	≥0.8	≥0.7
底基层	高速公路和一级公路	≥0.8	≥0.7	≥0.6
	二级和二级以下公路	≥0.7	≥0.6	≥0.5

注:石灰粉煤灰稳定材料强度不满足表9-3-11的要求时,可外加混合料质量1%~2%的水泥。

水泥粉煤灰稳定材料的 7d 龄期无侧限抗压强度标准 R_d(单位:MPa)　　表 9-3-12

结构层位	公路等级	极重、特重交通	重交通	中、轻交通
基层	高速公路和一级公路	4.0~5.0	3.5~4.5	3.0~4.0
基层	二级和二级以下公路	3.5~4.5	3.0~4.0	2.5~3.5
底基层	高速公路和一级公路	2.5~3.5	2.0~3.0	1.5~2.5
底基层	二级和二级以下公路	2.0~3.0	1.5~2.5	1.0~2.0

石灰稳定材料的 7d 龄期无侧限抗压强度标准 R_d(单位:MPa)　　表 9-3-13

结构层	高速公路和一级公路	二级和二级以下公路
基层	—	≥0.8①
底基层	≥0.8	0.5~0.7②

注:石灰土强度达不到表 9-3-13 规定的抗压强度标准时,可添加部分水泥,或改用另一种土。塑性指数过小的土,不宜用石灰稳定,宜改用水泥稳定。

①在低塑性材料(塑性指数小于 7)地区,石灰稳定砾石土和碎石土的 7d 龄期无侧限抗压强度应大于 0.5MPa(100g 平衡锥测液限)。

②低限用于塑性指数小于 7 的黏性土,且低限值宜仅用于二级以下公路。高限用于塑性指数大于 7 的黏性土。

三、无机结合料稳定材料生产配合比设计要求

(1)根据目标配合比确定的各档材料比例,应对拌和设备进行调试和标定,确定合理的生产参数。

(2)拌和设备调试和标定应包括料斗称量精度的标定、结合料剂量的标定和拌和设备加水量的控制等内容,并符合下列规定:绘制不少于 5 个点的结合料剂量的标准曲线;按各档材料的比例关系,设定相应的称量装置。调整拌和设备各个料仓的进料速度;按设定好的施工参数进行第一阶段试生产,验证生产级配。不满足要求时,应进一步调整施工参数。

(3)在第一阶段试生产试验的基础上进行第二阶段试验,分别按不同结合料剂量和含水率进行混合料试拌,并取样、试验。试验应符合下列规定:通过混合料实际含水率的测定,确定施工过程中流量计的设定范围;通过混合料实际结合料剂量的测定,确定施工过程中结合料掺加的相关技术参数;通过击实试验,确定结合料剂量变化、含水率变化对混合料最大干密度的影响;通过抗压强度试验,确定材料的实际强度水平和拌和工艺的变异水平。

(4)混合料生产参数的确定应包括结合料剂量、含水率和最大干密度等指标,并应符合下列规定:

①对水泥稳定材料,工地实际采用的水泥剂量宜比室内试验确定的剂量多 0.5%~1.0%。采用集中厂拌法施工时宜增加 0.5%;采用路拌法施工时宜增加 1%。

②以配合比设计的结果为依据,综合考虑施工过程的气候条件,对水泥稳定材料,含水率可增加 0.5%~1.0%;对其他稳定材料,可增加 1%~2%。在施工时可根据情况对生产参数进行调整,得出最终的施工配合比即施工参数。

③最大干密度应以最终合成级配击实试验的结果为准。

四、无机结合料稳定材料施工参数确定技术要求

(1)确定施工中合理的结合料剂量。

(2)确定施工中合理的含水率及最大干密度。

(3)验证混合料强度技术指标,使之满足设计要求。

五、水泥稳定碎石混合料配合比设计示例题

【题目】某山区高等级公路采用水泥稳定碎石路面基层,试按现行技术规范所要求的方法进行水泥稳定碎石混合料配合比设计。

【设计资料】山区一级公路,路线所经地区属暖温带气候,基层水泥稳定碎石厚30cm,7d无侧限抗压强度要求值为4.0MPa。

施工时混合料采用厂拌,铺筑现场采用摊铺机摊铺,分两层碾压成型,下层厚18cm,上层厚12cm,压实度指标按98%控制。

解:1.原材料检验及选定

(1)水泥:水泥要求用42.5级普通硅酸盐水泥,经检验各项技术指标均满足有关规范的要求。

(2)碎石:当地某石料场可提供粒径为10~30mm碎石、5~10mm碎石和小于5mm的石屑,石屑中小于粒径0.5mm的料塑性指数为5,经检验各项技术指标均满足有关规范的要求。对三种规格碎石材料进行筛分试验,根据筛分结果通过试算法组配混合石料,经计算混合石料级配满足表9-3-2中C-B-2的规定,可采用。计算结果如表9-3-14所示。

集料筛分和集料级配计算结果　　　　　表9-3-14

筛孔(mm)	集料筛分(通过量)结果(%)						集料级配(%)	集料级配要求值	
	10~30		5~10		<5			中值	范围
	100%	20%	100%	45%	100%	35%			
31.5	100.0	20.0	100.0	45.0	100.0	35.0	100	100	100
19.0	54.8	11.0	100.0	45.0	100.0	35.0	91.0	93.5	100
9.5	1.5	0.3	65.4	29.4	100.0	35.0	64.7	67.0	72~59
4.75	1.1	0.2	5.9	2.7	97.8	34.2	37.1	39.0	45~35
2.36	0	0	0.7	0.3	78	27.3	27.6	26.0	31~22
0.60	—	—	0	0	32.5	11.4	11.4	15	15~8
0.075	—	—	—	—	13.7	4.8	4.8	3.5	5~2

2.确定水泥剂量的掺配范围

水泥稳定级配碎石路面基层,设计要求7d无侧限抗压强度不小于4.0MPa,根据经验,水泥剂量按3%、4%、5%、6%、7%五种比例配制混合料,即水泥:碎石为3:100、4:100、5:100、6:100、7:100。

3.确定最佳含水率和最大干密度

对5种不同水泥剂量的混合料做标准击实试验,确定出最大干密度和最佳含水率,如表9-3-15所示。

混合料标准击实试验结果表　　　　　表9-3-15

水泥剂量(%)	3	4	5	6	7
最佳含水率(%)	5.7	5.9	6.0	6.2	6.4
最大干密度(g/cm³)	2.320	2.325	2.330	2.335	2.340

4.测定7d无侧限抗压强度

(1)制作试件:对水泥稳定级配碎石路面基层混合料强度试件的制备,按现行技术规范规定采用$\phi 150mm \times 150mm$的圆柱体试件,每种水泥剂量按13个试件配制,工地压实度按98%控制,现将制备试件所需的基本参数计算如下:

①制备一个试件所需混合料的数量(以3%剂量为例)。

$$m = V\rho_d K(1+w_0) = \frac{\pi \times 15^2}{4} \times 15 \times 2.320 \times 98\%(1+5.7\%) = 6370.1(\text{g})$$

②制一种剂量一个试件所需的各种原材料数量。

成型一个试件按 $6370\text{g} \times 1.01 = 6433.8\text{g}$(考虑1%的损耗)混合料配制,取水泥和碎石材料的风干含水率为0。

水泥:

$$6433.8 \times \frac{3}{100+3} = 187.4(\text{g})$$

集料:

$$6433.8 \times \frac{100}{100+3} = 6246.4(\text{g})$$

需加水量:

$$6433.8 \times 5.7\% = 366.7(\text{g})$$

③同样的方法对水泥剂量4%、5%、6%和7%的混合料制件参数进行计算,计算结果列于表9-3-16中。

混合料制件计算结果　　　　　表9-3-16

水泥剂量(%)		3	4	5	6	7
试件干密度(g/cm³)		2.274	2.279	2.283	2.288	2.293
一个试件所需材料数量(g)	水泥	187	248	312	368	427
	碎石 10~30(20%)	1249.3	1241	1234	1228	1221
	碎石 5~10(45%)	2811	2793	2777	2762	2747
	碎石 <5(35%)	2186	2172	2160	2148	2137
	需加水量	367	381	389	403	418
一个试件混合料数量(g)		6370	6390	6416	6442	6468

(2)测定无侧限抗压强度,按测定方法测得7d无侧限抗压强度结果,如表9-3-17所示。

抗压强度试验结果汇总　　　　　表9-3-17

水泥剂量(%)	3	4	5	6	7
强度平均值 $\bar{R}$(MPa)	3.7	3.9	4.1	5.8	6.5
强度标准差 s(MPa)	0.387	0.410	0.426	0.561	0.728
强度偏差系数 C_V(%)	10.4	10.5	10.6	9.8	11.2
强度代表值 $R_d^0 = \bar{R}(1-Z_a C_V)$(MPa)	3.1	3.2	3.4	4.8	5.3
是否符合 $R_d^0 \geq \bar{R}$	否	否	否	是	是

注:表中 Z_a 取1.645计算。

5.确定试验室配合比(目标配合比)

通过以下方法确定水泥最佳剂量:

(1)比较强度平均值和设计要求值,根据试验结果,水泥剂量为5%、6%、7%时试件强度平均值均满足不低于4.0MPa的设计要求。

(2)考虑到试验数据的偏差和施工中的保证率,对水泥剂量5%、6%、7%时的强度数据通过 $R_d^0 \geq R_d$ 验算,对一级公路,取95%的保证率,则系数 $Z_a = 1.645$,通过计算,水泥剂量为6%和7%强度能满足强度指标要求。

(3)从工地经济性考虑,6%的水泥剂量为满足强度指标要求的最小水泥剂量,为最佳水泥剂量。则试验室配合比为水泥:集料 = 6:100,混合料的最佳含水率为 6.2%,最大干密度为 2.335g/cm³,施工时压实度按 98% 控制。

6.确定生产配合比

据施工现场情况,对试验室确定的配合比进行调整,对水泥稳定材料,工地实际采用的水泥剂量宜比室内试验确定的剂量多 0.5% ~ 1.0%。采用集中厂拌法施工时宜增加 0.5%,采用路拌法施工时宜增加 1%。

以配合比设计的结果为依据,综合考虑施工过程的气候条件,对水泥稳定材料,含水率可增加 0.5% ~ 1.0%;对其他稳定材料,可增加 1% ~ 2%。所以经调整后得到的生产配合比为水泥:集料 = 6.5:100,混合料含水率为 7.0%,最大干密度为 2.338g/cm³,施工时压实度按 98% 控制。

本例在配合比设计计算时对集料含水率忽略不计,但在规定施工时集料的含水率不能忽略不计,在施工时可根据具体情况对上述生产配合比进行调整,得出最终的施工配合比。

六、注意事项

(1)《公路路面基层施工技术细则》(JFG/T F20—2015)中规定,采用 7d 龄期无侧限抗压强度作为无机结合料稳定材料施工质量控制的主要指标。

(2)在进行无机结合料稳定类材料目标配合比设计中,应选择不少于 5 个结合料剂量,分别确定各剂量条件下混合料的最佳含水率和最大干密度。

(3)在目标配合比设计中水泥剂量少于表中 9-3-8 的最小剂量时,应按表 9-3-8 采用最小剂量。

(4)在施工过程中,材料品质或规格发生变化、结合料品种发生变化时,应重新进行材料设计。

巩固提升

1.无机结合料稳定材料的基本概念是什么?
2.无机结合料稳定类材料组成设计是指什么?
3.无机结合料稳定类材料组成设计的内容包括几部分?
4.无机结合料稳定类材料组成设计应遵循什么原则?
5.无机结合料稳定材料施工质量控制的主要指标指什么?

学习活动 4　无机结合料稳定材料的击实试验

学习目标

1.能描述无机结合料稳定材料的击实试验原理;
2.能用四分法取样并正确制备试样;
3.能安全正确的使用击实仪、烘箱、天平等仪器设备;
4.能按照无机结合料稳定材料试验规程进行无机结合料稳定材料的击实试验;
5.能对试验结果进行整理和分析,得出结论。

情境导入

在某国道公路路面工程的施工中,路面质量的好坏、强度的高低在很大程度上依赖路面底基层、基层的强度和稳定性。决定路面底基层、基层质量的关键,即是控制路面底基层、基层含水率和密实度,只有在最佳含水率下压实到最大密实度的路面底基层、基层,才具有足够的强度和稳定性。本试验提供的数据可为无机结合料稳定土的室内配合比设计提供依据。

基础知识

一、无机结合料稳定材料的击实试验原理

在规定尺寸的试筒内,对各种无机结合料稳定材料即水泥稳定材料(水泥水化以前)、石灰稳定材料及石灰(或水泥)粉煤灰稳定材料在一定夯击功能下进行击实试验,以绘制稳定材料的含水率—干密度关系曲线,从而确定其最佳含水率和最大干密度。

二、无机结合料稳定材料采用重型击实的试验方法分类

主要参数列于表9-4-1中。

试验方法类别表　　　　　　　　　　　　　　　　　表9-4-1

类别	锤的质量(kg)	锤击面直径(cm)	落高(cm)	试筒容积(cm³)	锤击层数	每层锤击数	容许最大粒径(mm)
甲	4.5	5.0	45	997	5	27	19.0
乙	4.5	5.0	45	2177	5	59	19.0
丙	4.5	5.0	45	2177	3	98	37.5

三、无机结合料稳定材料的技术性质

1. 无机结合料稳定材料的压实性(密实度)

无机结合料稳定材料的强度、水稳定性、抗冻性及缩裂现象等均与密实度有关。一般稳材料的密实度每增加1%,强度约增加4%,同时水稳定性、抗冻性也会提高,缩裂现象减少,因此提高密实度非常重要。

2. 无机结合料稳定材料的强度

在土中掺入适量的无机结合料,并在最佳含水率时拌匀压实,使结合料与材料发生一系列的物理化学作用,从而使材料的工程性质发生根本的变化强度和稳定性不断提高,采用无机结合料稳定材料无侧限抗压强度指标来表征。

3. 无机结合料稳定材料的缩裂特性

无机结合料稳定材料的缺点是抗变形能力低,特别是在温度和湿度变化时易产生裂缝。无机结合料稳定材料的缩裂现象主要有干缩裂缝和温缩裂缝两种。随着无机结合料稳定材料强度的不断形成,水分逐渐消耗以及蒸发,体积发生收缩,收缩变形受到约束时,逐渐产生裂缝,称为干缩裂缝。无机结合料稳定材料具有热胀冷缩的性质。随着气温的降低,稳定材料会产生冷却收缩变形,收缩变形受到约束时,逐渐会形成裂缝,称为温缩裂缝。

四、无机结合料稳定材料的技术要求

根据《公路路面基层施工技术细则》(JTG/T F20—2015)规定,无机结合料稳定材料的基层、底基层压实度如表9-4-2和表9-4-3所示。

基层材料压实标准(%) 表9-4-2

公路等级		水泥稳定材料	石灰粉煤灰稳定材料	水泥粉煤灰稳定材料	石灰稳定材料
高速公路和一级公路		≥98	≥98	≥98	—
二级及二级以下公路	稳定中、粗粒材料	≥97	≥97	≥97	≥97
	稳定细粒材料	≥95	≥95	≥95	≥95

底基层材料压实标准(%) 表9-4-3

公路等级		水泥稳定材料	石灰粉煤灰稳定材料	水泥粉煤灰稳定材料	石灰稳定材料
高速公路和一级公路	稳定中、粗粒材料	≥97	≥97	≥97	≥97
	稳定细粒材料	≥95	≥95	≥95	≥95
二级及二级以下公路	稳定中、粗粒材料	≥95	≥95	≥95	≥95
	稳定细粒材料	≥93	≥93	≥93	≥93

注:1. 对级配碎石材料,基层压实度应不小于99%,底基层压实度应不小于97%。
2. 高速公路和一级公路在极重、特重交通荷载等级下,基层和底基层的压实标准可提高1%~2%。

 技能实训

无机结合料稳定材料的击实试验(T 0804—1994)

一、试验依据

《公路工程无机结合料稳定材料试验规程》(JTG E51—2009)、《公路路面基层施工技术细则》(JTG/T F20—2015)。

二、试验目的和适用范围

(1)适用于在规定的试筒内,对石灰、水泥及石灰(或水泥)粉煤灰稳定土进行击实试验,以绘制稳定土的含水率—干密度关系图,从而确定其最佳含水率和最大干密度。

(2)试验集料的最大粒径宜控制在37.5mm以内(方孔筛)。

三、仪器设备

(1)方孔筛:53mm、37.5mm、26.5mm、19mm、4.75mm、2.36mm。

(2)击实筒(小)100mm×127mm、击实筒(大)152mm×120mm、击实锤。

(3)其他:电动脱模器、铝盒、烘箱(能控温在105℃±5℃)修土刀、三棱刮刀、电子天平(量程15kg,感量0.1g)、电子天平(量程2000g,感量0.01g)等。

四、试验准备

(1)将具有代表性的风干试料(必要时也可在50℃烘箱内烘干)用木槌捣碎或用木碾碾碎。土团均应捣碎到能通过4.75mm的筛孔。但应注意不使粒料的单个颗粒破碎或不使其破碎程度超过施工中拌和机械的破碎率。

(2)根据粒径不同确定相应的试验方法。

细粒材料:全部通过4.75mm筛则用甲法或乙法做试验。

中粒材料:如试料中含有粒径大于4.75mm的颗粒,则先将试料过19mm筛;如果存留在19mm筛上的颗粒的含量不超过10%,则过26.5mm筛用筛下料进行甲法或乙法试验。

粗粒材料:如试料中粒径大于19mm的颗粒含量超过10%,则将试料过37.5mm的筛;如果存留在37.5mm筛上的颗粒的含量不超过10%,则过53mm筛用筛下料进行丙法试验。

注意:每次筛分后,均应记录超尺寸颗粒的百分率。

(3)在预定做击实试验的前一天,取代表性的试料测其风干含水率。

细粒材料:不少于100g。中粒材料:不少于1000g。粗粒材料:不少于2000g。

(4)在试验前用游标卡尺准确测量试模的内径、高和垫块的厚度,以计算试筒的容积。

五、试验步骤

1. 甲法

(1)将已筛分的试样逐次通过四分法最后取出 10~15kg 试料。再通过四分法将取出的试料分成 5~6 份,每份试样的干质量为 2kg(对于细粒材料)或 2.5kg(对于各种中粒材料)。

(2)预定 5~6 个不同的含水率,依次相差 0.5%~1.5%(对于中、粗粒材料,在最佳含水率附近取 0.5%,其余取 1%。对于细粒材料,取 1%,但对于黏土,特别是重黏土,可能需要取 2%),且其中至少有两个大于和两个小于最佳含水率。

(3)按预定含水率制备试样。

$$m_w = \left(\frac{m_n}{1+0.01w_n} + \frac{m_c}{1+0.01w_c}\right) \times 0.01w - \frac{m_n}{1+0.01w_n} \times 0.01w_n - \frac{m_c}{1+0.01w_c} \times 0.01w_c$$

(9-4-1)

式中:m_w——混合料中应加的水量,g;

m_n——混合料中素土(或集料)的质量,g,其原始含水率为 w_n,即风干含水率,%;

m_c——混合料中水泥或石灰的质量,g,其原始含水率为 w_c,%;

w——混合料要达到的含水率,%。

将水均匀喷洒于试料上,如为石灰稳定材料可与试料一起拌匀,然后装入密闭容器或塑料袋内浸润备用,如图 9-4-1 所示。浸润时间要求:黏质土 12~24h,粉质土 6~8h,砂类土、砂砾土等可以缩短到 4h 左右,含土很少的未筛分碎石、砾石和砂可缩短到 2h。浸润时间一般不超过 24h。

图 9-4-1 取样、拌和

(4)如用水泥稳定材料,水泥应在土样击实前逐个加入,拌匀后应在 1h 内完成,超过 1h 作废(石灰稳定材料和石灰粉煤灰稳定材料除外)。

(5)进行击实,击实过程和要求类似于普通土击实,如图 9-4-2 和图 9-4-3 所示。

①试筒套环与击实底板应紧密连接。将击实筒放在坚实地面上,用四分法取制备好的试样 400~500g(其量应使击实后的试样等于或略高于筒高的 1/5)倒入筒内,整平表面并稍加压实,用击实锤或电动击实仪进行第 1 层试样的击实,每层击数为 27 次。

②击实锤应自由落下,达到规定的落高,锤迹必须均匀分布于试样面。

③每层击实完成后,首先检查该层高度是否合适,以便调整以后几层的试样用量。然后

用刮土刀将已击实层的表面"拉毛",以使相邻两层很好的衔接。

④同样的方法进行其余四层的击实,最后一层击实完毕后,要求试样高度不得超出筒顶6mm,超出高度过大的试件作废。

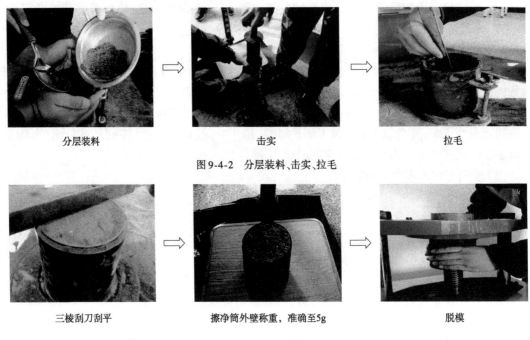

图 9-4-2　分层装料、击实、拉毛

图 9-4-3　刮平、称量、脱模

(6)测湿密度,用刮土刀沿套环内壁削挖(使试样与套环脱落)后扭动并取下套环,齐筒顶细心刮平试样,并拆除底板。如试样底面略突出筒外或有孔洞,则应细心刮平或修补。最后用三棱刮刀将击实筒上下两端仔细修平,擦净筒外壁,称其质量 m_1,准确至5g,如图9-4-4所示。

(7)用脱模器推出筒内试样。从试样内部从上至下取两个有代表性的样品(可将脱出试件用锤打碎后,四分法取样)测定稳定材料含水率,计算至0.1%。两个试样的含水率差值不得大于1%。所取样品的数量见表9-4-4(如取一个样品测定含水率,则样品质量应为表中数量的2倍)。擦净试筒,称其质量 m_2,准确至5g。

测稳定材料含水率的样品质量　　　　　表9-4-4

最大粒径(mm)	样品质量(g)	最大粒径(mm)	样品质量(g)
2.36	约50	37.5	约1000
19	约300		

(8)烘箱的温度应事先调整到110℃左右,以使放入的试样能立即在105~100℃的温度下烘干。

(9)进行其余含水率下稳定材料的击实和测定工作。凡已用过的试样,一律不再重复使用。

2.乙法

(1)条件:缺乏内径10cm的试筒,以及需要与承载比等实验结合进行时,采用乙法进行击实。本方法更适宜于公称最大粒径为19mm的集料。

(2)将已过筛的试料用四分法逐次分小,至最后取出约30kg试料。再用四分法将取出的试料分成5~6份,每份试样的干质量为4.4kg(对于细粒材料)或5.5kg(对于各种中粒材料)。

(3)以下各步的做法同上述甲法相同,但应该先将垫块放入筒内底板上,然后加料并击实。所不同的是,每层需取制备好的试样约900g(水泥或石灰稳定细粒材料)或1100g(对于稳定中粒材料),每层击数为59次。击实后的试样高度略高于(高出1~2mm)筒高的1/5。

3. 丙法

(1)将已过筛的试料用四分法逐次分小,至最后取出约33kg试料。再用四分法将所取的试料分成6份(至少要5份),每份质量约5.5kg(风干质量)。

(2)预定5~6个不同的含水率,依次相差0.5%~1.5%。在估计最佳含水率左右可只差0.5%~1%(对于水泥稳定类材料,在最佳含水率附近取0.5%;对于石灰、二灰稳定类材料,根据具体情况在最佳含水率附近取1%)。

(3)以下各步的做法同上述甲法相同,但应该先将垫块放入筒内底板上,然后加料并击实。所不同的是,每层需取制备好的试样约1.8kg左右,每层击数为98次。击实后的试样高度略高于(高出1~2mm)筒高的1/3。

(4)含水率测定若取两个样品数量应不少于700g,若只取一个样品时应不少于1400g。

六、成果整理

1. 计算公式

(1)每次击实后稳定材料的湿密度ρ_w按式(9-4-2)计算,单位g/cm³,精确至0.001。

$$\rho_w = \frac{m_1 - m_2}{V} \tag{9-4-2}$$

式中:m_1——试筒加湿试样的总质量,g;

m_2——试筒的质量,g;

V——试筒的容积,cm³。

(2)每次击实后稳定材料的干密度ρ_d按式(9-4-3)计算,单位g/cm³,精确至0.001。

$$\rho_d = \frac{\rho_w}{10.01w} \tag{9-4-3}$$

式中:w——试样的含水率,%,精确至0.1。

(3)试样的含水率ω按式(9-4-4)计算,计算至0.1%。

$$w = \frac{m_1 - m_2}{m_2} \times 100\% \tag{9-4-4}$$

式中:m_1——湿土质量,g;

m_2——干土质量,g。

2. 精密度和允许差

同一灰剂量的样品,应作两次平行试验取平均值。两次试验最大干密度的差不应超过0.05g/cm³(稳定细粒材料)和0.08g/cm³(稳定中粒材料和粗粒材料),最佳含水率的差不应超过0.5%(最佳含水率小于10%)和1.0%(最佳含水率大于10%)。超过上述规定值,应重做,直到满足精密度和允许差。

3. 试验记录表格(表9-4-5)

无机结合料稳定材料的击实试验记录表(以石灰稳定细粒材料为例) 表9-4-5

试验序号	干密度					含水量						
	筒加土质量(g)	筒质量(g)	湿土质量(g)	湿密度(g/cm³)	干密度(g/cm³)	盒号	盒加湿土质量(g)	盒加干土质量(g)	盒质量(g)	水的质量(g)	干土质量(g)	含水率(%)	平均含水率(%)
	(1)	(2)	(3)	(4)	(5)		(6)	(7)	(8)	(9)	(10)	(11)	(12)
1	2510	780	1730	1.830	1.530	1	31.26	28.46	14	2.80	14.46	19.4	19.3
						2	30.72	28.03	14	2.69	14.03	19.2	
2	2570	780	1790	1.890	1.560	3	26.59	24.38	14	2.21	10.37	21.3	21.3
						4	30.32	27.46	14	2.86	13.46	21.3	
3	2620	780	1840	1.940	1.570	5	26.80	24.32	14	2.48	10.32	24.0	23.8
						6	28.92	26.07	14	2.85	12.07	23.6	
4	2630	780	1850	1.950	1.550	7	28.29	25.35	14	2.94	11.35	25.9	25.9
						8	29.65	26.44	14	3.21	12.44	25.8	
5	2610	780	1830	1.930	1.520	9	29.33	26.02	14	3.31	12.02	27.5	27.6
						10	34.26	29.88	14	4.38	15.88	27.6	

最佳含水率 $w = 23.8\%$；最大干密度 $\rho_{dmax} = 1.570 \text{g/cm}^3$

4. 绘图

以干密度为纵坐标,含水率为横坐标,绘制干密度与含水率关系曲线,如图9-4-4所示。曲线上峰值点所对应的纵横坐标分别为稳定土的最大干密度和最佳含水率。如曲线不能绘出准确峰值点,应进行补点。

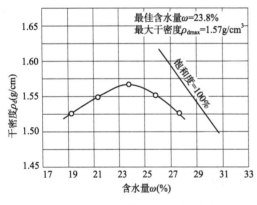

图9-4-4 干密度与含水率关系曲线

七、注意事项

(1)试验集料的公称最大粒径宜控制在37.5mm以内(方孔筛)。

(2)试料浸润时间:黏质土12~24h,粉质土6~8h,砂类土、砂砾土等可以缩短到4h左右,含土很少的未筛分碎石、砾石和砂可缩短到2h。浸润时间一般不超过24h。

(3)若有水泥则在试料浸润后加入水泥,并应在1h内完成击实实验,拌和后超过1h的试样,应予作废。

(4)烘箱的温度应事先调整到110℃左右,以使放入的试样能立即在105~100℃的温度下烘干。

(5)进行其余含水率下稳定材料的击实和测定工作。凡已用过的试样,一律不再重复使用。

(6)同一灰剂量的样品,应作两次平行试验,两次试验最大干密度的差不应超过0.05g/cm³(稳定细粒土)和0.08g/cm³(稳定中粒土和粗粒土),最佳含水率的差不应超过0.5%(最佳含水率小于10%)和1.0%(最佳含水率大于10%)。

(7)若试验点不足以连成完整的凸形曲线,应进行补充试验。

(8)操作过程中注意安全,试验完毕清理试验室。

巩固提升

1. 用甲法做击实试验时试筒容积为多少？按几层装？每层击实多少次？
2. 请总结甲、乙、丙三种方法的相同点和不同点。
3. 每层击实完之后"拉毛"的目的是什么？
4. 测定含水率烘箱的温度应该如何调？烘干温度是多少？
5. 最后一层击实完后，试样超出筒顶的高度有何规定？如果超出如何处理？

学习活动5　无机结合料稳定材料无侧限抗压强度试验

学习目标

1. 能描述无机结合料稳定土无侧限抗压强度的概念、试验原理和试验步骤；
2. 能选择并使用脱模器、强度测定仪、养护箱等仪器设备；
3. 能按照无机结合料稳定材料试验规程进行无侧限抗压强度试验；
4. 能整理试验数据并评定结果。

情境导入

在某国道公路路面底基层的施工中，路面底基层采用石灰稳定细粒材料进行铺筑，为了保证其强度稳定性，必须对工地正在施工用的铺筑材料进行检验。首先，检验灰剂量是否达到要求，并检查拌和与摊铺混合料的均匀性；其次，检验无机结合料稳定土的无侧限抗压强度，是否达到设计的强度标准。

基础知识

一、无机结合料稳定材料无侧限抗压强度

无机结合料稳定材料无侧限抗压强度是表征稳定土强度的指标，是试件在无侧向压力的条件下抵抗轴向压力的极限强度。

二、试验原理

按最佳含水率和工地预期达到的压实度计算出干密度及材料用量，用静力压实法制备直径：高等于1∶1且干密度相等的圆柱体试件，在规定条件下保湿养生6d，浸水1d，进行无侧限抗压强度试验。

三、技术要求

根据《公路路面基层施工技术细则》(JTG/T F20—2015)规定，水泥稳定材料的7d龄期无侧限抗压强度标准见表9-3-10，石灰稳定材料的7d龄期无侧限抗压强度标准见表9-3-13。

技能实训

无机结合料稳定材料无侧限抗压强度试验(以石灰稳定细粒材料为例)(T 0805—1994)

一、试验依据

《公路工程无机结合料稳定材料试验规程》(JTG E51—2009)、《公路路面基层施工技术

细则》(JTG/T F20—2015)。

二、试验目的和适用范围

测定无机结合料稳定土试件的无侧限抗压强度,为路面施工中无机结合料稳定土配合比设计提供数据,同时也可以现场检验路面结构强度是否满足要求。

本试验方法适用于测定水泥、石灰稳定材料(包括稳定细、中、粗粒材料)或其他稳定材料(如水泥稳定碎石)或综合稳定材料的无侧限抗压强度。

三、仪器设备

(1)路强仪。

(2)方孔筛:37.5mm、31.5mm、26.5 mm 、4.75mm、2.36mm。

(3)其他:游标卡尺(精度0.1mm)、电子天平(量程15kg,感量0.1g)、电子天平(量程2000g,感量0.01g)、试模(100mm×100mm,150mm×150mm)、标准养护箱、脱模器、搪瓷盘、毛刷、铲子等。

四、试验准备

(1)取具有代表性的风干的试料(必要时也可在50℃烘箱内烘干),用木槌和木碾捣碎,但应避免因破碎改变粒料的原粒径。按照公称最大粒径的大一级筛,将土样过筛并进行分类,如图9-5-1所示。

过4.75mm筛称取土样　　　　　　　过2mm筛称取石灰

图9-5-1 取样

(2)石灰烘干过2mm方孔筛用四分法取料(根据要求的灰剂量)在干燥器内冷却至室温,备用。

(3)预定做试验的前一天,取代表性的试料测其风干含水率。

细粒土:不少于100g;中粒土:不少于1000g;粗粒土:不少于2000g。

五、试验步骤

(1)根据无机结合料击实试验确定混合料的最大干密度、最佳含水率。

(2)根据最佳含水率、最大干密度及要求达到的压实度成型标准试件,试件数量应符合表9-3-9的规定。

(3)计算材料用量见式(9-5-1)~式(9-5-8)。

单个试件的标准质量:

$$m_0 = V\rho_{max}(1 + w_{opt})\gamma \tag{9-5-1}$$

考虑到试件成型过程中的质量损耗,实际操作过程中每个试件的质量可增加0~2%,即:

$$m'_0 = m_0(1 + \delta) \tag{9-5-2}$$

每个试件的干料(包括干土和无机结合料)总质量:

$$m_1 = \frac{m'_0}{1 + w_{opt}} \tag{9-5-3}$$

每个试件中的无机结合料质量：

外掺法
$$m_2 = m_1 \cdot \frac{\alpha}{1+\alpha} \tag{9-5-4}$$

内掺法
$$m_2 = m_1 \alpha \tag{9-5-5}$$

每个试件中的干土质量：
$$m_3 = m_1 - m_2 \tag{9-5-6}$$

每个试件中的加水量：
$$m_w = (m_2 + m_3) \cdot w_{opt} \tag{9-5-7}$$

验算：
$$m'_0 = m_2 + m_3 + m_w \tag{9-5-8}$$

上述式中：V——试件体积，cm^3；

w_{opt}——混合料最佳含水率，%；

ρ_{max}——混合料最大干密度，g/cm^3；

γ——混合料压实度标准，%；

m_0、m'_0——混合料质量，g；

m_1——干混合料质量，g；

m_2——无机结合料质量，g；

m_3——干土质量，g；

δ——计算混合料质量的冗余量，%；

α——无机结合料的掺量，%；

m_w——加水质量，g。

（4）土中加水：中粒土和粗粒土按最佳含水率加水，细粒土（特别是黏性土）使其含水率较最佳含水率小3%。

（5）浸润：将土和水拌和均匀后放在密闭容器内或塑料袋（封口）内浸润备用，黏性土浸润12~24h，粉性土浸润6~8h，砂性土、砂砾土浸润4h左右，含土很少的未筛碎石、砂砾及砂可以缩短到2h。浸润时间一般不超过24h。拌和试样闷料如图9-5-2所示。

按比例干拌均匀

按预定含水率加水拌匀

闷料封闭浸润备用

图9-5-2 拌和试样、闷料

六、制件

按照预定的干密度，用反力框架和液压千斤顶，或采用压力机制件。制件过程如图9-5-3所示。

（1）将试模的下垫块放入试模的下部，外露2cm左右。

（2）将每一个试件所需的稳定土混合料用漏斗分2~3次灌入试模中，每次灌入后用夯棒轻轻均匀插实。然后放入上垫块,使上下垫块露出部分均为2cm。

(3)将整个试模(连同上下垫块)放到反力框架内的千斤顶上(千斤顶下应放一扁球座)或压力机上,以1mm/min的加载速率加压,直到上下垫块都压入试模内为止,并维持压力2min。

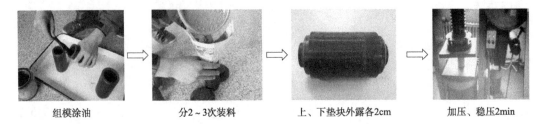

图9-5-3　制件过程

七、脱模、养生(图9-5-4)

(1)解除压力后,取下试模,并放到脱模器上将试件顶出。

(2)在脱模器上取试件时,应用双手抱住试件侧面的中下部,然后沿水平方向轻轻旋转,待感觉到试件移动后,再将试件轻轻抱起,放置到试验台上。切勿直接将试件向上拔起。

(3)检查试件的质量和高度,不满足成型标准的试件作废。

称成型试件的质量 m_2,小试件精确至0.01g,中试件精确至0.01g,大试件精确至0.1g。

质量损失:小试件不超过5g,中试件不超过25g,大试件不超过50g。

用游标卡尺量试件的高度 h,精确至0.1mm。小试件的高度误差范围为-0.1~0.1cm,中试件的高度误差范围为-0.1~0.15cm,大试件的高度误差范围为-0.1~0.2cm。

(4)试件称量后应立即放在塑料袋中封闭,并用潮湿的毛巾覆盖,移放至养生室。

(5)标准养生温度为20℃±2℃,标准养生的湿度≥95%。试件宜放在铁架或木架上,间距至少为10~20mm。试件表面应保持一层水膜,并避免用水直接冲淋。

(6)对无侧限抗压强度试验,标准养生龄期是7d,最后一天浸水。

(7)在养生期的最后一天,将试件取出,观察试件的边角有无磨损和缺块(若明显就作废)。并量高称质量 m_3,然后将试件浸泡于20℃±2℃水中,应使水面高出试件约2.5cm。

(8)对养生7d的试件,在养生期间,试件质量的损失应符合下列规定:小试件不超过1g;中试件不超过4g;大试件不超过10g。超过此规定时,试件作废。

图9-5-4　脱模、养生

八、测抗压强度、含水率(图9-5-5)

(1)浸水一昼夜的试件从水中取出,用软布吸去试件表面的可见自由水,并称取试件的质量 m_4。

(2)用游标卡尺量试件的高度,精确到0.1mm。

(3)试件放在路面材料强度试验仪或压力机上,并在升降台上先放一扁球座,进行抗压试验。试验过程中,应使试件的变形等速增加,并保持速率约为1mm/min,记录试件破坏时最大压力 $P(\text{N})$。

(4)从试件内部取有代表性的样品(经过打破),测定其含水率。

测抗压强度　　　　　　测含水率

图9-5-5　测抗压强度、含水率

九、成果整理

1. 计算公式

(1)试件的无侧限抗压强度 R_C 按式(9-5-9)、式(9-5-10)计算,精确至0.1MPa。

中试件
$$R_C = \frac{P}{A} = 0.000127P \tag{9-5-9}$$

大试件
$$R_C = \frac{P}{A} = 0.000057P \tag{9-5-10}$$

$$A = \frac{1}{4}\pi D^2 \tag{9-5-11}$$

上述式中:P——试件破坏时的最大压力,N;

A——试件的截面积,mm^2;

D——试件的直径,mm。

(2)对于试样样品的试验应进行多次平行试验,若干次平行试验的允许偏差系数 C_V(即变异系数)按式(9-5-12)计算。

$$C_V = \frac{S}{\overline{R}} \times 100\% \tag{9-5-12}$$

式中:$\overline{R}$——平均强度,MPa;

S——标准差。

2. 精密度和允许差

(1)无侧限抗压强度代表值 R_d^0 应符合式(9-3-1)要求。

(2)强度数据处理时,宜采用3倍标准差的标准剔除异常数值,且同一组试验样本异常值剔除应不多于两个。

(3)C_V 应符合表9-3-9中规定。试验结果的变异系数大于表9-3-9中规定值,应重新做试验或增加试件数量。

3. 试验记录表格(表9-5-1)

十、注意事项

(1)对于无机结合料稳定细粒土至少应该制备6个试件;对于无机结合料稳定中粒土和粗粒土,至少应该分别制备9个和13个试件。

(2)注意试件养生期间的温度、湿度、试件间距,试件浸水养生期间的温度、水面的高度。

无侧限抗压强度试验记录　　　　　　　　　　　　　　　　　　　表9-5-1

试件号	1	2	3	4	5	6
试件制备方法	静力压实法					
制件日期	10.8					
试验日期	10.14					
养生前试件质量 $m_2(g)$	1643	1644	1642	1643	1644	1643
浸水前试件质量 $m_3(g)$	1641	1641	1640	1641	1642	1641
浸水后试件质量 $m_4(g)$	1671	1672	1669	1671	1670	1671
养生期间的质量损①$m_2-m_3(g)$	2	3	2	2	2	2
吸水量 $m_4-m_3(g)$	30	31	29	30	28	30
养生前试件的高 h(mm)	100.1	100.0	100.1	100.2	100.1	100.0
浸水后试件的高 h(mm)	100.2	100.1	100.3	100.3	100.2	100.1
试验的最大压力 P(kN)	7.48	7.09	6.77	6.46	6.93	7.32
无侧限抗压强度 R_C(MPa)	1.0	0.9	0.9	0.8	0.9	0.9
平均值(MPa)	0.9	变异系数(%)		6.0	标准值(MPa)	0.8
结论	因为强度代表值 $R_d^0 = \overline{R}(1-z_aC_v) = 0.81 \text{MPa} > R_d$，所以此剂量的试件室内试验结果的强度符合设计标准					

注：①指水分损失。如养生后试件掉粒或掉块，不作为水分损失。

（3）在路面材料强度试验仪上所读出的数为试件的应变值，单位为毫米(mm)。在应力环坐标图上纵坐标上找出相应的压力值。

（4）如果用水泥稳定类材料进行该试验闷料时，水泥应在试件成型前1h内加入拌匀，并将预留的水（对于细粒土为3%）加入土中，使混合料达到最佳含水率。拌匀后在1h内完成，制件超过1h混合料应作废。其他结合料稳定材料，混合料虽不受此限，但也应尽快制成试件。

（5）强度试验试件的径高比为1:1。无机结合料稳定细粒材料的试件直径应为100mm，无机结合料稳定中、粗粒材料的试件直径应为150mm。

（6）注意单位的变换。

（7）抗压强度保留1位小数。

（8）操作过程中注意安全，试验完毕清理试验室。

巩固提升

1. 养生前试件的成型标准即质量、高度是如何规定的？
2. 制备试件时，对材料的闷料浸润时间有何规定？
3. 养生期间试件的质量损失是如何规定的？
4. 进行抗压强度试验时应使试件的变形等速增加，保持加载速率约为每分钟几毫米？
5. 试验结果的变异系数大于规定值时该如何处理？

参 考 文 献

[1] 中华人民共和国行业标准.JTG E40—2007 公路土工试验规程[S].北京:人民交通出版社,2007.
[2] 中华人民共和国行业标准.JTG E42—2005 公路工程集料试验规程[S].北京:人民交通出版社,2005.
[3] 中华人民共和国行业标准.JTG E30—2005 公路工程水泥及水泥混凝土试验规程[S].北京:人民交通出版社,2005.
[4] 中华人民共和国国家标准.GB/T 1346—2011 水泥标准稠度用水量、凝结时间、安定性检验方法[S].北京:中国标准出版社,2011.
[5] 中华人民共和国行业标准.JT/T 754—2009 雷氏夹及雷氏夹膨胀测定仪[S].北京:人民交通出版社,2009.
[6] 中华人民共和国行业推荐性标准.JTG/T F30—2014 公路水泥混凝土路面施工技术细则[S].北京:人民交通出版社股份有限公司,2014.
[7] 中华人民共和国行业推荐性标准.JJG/T F20—2015 公路路面基层施工技术细则[S].北京:人民交通出版社股份有限公司,2015.
[8] 中华人民共和国行业标准.JTG E20—2011 公路工程沥青及沥青混合料试验规程[S].北京:人民交通出版社,2011.
[9] 中华人民共和国国家标准.GB/T 228.1—2010 金属材料 拉伸试验 第1部分:室温试验方法[S].北京:中国标准出版社,2010.
[10] 中华人民共和国国家标准.GB/T 232—2010 金属材料 弯曲试验方法[S].北京:中国标准出版社,2010.
[11] 中华人民共和国国家标准.GB 1499.1—2008 钢筋混凝土用钢 第1部分:热扎光圆钢筋[S].北京:中国标准出版社,2008.
[12] 中华人民共和国国家标准.GB 1499.2—2007 钢筋混凝土用钢 第2部分:热扎带肋钢筋[S].北京:中国标准出版社,2007.
[13] 中华人民共和国行业标准.JGJ 55—2011 普通混凝土配合比设计[S].北京:中国建筑工业出版社,2011.
[14] 中华人民共和国行业标准.JTG D40—2011 公路水泥混凝土路面设计规范[S].北京:人民交通出版社,2011.
[15] 中华人民共和国国家标准.GB 50010—2010 混凝土结构设计规范[S].北京:中国建筑工业出版社,2010.
[16] 中华人民共和国国家推荐标准.GB/T 50081—2002 普通混凝土力学性能试验方法标准[S].北京:中国建筑工业出版社,2002.
[17] 中华人民共和国行业标准.JTG F50—2011 公路桥涵施工技术规范[S].北京:人民交通出版社,2011.
[18] 中华人民共和国行业标准.JGJ/T 70—2009 建筑砂浆基本性能试验方法标准[S].北京:中国建筑工业出版社,2009.
[19] 中华人民共和国行业标准.JGJ/T 98—2010 砌筑砂浆配合比设计规程[S].北京:中

国建筑工业出版社,2010.
- [20] 中华人民共和国行业标准.JTG F40—2004 公路沥青路面施工技术规范[S].北京:人民交通出版社,2004.
- [21] 中华人民共和国行业标准.JTG E51—2009 公路工程无机结合料稳定材料试验规程[S].北京:人民交通出版社,2009.
- [22] 钱进.土质与筑路材料[M].北京:人民交通出版社,2006.
- [23] 张超,郑南翔.路基路面试验检测技术[M].北京:人民交通出版社,2004.
- [24] 李建刚.公路工程材料检测与质量评定[M].北京:北京交通大学出版社,2011.
- [25] 高琼英.建筑材料[M].3版.武汉:武汉理工大学出版社,2009.
- [26] 王玮.土质与筑路材料[M].北京:中国劳动社会保障出版社,2012.
- [27] 孙新枝.土质与公路建筑材料[M].北京:人民交通出版社,2009.
- [28] 苏达根.土木工程材料[M].北京:高等教育出版社,2003.
- [29] 严家伋.道路建筑材料[M].北京:人民交通出版社,2004.